DAS ICH-LAND

Wolf Lazar

Wolf Lazar

DAS ICH-LAND

Ich will – Ich kann

asdana

Bibliographische Information der Deutschen Bibliothek
Die Deutsche Bibliothek verzeichnet diese Publikation in der Deutschen Nationalbibliografie; detaillierte bibliografische Daten sind im Internet über http://dnb.ddb.de abrufbar

Umschlaggestaltung: Gerlinde van Kerkom, Köln
Umschlagfoto: Kursiv, Rubberball
Satz: Buch-Werkstatt GmbH, Bad Aibling
Druck: Ebner & Spiegel, Ulm

ISBN 3-9810406-0-0

Das Ich-Land

ICH WILL

ICH KANN

Inhalt

Der Weg in dein persönliches Ich-Land

Wie fühlst du dich heute? Mir geht es gut. Mir geht es sogar sehr gut. Ich fühle mich wohl mit mir, in mir, mit den Menschen um mich herum. Mein Leben verläuft so, wie ich es mir vorstelle. Ich bin zufrieden mit mir. Ich tue, was mir Spaß macht, bin ohne Angst und fühle mich frei.

Schön, wenn du diese Antwort auf die Frage geben kannst, wie du dich fühlst. Wie oft hast du das schon getan? Und wie oft hast du es dir geglaubt?

Ging es dir auch schon so, dass du morgens die Augen öffnetest und dich fragtest: Ist das mein Leben? Soll das schon alles gewesen sein? Soll es für immer so weitergehen? Hatte ich mir nicht einiges anders vorgestellt?

Es geht, nicht wahr? Es ist schon in Ordnung. Aber solltest du dir nicht mehr wert sein? Mehr Freude. Ein größeres Glück. Tiefere und bessere Gefühle. Solltest du nicht dieses Gefühl erleben, rundum zufrieden zu sein, dich in deinem Leben unendlich wohl zu fühlen, eins zu sein mit dir, mit dem Leben und all dem anderen um dich herum?

Ich habe mich aufgemacht, um das »mehr« zu finden. Gurus, Bücher, Seminare. Philosophien, Religionen, Spinnereien. Ich habe mir alles angesehen. Aber nichts von alledem half mir in meiner persönlichen Lebenssituation weiter.

Ich wollte heute leben, an diesem Ort. Ich suchte nicht nach einem fernen Nirwana. Ich wollte hier und jetzt glücklich sein, zufrieden, voll Freude, mich wohlfühlen. Ich brauchte eine Anleitung für das wirkliche Leben, für jeden Tag, für diese eine Welt in der ich lebte.

Meinen eigenen Weg fand ich, indem ich mich auf mich selbst besann. Ich hörte in mich hinein. Lernte, meiner inneren Stimme zu folgen. Ich beobachtete mich und all die anderen, verglich und bewertete. Je mehr ich verglich, desto mehr wurde ich mir meiner selbst bewusst, wer ich war, was ich war, was ich konnte, was ich gut fand und was nicht. Ich machte mich frei von äußeren Vorgaben, stellte alle gesellschaftlichen Werte auf den Prüfstand und folgte dem, was ich für gut befand. Ich begann zu mir zu stehen, zu meinen ganz persönlichen Sichtweisen und Wünschen. Ich war erstaunt, wie wenig ich verändern musste, wie wenig meine Verhaltensweisen gegenüber meinen Mitmenschen, meine Einstellung zum Leben. Aber mit jedem Schritt, den ich unternahm, wuchs meine Zufriedenheit, meine Ausgeglichenheit, meine Gelassenheit, mein inneres Wohlbefinden. Ich lernte zu leben, zu lieben und vor allem auch zu lachen. Ich begriff, dass ich mich und die Welt um mich herum nicht ganz so furchtbar ernst nehmen sollte.

Nun lebe ich ein neues Leben. Nicht, dass ich die Welt verändert hätte. Nein. Aber ich bin in eine neues Land gezogen. Heute lebe ich in meinem **Ich-Land.** Im Land meines persönlichen Wohlbefindens. Es befindet sich mitten in dieser Welt. Jetzt, in dieser Stadt, in diesem Alltag.

Das **Ich-Land** ist die Lösung meiner Probleme und weist mir den Weg zum Glück. Kein Traum, keine Theorie. Etwas Wirkliches, das ich hier und heute leben kann. Mit Hilfe meines Ich-Landes geht es mir gut. Ich bin fröhlich und ausgeglichen. Morgens stehe ich gerne auf und gehe voll Freude in den Tag. Jeden Augenblick spüre ich, dass ich lebe und ich genieße dieses Leben voller Lust.

Auch dich wird dein ganz persönliches **Ich-Land** zum Glück führen. Stell dir den Weg dorthin wie ein Rezept vor. Die Art, wie du kochen musst, ist für jeden gleich. Aber die Zutaten unterscheiden sich. Suche nicht in den Töpfen der Anderen. Finde bei dir und verwende als Zutaten dein Leben, dein Ich, dein Wollen und deine Wünsche, deine Persönlichkeit und deinen Charakter, dein Können und deine guten Eigenschaften. Entdecke in dir die Zutaten, die dir schmecken. Koche selbst. Genieße danach das Mal deines Lebens, das du dir bereitet hast.

Glaube nicht, dass es den großen, allumfassenden Schlüssel zum Glücklichsein gibt. Es gibt nur deinen kleinen, ganz persönlichen, der in dein Schloss passt. Du bist anders als die anderen. Erkenne es. Stehe dazu. Finde deine eigene Weisheit. Lebe dein Leben. Nicht das irgendeines anderen.

Erschaffe dein **Ich-Land.** Du kannst es mit anderen teilen. Sie hinein lassen. Mit ihnen dort glücklich sein. Finde das Land, in dem du DU sein kannst. In dem du dich wohl fühlst, zufrieden und glücklich bist.

Du kannst es.
Wenn du es willst.

Du bist etwas Besonderes

Lea ist eine jungen Frau. Eine wie viele andere.

Nein, Lea ist nicht wie andere. Sie ist Klasse. Eine außergewöhnliche Frau. Etwas ganz Besonderes. Sie weiß es nur noch nicht. Würde es ihr jemand sagen, sie würde es nicht glauben. Noch nicht. Aber bald wird sie es tun.

Lea ist Lea. So wie du DU bist.

Dies ist die Geschichte davon, wie Lea ihr Ich-Land gefunden hat.

Und heute glücklich und voll Wohlbefinden darin lebt.

Dir geht es gut

Ein Meter neunundsechzig groß. Dunkelblond. Blaue Augen. Der Mund ein bisschen zu groß, die Nase ein wenig zu lang. Vorne ein wenig zu flach und hinten ein wenig zu breit. Und mindestens drei Kilo zu viel auf den Rippen. Ziemlich durchschnittlich alles in allem.« So charakterisierte sich Lea selbst, als sie einmal danach gefragt wurde.

»Ein schönes Gesicht. Und ein bezauberndes Lächeln, das viel zu selten jemand sehen darf.« Das war, was mir zuerst an ihr auffiel, als ich ihr zum ersten Mal begegnete. Viele andere Dinge hätte es über sie zu sagen gegeben. Dass sie eine zuverlässige und gewissenhafte Kollegin war. Dass man sich auf sie verlassen konnte. Dass sie anderen half. Dass man ihr vertrauen konnte. Aber all diese Dinge konnte ich ihr nicht auf den ersten Blick ansehen.

In Lea steckte vieles. Aber sie hielt es im Verborgenen. Sie drängte sich nicht nach vorne. Ihre vielen guten Eigenschaften kamen nur dann zum Vorschein, wenn sie gebraucht wurden. Lea war ein Land für Entdecker. Eines, dass viele schöne Überraschungen zu bieten hatte.

Eines Abends traf ich mich mit ein paar Freunden in einer belebten Kneipe in der Stadt, in der wir wohnten. Wir diskutierten über die Welt, wie sie war, und darüber, wie sie sein könnte, und ein wenig auch über mein neues Leben und wie es wohl für jeden zu erreichen sei. Lea saß am Rand unseres Tisches. Sie sagte nicht viel an diesem Abend. Eigentlich sagte sie überhaupt nichts. Hin und wieder sah ich zu ihr hinüber. Wenn sich unsere Blicke trafen, senkte sie die Lider, griff nach ihrem Glas, trank einen Schluck, sah in eine andere Richtung. Ihre Augen wanderten immer wieder zu mir hinüber. Sie sah ein wenig traurig aus, in sich gekehrt und doch schien es mir, als ob etwas in ihr brodelte. Etwas, das hinaus wollte, was sie loswerden musste, etwas, das sie aber dennoch für sich behalten würde. Das war Lea. Ihr Herz brannte. Sie litt. Aber sie belästigte niemanden damit.

Als die anderen aufbrachen, ging ich zu ihr hinüber. »Geht es dir gut?«

»Ja.«

»Und wirklich?«

Wieder senkte sie die Augen. Für einen Augenblick war Stille. Mir schien, dass Lea einen inneren Kampf ausfocht. Sie hob den Blick, sah mir fest in die Augen und sagte: »Es geht mir gut. Aber es gibt da ein paar Dinge, die im Moment nicht so wirklich gut laufen.«

»Erzähl mir davon.« Wir setzten uns wieder an den Tisch und bestellten uns noch ein Glas zu trinken.

Wieder zögerte Lea. »Ich weiß nicht, ob ich das erzählen soll. Es interessiert dich ja doch nicht. Und ich will andere auch nicht mit meinen Geschichten belästigen.«

Ich versuchte, sie aufzumuntern. »Vielleicht interessieren sich viel mehr Menschen für dich, als du glaubst. Du musst ihnen nur eine Chance geben, sich mit dir beschäftigen zu können. Wenn du dich in dich zurückziehst wie eine Schnecke in ihr Haus, kann sich wahrlich niemand für dich interessieren.«

Wer gekratzt werden will, muss schon sagen, wo es ihn juckt.
Sprichwort aus Indochina

Lea verzog das Gesicht. »Vielleicht.«

Wieder vergingen Sekunden des Schweigens. Ein Ruck ging durch das zusammengesunkene Bündel, das Lea hieß. Sie richtete sich auf, setzte sich gerade hin, streckte ihre Hände aus, umfasste das Glas, das vor ihr stand, als suchte sie einen Halt. »Also gut.«

Ich lächelte. »Also los.«

»Weißt du«, begann sie zögerlich, »ich weiß nicht genau, was ich eigentlich sagen soll. Wahrscheinlich geht es mir wie den meisten anderen auch.« Sie nippte an ihrem Glas, weniger um zu trinken als vielmehr, um sich ein wenig Zeit zu verschaffen.

»Weißt du«, hob sie erneut an, »oft frage ich mich am Morgen, warum ich eigentlich aufstehe. Manchmal dreht sich mir der Magen um bei dem Gedanken, wieder einen Tag beginnen zu müssen, wieder in mein Büro gehen zu müssen. Am liebsten würde ich liegen bleiben, die Decke über den Kopf ziehen, mich einfach verkriechen.«

Wieder zog sie das Glas an die Lippen. »Eigentlich ist der Job, den ich mache, gar nicht schlecht. Die Arbeit gefällt mir, ich bewältige alles, was ich tun soll und verdiene vernünftig. Dennoch macht alles überhaupt keinen Spaß. Mein Chef ist ein aufbrausender Choleriker. Er braucht einen, an dem er seine Wut auslassen kann. Immer bin ich das. Nie die anderen. Dabei kann ich meistens gar nichts dafür. Und ich habe eine Kollegin, die ist so falsch. Ich habe nichts gegen sie, aber manchmal denke ich, sie nutzt mich aus. Sie profiliert sich auf meine Kosten und haut mich in die Pfanne, wo es geht.«

»Erzähl mir mehr davon«, ermutigte ich sie.

»Vor nicht allzu langer Zeit arbeiteten wir an einem für unsere Abteilung wichtigen Unternehmensprojekt.« Nun kam Lea in Fahrt. »Ich sollte es gemeinsam mit meiner Kollegin ausarbeiten. Aber sie hat ein kleines Kind daheim. Sie konnte nicht wie ich bis spät in den Abend hinein Überstunden machen. Sie ging immer viel früher als ich und überließ mir die Hauptarbeit am Projekt. Das war kein Problem für mich. Ich habe Verständnis für ihre Lage. Als das Projekt ausgearbeitet war, musste ich für einen Tag auf einen Außentermin. Auf diesen Tag setzte meine Kollegin den Präsentationstermin bei unserem Chef an. Sie behauptete, der Chef habe es so gewollt. Aber ich weiß, dass das nicht stimmt. Sie stellte die Ergebnisse vor, die ich erarbeitet hatte. Sie hat viel Lob dafür bekommen und hatte danach einen Stein im Brett bei unserem Chef. Aber beide machten so, als sei ich gar nicht beteiligt gewesen. Seitdem werde ich ständig kritisiert. Ich bekomme alle aufwändigen und schwierigen Aufgaben auf den Schreibtisch. Ich komme kaum noch vor acht Uhr abends aus dem Büro. Meine Kollegin hingegen geht um vier.«

Lea redete sich in Rage. Ihr Körper geriet in Bewegung. Neben der Wut schwang auch Verzweiflung in ihrer Stimme mit. »Hast du mit deiner Kollegin darüber gesprochen?«, fragte ich sie.

»Ach, was soll das für einen Sinn haben? Die ändert sich ja doch nicht«, Lea machte resigniert eine wegwerfende Bewegung. Wieder war Schweigen. Lea wollte nicht darüber reden.

Nach einem kurzen Augenblick der inneren Aufruhr, setzte sie ihre Geschichte fort. »Vor Kurzem suchte mein Chef einen Vorgang, den er dem Vorstand vorlegen musste. Ich hatte nur am Rande damit zu tun gehabt, aber dennoch behauptete meine Kollegin, dass er bei mir sein müsse. Ich wusste, dass das nicht stimmte, doch ich konnte nichts tun. Mein Chef wurde fuchsteufelswild. Er schrie mich an und beschimpfte mich. Aber ich hatte tatsächlich keine Ahnung, wo der Vorgang geblieben war. Ich habe die ganze Nacht geweint. Am nächsten Tag fand sich der Vorgang in einer Ablage der Sekretärin meines Chefs. Sie hatte ihn falsch abgelegt. Sie kam zu mir und sagte, ich solle ihn dem Chef vorlegen. Als ich ablehnte, wurde auch sie wütend. Schließlich habe ich es doch getan. Aber niemand wollte hören, dass es nicht mein Fehler war. Niemand hat sich bei mir entschuldigt.«

Die Spannung wich aus ihrem Körper, der Rücken krümmte sich, ihr Kopf sank nach vorne und die Haare fielen ihr ins Gesicht, das nun nicht mehr zu erkennen war. Lea fiel in sich zusammen. »Niemand hilft mir. Immer, wenn ich meinen Freund brauche, mit ihm reden will, ist er mit etwas

Wichtigerem beschäftigt. Er hatte auch einmal beruflich eine schwierige Zeit, als sein Unternehmen umstrukturiert wurde. Aber ich war immer für ihn da. Ich hörte ihm zu, versuchte ihm zu helfen, das Richtige zu tun. Überhaupt frage ich mich manchmal, wo diese Beziehung hinführt. Ich mache alles in unserer Wohnung, kaufe ein, putze, koche. Wie der Arbeitssklave. Er kommt heim und setzt sich aufs Sofa. Wenn er Probleme hat, sich ausheulen muss, bin ich für ihn da. Aber andersherum funktioniert das nie.«

Ein feuchter Schimmer legte sich über Leas Augen. »Kürzlich habe ich herausbekommen, dass er mich betrogen hat. Eine Freundin hat ihn mit einer anderen gesehen und hat es mir erzählt. Er hat behauptet, dass das nichts war. Dass er nur mich liebt. Und, dass das andere längst vorbei sei. Er will bei mir bleiben.«

Lea wischte sich mit der Hand über das Gesicht. »Ich habe ihm verziehen. Ich will diese Beziehung ja. Aber etwas ist jetzt anders. Ich kann ihm nicht mehr vertrauen. Immer, wenn er länger fort ist, denke ich, er ist wieder bei ihr. Und er tut nichts, um mir meine Unsicherheit zu nehmen.«

Wohl dem, der gelernt hat zu ertragen, was er nicht ändern kann.
FRIEDRICH SCHILLER
Wirklich?

Sie legte ihre Hand auf meinen Arm. »Verstehst du, wie ich mich fühle? Niemand ist wirklich gut zu mir. Alles in meinem Leben geht so. Nichts ist richtig gut. Ich kann es ertragen. Alles. Aber nichts ist so, wie ich es gerne hätte. Dabei will ich nichts anderes, als gut mit allen zusammenleben. Ich tue doch, was ich kann.«

»Ich glaube dir, dass du tust, was du kannst«, versuchte ich sie aufzurichten. »Aber Lea, wehrst du dich denn auch gegen die Dinge, die dir nicht gefallen? Noch besser wäre es, du würdest gar nicht erst warten, bis du reagieren musst, sondern würdest die Dinge aktiv in die Hand nehmen. Ist es nicht so, dass du die Dinge einfach geschehen lässt? All die anderen können mit dir machen, was sie wollen, weil sie wissen, dass du es hinnimmst. Wer alles ertragen kann, der muss es auch, Lea. Du kannst etwas daran ändern. Es liegt an dir, ob du weiterhin alles ertragen willst, oder ob du deine Situation änderst.«

Wer alles ertragen kann, der muss es auch.
JUVENAL

»Wenn es so einfach wäre.«

»Ich sage nicht, dass es ganz einfach ist. Aber du kannst. Wenn du willst.«

»Das ist lieb von dir«, erwiderte Lea mit dem Anflug eines gequälten Lächelns. »Aber du kannst mir nicht helfen. Niemand wird mir helfen. Aber es tut gut, das alles einmal jemandem zu erzählen. Es ändert nichts, aber es macht, dass ich mich einen Augenblick lang besser fühle.«

»Ich kann dir helfen, Lea.« Ich machte eine kurze Pause und sah ihr tief in die Augen. »Wenn du es zulässt, kann ich dir helfen. Du wirst sehen, es ist gar nicht so schwer. Du kannst alles ändern. Aber du musst es wirklich wollen.«

Sie machte eine unbestimmte Bewegung mit dem Kopf.

»Du musst es wirklich wollen«, wiederholte ich.

»Ich will ja«, murmelte sie.

»Sag es laut und deutlich.«

Lea zögerte.

»Sag es.«

Nun sah sie mich fest mit einem bisschen Wut im Blick an. »Ich will. Aber wie?«

»Indem du eine neue Welt erschaffst. Das Lea-Land. Das Land, in dem du wirklich leben willst. In dem es dir gefällt und in dem du dich wohlfühlst.«

»Das wäre schön.«

»Es wird schön sein«, korrigierte ich sie. »Wir können sofort damit beginnen, das Lea-Land zu bauen. Genau hier. Genau jetzt. Willst du?«

»Ja.«

»Lass mich dir jetzt eine Geschichte erzählen. Sie wird dir zeigen, dass es dir gar nicht so schlecht geht, wie du glaubst. Sie wird dir den Mut geben, den ersten Schritt auf deinem Weg in dein eigenes Lea-Land zu tun.«

Die Welt in einem Dorf

Eine Geschichte die Lea zeigte, dass es ihr gar nicht so schlecht ging

Wenn man die Weltbevölkerung auf ein 100 Seelen zählendes Dorf reduzieren könnte und dabei die Proportionen aller auf der Erde lebenden Völker beibehalten würde, wäre dieses Dorf folgendermaßen zusammengesetzt:
57 Asiaten
21 Europäer
14 Amerikaner
8 Afrikaner

Es gäbe:
52 Frauen und 48 Männer
30 Weiße und 70 nicht Weiße
30 Christen und 70 nicht Christen
89 Heterosexuelle und 11 Homosexuelle

6 Personen besäßen 59 Prozent des gesamten Reichtums
(und alle 6 kämen aus den USA)
80 lebten in maroden Häusern,
70 wären Analphabeten,
50 würden an Unterernährung leiden,
1 wäre dabei zu sterben,
1 wäre dabei geboren zu werden.
1 besäße einen Computer,
1 (nur einer) hätte einen Universitätsabschluss.

Wenn man die Welt auf diese Weise betrachtet, wird das Bedürfnis nach Akzeptanz und Verständnis offensichtlich.

Du solltest auch bedenken:

Wenn du heute morgen aufgestanden bist und eher gesund als krank warst, hast du ein besseres Los gezogen als die Millionen Menschen, die die nächste Woche nicht mehr erleben werden.

Wenn du noch nie in der Gefahr einer Schlacht, in der Einsamkeit der Gefangenschaft, im Todeskampf der Folter oder im Schraubstock des Hungers warst, geht es dir besser als 500 Millionen Menschen.

Wenn du zur Kirche gehen kannst, ohne Angst haben zu müssen, bedroht, gefoltert oder getötet zu werden, hast du mehr Glück als 3 Milliarden Menschen.

Wenn du Essen im Kühlschrank, Kleider am Leib, ein Dach über dem Kopf und einen Platz zum Schlafen hast, bist du reicher als 75 Prozent der Menschen dieser Erde.

Wenn du Geld auf der Bank, in deinem Portemonnaie oder im Sparschwein hast, gehörst du zu den privilegiertesten 8 Prozent dieser Welt.

Wenn Deine Eltern noch leben und immer noch verheiratet sind, bist du schon wahrlich eine Rarität.

Wenn du diese Information gelesen hast, gehörst du nicht zu den zwei Milliarden Menschen, die nicht lesen können.

»Siehst du, wie gut es dir geht? Verglichen mit dem größten Teil der Welt, geht es dir wunderbar.«

»So habe ich das noch nie betrachtet«, flüsterte Lea nachdenklich.

»Aber genau damit müssen wir beginnen. Betrachte dich neu. Dein Leben. All die Menschen und Dinge, die sich um dich herum befinden. Werde dir bewusst, was wirklich wichtig für dich ist. Wenn du deinen Blick weitest, werden deine Probleme schrumpfen, vielleicht in sich zusammenfallen. Wenn du dich und dein Leben neu betrachtest, wirst du viele Wege finden, die du gehen kannst, um dein Leben schöner und reicher zu gestalten.«

Betrachte alles neu. Dich, dein Leben, die Menschen und die Dinge um dich herum.

Ich konnte sehen, wie die Anspannung aus Leas Gesicht wich. »Die Geschichte endet mit einer Aufforderung«, fuhr ich fort.

»Arbeite, als bräuchtest du kein Geld.
Liebe, als habe dir nie jemand etwas zuleide getan.
Tanze, als ob niemand dich beobachte.
Singe, als ob niemand dir zuhöre.
Lebe, als sei das Paradies auf Erden.

Ist das nicht das Ziel, dass du auch gerne erreichen würdest?«

Zum ersten Mal, seit wir zusammen am Tisch saßen, lächelte Lea. »Ja, das wäre schön. Ich glaube, da möchte ich wirklich gerne hin. Aber leichter gesagt, als getan.«

»Ein Nasshorn und ein Trockenhorn
spazieren durch die Wüste,
da stolperte das Trockenhorn,
unds Nasshorn sagte: Siehste!«

Siehste!
HEINZ ERHARDT, DEUTSCHER KOMIKER

»Was?«, platzte ein lautes Lachen aus Lea heraus.

Ich zwinkerte ihr zu. »Lachen ist viel besser, als deinen Frust in dich hinein zu fressen. Auch wenn wir über Probleme reden, ist Lachen erlaubt. Wir müssen nicht alles so ernst nehmen. Nicht uns. Nicht unsere Probleme. Mit Lachen im Herzen geht alles leichter, nicht wahr? Alle Menschen lachen gerne. Sei du diejenige, die das Lachen zu ihnen bringt.«

Nimm dich nicht so ernst. Mit Lachen im Herzen geht alles leichter.

»Du bist ein Spinner.«

»Keineswegs. Morgen ist Sonntag. Wenn du willst, machen wir uns morgen auf ins Lea-Land.«

»Ich will«, rief Lea munter.

»Und?«

»Ich kann!«

»Du bist eine gute Schülerin, Lea.«

Die ersten Schritte ins Ich-Land:

1.
Wer wenig sagt, findet auch wenig Aufmerksamkeit: Sprich mit anderen. Sprich über das, worüber du reden möchtest. Bestimme du die Themen.

2.
Befreie dein Innerstes von dem, was dich quält: Teile dich anderen mit und fühle dich besser. Suche nach den Menschen, die dir ihre Aufmerksamkeit schenken wollen.

3.
Verändere deine Sichtweise auf die Welt. Sieh die anderen. Nicht immer nur dich selbst. Im Vergleich zu den meisten anderen geht es dir wunderbar.

4.
Lache so oft du kannst. Nimm dich und deine Probleme nicht so furchtbar ernst. Entwinde dich deiner düsteren Gedanken. Lachen gibt deiner Seele Kraft.

Erlebe schöne Dinge und entspanne dich dabei

Wir verabredeten uns zu einem Picknick-Brunch zur Mittagszeit. Ich sorgte für Essen und Trinken, Lea für alles andere. Am späten Vormittag fuhren wir zu einem See, der nicht weit vor der Stadt im Grünen lag.

»Genau das richtige Wetter«, stellte Lea fest, als sie die Picknickdecke ausbreitete. Außer uns war niemand auf die Idee gekommen, diesen warmen, sonnigen Frühlingstag auf diese Weise zu beginnen. Die ganze gerade erblühende Wiese gehörte uns. Lea packte ihren Picknickkorb aus und ich fügte frische Brötchen, Butter, Honig, Marmelade, hart gekochte Eier, Schinken, Wurst und Käse, frischen Salat, Kräuterquark, Frikadellen, Kartoffelsalat, Joghurt, Pudding und eine Tafel Schokolade dazu. Zu trinken gab es Kaffe aus der Warmhaltekanne, Fruchtsäfte und zum Wachwerden ein Glas Sekt aus einer Piccoloflasche.

»Du hast dir ja richtig Mühe gegeben«, strahlte Lea beim Anblick all der Köstlichkeiten. »Aber wer soll das alles essen? Das wird wieder heftig auf die Hüften schlagen.«

»Vergiss die Hüften, genieße. Ohne darüber nachzudenken und ohne Reue. Genieße das Picknick als wäre es das einzige, was du noch auf dieser Welt zu tun hast.«

Genieße!
Mit Lust und ohne Reue.

Mit Lust und Appetit machten wir uns über die Speisen her. Wir beobachteten die Spaziergänger, die in der Nähe vorübergingen und uns neidische Blicke zuwarfen, verscheuchten einen Hund, für den die feinen Gerüche zu verführerisch gewesen sein mussten und fütterten zwei Enten, die neugierig vom See her zu uns hinübergewatschelt kamen.

»Puh, bin ich satt«, rief Lea nach einiger Zeit aus und ließ sich weit ausgestreckt auf die Decke fallen. Schläfrig putzten wir die letzten Reste von unseren Tellern. Als wir ausgeschlafen hatten, war Lea voller Tatendrang. »Und jetzt? Wir wollten doch eigentlich daran arbeiten, meinen Zielen näher zu kommen.«

»Von arbeiten war keine Rede«, erwiderte ich.

»Eine Geschichte«, sagte ich stattdessen, während wir uns ein Gläschen Likör einschenkten. »Es war einmal ein kaltes düsteres Land, das von der bösen Hexe Beilhcidbah beherrscht wurde. Sie hatte alle Blumen aus dem Land verbannt. Blumen kann ich nicht ausstehen, sagte sie. Ich will hier nichts Buntes haben. Bunte Dinge machen die Menschen fröhlich. Ich bin nicht fröhlich. Also will ich auch nicht, dass irgendjemand anderes fröhlich ist. Die Menschen in diesem Land waren niedergeschlagen. Alle redeten davon, dass sich etwas ändern musste. Aber niemand tat etwas. Bis eines Tages ...« Ich sah Lea an. »Was geschah eines Tages? Jetzt bist du dran.«

Lea stutzte. Damit hatte sie nicht gerechnet. Ein wenig verunsichert überlegte sie. »Ich weiß nicht. Ich bin nicht sonderlich gut in solchen Sachen. Mir fällt nichts ein.«

»Lass dir Zeit. Versetze dich in die Geschichte. Was geschieht da gerade? Was könnte geschehen?«

Wieder überlegte sie.

»Schließ die Augen«, ermunterte ich sie. »Wandere mit den Gestalten durch ihr Land.«

Schweigen. Lea rang mit sich. Sie öffnete den Mund. Schloss ihn wieder. Irgendwann sagte sie leise: »Also, da gibt es zwei kleine Kinder, ein Mädchen und einen Jungen. Die beschließen, etwas zu ändern. Sie hören eines Tages, dass es in einem fernen Land einen Wundersamen gibt, der alle Blumen wieder zum Erblühen bringen kann. Gegen den die Hexe nichts tun kann. Den beschließen sie zu holen.«

Abwechselnd spannen wir die Geschichte weiter. Wir erfanden die Abenteuer, die Billy und Buff, so nannten wir die beiden, bestehen mussten, um in das Land des Wundersamens zu gelangen und um ihn zu finden.

»Als sie wieder in ihrem Land ankamen, erschien ihnen die Hexe viel zu mächtig, als dass sie sich getrauten sich mit ihr anzulegen. Sie verbargen den Wundersamen in ihren Taschen und wurden beide zu guten und brauchbaren Hexengehilfen. Natürlich gefiel ihnen das nicht. Aber wer weiß, was die Hexe uns antun könnte, dachten sie. Und wenn es ganz schlimm wird, haben wir immer noch den Wundersamen. Wir könnten es jederzeit beginnen. Wenn wir wollten«, schloss ich die Geschichte ab.

»Das ist aber kein schönes Ende.« Lea war enttäuscht.

»Fällt dir ein besseres ein?«

»Sie schleichen sich ins Hexenhaus und legen den Samen unter das Kopfkissen der Hexe. Als sie aufwacht, ist sie von Blumen überrankt. Sie kann nichts mehr tun. Vom Hexenhaus aus verbreiten sich die Blumen über das ganze Land und die Menschen werden wieder fröhlich.«

Ich lächelte. »Ein viel schöneres Ende. Als das Lachen der Menschen ins Hexenhaus drang, wurde es auch Beilhcidbah ganz warm ums Herz, in ihr ging eine Wandlung vor, sie wurde Gärtnerin, pflegte die Blumen und verwandelte sich in die gute Fee Habdichlieb.«

»Schuft. Du hast mich von Anfang an zu dem Ende gelenkt, das du wolltest.« Lea war entrüstet. »Aber so müssen Geschichten enden. Auch die Hexe muss gut werden. Alles muss gut werden.«

»Ich habe dich nicht gelenkt. Du hast dir die Geschichte so ausgedacht. Es war dein Ende der Geschichte, das machte, dass die Hexe gut werden konnte. Du hast die Welt verändert. Sie so gestaltet, wie du sie als schön empfindest. Du, die Frau, die vor einer halben Stunde noch behauptet hat, dass sie so etwas nicht kann. Jetzt hast du den größten Teil der Geschichte erzählt. Hast nicht zugelassen, dass sie ein Ende nimmt, das dir nicht gefällt. Das, was du für das Leben von Billy und Buff getan hast, kannst du auch für dein eigenes tun. Trau dir zu, die Geschichte selbst zu bestimmen. Nimm sie in die Hand. Sorge dafür, dass sie so endet, wie du es willst.«

Erfinde deine Welt neu. So, wie du sie haben möchtest.

Nun lächelte auch Lea. »Das mit dem Ende war ein Trick, nicht wahr.«

»Ich wollte, dass du etwas erkennst.«

»Und was sehe ich jetzt?«

»Dass du dich damit herumquälen kannst, dein Leben zu verändern oder es leicht und locker angehen kannst. Ist es nicht viel einfacher, sich spielerisch den Dingen zu nähern, als sich alles hart zu erarbeiten? Du hast die Wahl. Entspanne dich und lasse deiner Phantasie freien Lauf. Du musst dich nicht quälen. Nicht einmal mit den Dingen, die dich unzufrieden machen. Du kannst dein Leben leichtnehmen. Dann fällt dir alles leichter, was du darin tun willst.«

»Vielleicht hast du damit recht«, antwortete Lea nachdenklich.

Am Horizont zogen dunkle Wolken auf. Ein dumpfes Grollen war zu hören. »Sieht aus, als ob bald Regen kommt«, stellte Lea fest. »Lass uns woanders hingehen. Ich habe keine Lust auf ein Gewitter.«

Wir packten unsere Sachen zusammen und gingen zurück zum Auto. Lea fühlte sich gut. Sie schwebte neben mir dahin. Ihre Gesichtszüge waren entspannt und ihre Mundwinkel umspielte ein stilles Lächeln. »Was sollen wir denn jetzt tun«, fragte sie.

»Lass uns ins Kino gehen. In einem Programmkino kommt ein Film aus den Achtzigern. Ich glaube, den solltest du dir ansehen.«

An der Kinokasse war nicht viel los. »Am Sonntagnachmittag gehen die Menschen lieber in die Vorführungen der Kassenschlager in den modernen

Kinos«, sagte die Kartenverkäuferin ein wenig resigniert. Wir holten uns eine große Tüte Popkorn und suchten uns einen Platz in einer der letzten Reihen.

Während der gesamten Vorstellung sprachen wir kein Wort. Der Film ›Local Hero‹ erzählt die Geschichte eines amerikanischen Managers, der in Los Angeles lebt und dort mit ziemlich gutem Einkommen ein Singleleben mit schnellen Begegnungen, aber ohne tiefe Bindungen führt. Als er den Auftrag erhält, Land für einen Ölkonzern in einem kleinen Dorf in Schottland zu kaufen, geht unmerklich eine Wandlung in ihm vor. Er lernt ein ruhiges, langsames Leben kennen, das aber voller Wärme ist. Er entdeckt die Natur neu, von der er sich längst entfremdet hat. Nichts Spektakuläres haftet der Handlung an, nichts Außergewöhnliches geschieht, außer, dass der Manager erkennen muss, wie leer sein ganz der Karriere und dem Geld gewidmetes Leben im Grunde genommen ist. Er macht die wunderbare Erfahrung, zwischen freundlichen Menschen zu leben, sich geborgen zu fühlen in einer Gemeinschaft, in der jeder so alleine sein kann, wie er will und niemand alleine ist. Als er Schottland wieder gegen seine Hochhauswelt eintauschen muss, bleibt eine tiefe Sehnsucht nach all dem zurück, was er mit Geld nicht kaufen kann.

Lea versank tief in ihrem Sessel. Bald vergaß sie sogar das Popkorn. Ich vermutete, sie sei eingeschlafen, aber als nach der Vorstellung die Lichter wieder angingen, räkelte und streckte sie sich und sah mich mit glänzenden Augen an. »Das war wirklich ein schöner Film. Warum wolltest du mir ausgerechnet den zeigen?«

»Wie fühlst du dich?«

»Ich fühle mich unglaublich wohl.«

»Siehst du, deshalb haben wir ihn uns angesehen. Um uns wohl zu fühlen. Jetzt sag mir, warum du dich wohl fühlst.«

»Weil es ein schöner Film über Menschen mit all ihren Schwächen war. Weil soviel Wärme zwischen ihnen war.« Sie stutzte einen Augenblick. »Obwohl, eigentlich waren es Menschen wie alle anderen auch. Sie sorgten auch für ihr Fortkommen. Sie verschenkten nichts. Und doch war alles ganz anders, als ich es tagtäglich erlebe.«

»Du hast vollkommen recht«, pflichtete ich ihr bei. »Die Menschen in dem Film waren nicht anders als wir. Sie arbeiten nicht viel anders als wir und sie leben nicht wesentlich anders als wir. Nur ganz kleine Unterschiede bestehen. Und doch strahlen diese Menschen Zufriedenheit und Glück aus. Ein Glück, das wir gerne mit ihnen teilen würden.«

Wir verließen das Kino und gingen die Straße hinunter. »Es hat nichts mit Geld zu tun. Oder mit Karriere. Oder mit einer beruflichen oder gesellschaftlichen Stellung. Es hat damit zu tun, dass ihr Leben einfach ist. Dass sie wirkliche menschliche Beziehungen erleben. Nicht dieses Tarnen und Täuschen, den Neid und die Missgunst, die uns tagtäglich begegnen. Nicht diese glänzenden Fassaden, hinter denen es oft so trostlos aussieht. Jeder zeigt sein wahres Ich und das ist wunderbar.«

Willst du glücklich sein, mache dein Leben einfach.

Plötzlich blieb Lea stehen und wandte sich mir zu. »Diese Menschen sind wirklich nicht viel anders als wir. Das bedeutet, dass wir uns gar nicht allzu sehr verändern müssen, um das zu haben, was sie haben. Eigentlich sind es nur Kleinigkeiten. Ein wenig mehr Ehrlichkeit vielleicht. Und ein bisschen weniger Ehrgeiz. Dass wir andere Menschen nehmen, wie sie sind, ohne sie ständig ändern zu wollen. Wir sollten alle ein bisschen freundlicher mit unseren Mitmenschen umgehen. Nicht so sehr auf Geld, Besitz und Stellung sehen. Vielleicht wäre das schon genug.«

Ich nickte. »Wir müssen nicht die Welt aus den Angeln heben, um sie zu verändern. Ein Lächeln und ein freundliches Wort hier und da können viel bewirken.«

Wir gingen schweigend nebeneinander her. Ich sah Lea an, wie die Gedanken in ihrem Kopf hin und her schwangen. Nach einer Weile sagte sie mit einem verschmitzten Lächeln: »Eigentlich wollten wir doch heute damit beginnen, an meinem neuen Leben zu arbeiten. Jetzt haben wir den ganzen Tag nichts anderes getan, als uns zu vergnügen. So kommen wir nie voran.«

Ich schüttelte den Kopf. »Wir sind schon mitten drin, Lea. Du musst es nicht unbedingt Arbeit nennen, aber wir haben heute sehr viel getan.«

»Tatsächlich?« Sie sah mich verwundert an. »Was habe ich denn heute erreicht?«

»Du hast Abstand gewonnen. Abstand von deinem Alltagstrott. Du hast einen Tag Urlaub von deinem alten Ich genommen. Du hast einen Tag mit deinem neuen Ich gelebt. Du hast dafür gesorgt, dass gute Gefühle um dich und in dir sind. Diesen Tag hast du in vollem Einklang mit dir selbst gelebt. In vollem Einklang mit der Welt und allen anderen Menschen. Findest du nicht, dass du ziemlich viel erreicht hast, an diesem ersten Tag deines neuen Lebens?«

Gewinne Abstand und lasse gute Gefühle in dir sein.

»Ich dachte, ich müsste mich grundlegend verändern, um mich gut zu fühlen«, erwiderte Lea. »Seminare besuchen. Viel lernen. Alles in meinem Leben anders machen. Und jetzt fühle ich mich gut, ohne dass ich etwas lernen musste.«

»Du hast heute sehr viel gelernt. Aber was viel wichtiger war: Du hast nicht nur theoretisch über etwas nachgedacht. Nicht etwas an dir vorbeirauschen lassen, was dir ein anderer vorbetet. Du warst aktiv. Du hast es gelebt.«

»Ein bisschen Leben gelernt. So, wie ich es gerne leben würde.«

»Genau, du hast damit begonnen, Dinge zu tun, die es dir gut gehen lassen. Genau das ist es, was wir wollen. Das ist das Ziel, auf das wir zusteuern. Uns gut fühlen in unserem alltäglichen Leben. Ohne uns verbiegen zu müssen. Ohne unser Leben umkrempeln zu müssen. Ohne die Welt verändern zu müssen.« Lea hakte sich bei mir unter. Langsam gingen wir in Richtung der Tiefgarage, in der wir das Auto geparkt hatten.

»Aus dem Abstand, den du gewonnen hast, folgt Gelassenheit. Aus der Gelassenheit gute Laune. Du siehst dein Leben schon nicht mehr ganz so ernst. Die Aufgabe, die vor dir liegt, ist schon deutlich geschrumpft. Gute Gedanken kommen aus guten Gefühlen. Sie machen, dass wir anders auf die Menschen zugehen können. Offener und mutiger. Die guten Gefühle zeigen dir, wie dein Leben auch sein kann. Das ist mehr als ein erster Schritt. Du bist den Weg schon ein ganzes Stück voran gekommen.«

Das Glück deines Lebens hängt von der Beschaffenheit deiner Gedanken ab.
Marc Aurel

»Du willst mir Mut machen«, sagte Lea leise und zweifelnd.

»Du hast Mut«, antwortete ich bestimmt. »Erinnere dich an die Geschichte, die wir erfunden haben. Lea, die sich nicht traute, hat mutig die Geschichte in die Hand genommen und zu einem guten Ende geführt. Die passive Lea wurde aktiv.«

Ich wandte mich ihr zu. »Du hast Mut. Trau dich. Erfahre, was du alles kannst. Verbann den Konjunktiv aus deinem Leben. Begnüge dich nicht damit, zu denken, was du könntest. Steh zu dir. Du **kannst.«**

Wir schlenderten die Straße entlang. »Lass die Gedanken schweifen. Aber denk nicht zu lange darüber nach. Tue es. Was du beginnst, das kannst du auch. Erinnere dich an deinen ersten Satz: ›Mir fällt nichts ein. Ich bin nicht gut darin.‹ Dir fällt etwas ein. Du bist richtig gut darin.«

Du kannst mehr als du glaubst und du bist besser als du denkst.

Wir hatten den Eingang der Tiefgarage erreicht. Mittlerweile war es dunkel geworden. »Du hast dich in die Welt bewegt, in der du leben willst. Du hast einen Blick in dein Land hineingeworfen. Es gefühlt. Bewahr dir dieses Gefühl. Erinnere dich daran, wenn du dich einmal nicht gut fühlst, wenn du neuen Mut benötigst.«

Ich bezahlte das Ticket. »Noch etwas hast du heute gelernt: Gut mit dir umzugehen. Gut zu dir selbst zu sein. Sei es dir selbst wert, gut mit dir umzugehen. Wenn du selbst gut mit dir umgehst, werden auch alle anderen besser mit dir umgehen. Du bist es wert.«

Gehe gut mit dir selbst um. Sei dir selbst viel wert.

Unmerklich schüttelte Lea den Kopf. Erst als wir ihre Wohnung schon beinahe erreicht hatten, begann sie zu sprechen. »So viel haben wir heute getan. Ich habe es gar nicht richtig bemerkt. Wir haben ja nur gespielt. Dabei war alles ernst. Aber es war gar nicht ernst. Es war schön und kinderleicht. So muss es sein.«

»So viel hast **du** heute getan«, sagte ich, als ich sie vor ihrem Haus absetzte.

Sie sah mich fragend an.

»Sag ICH. Und denke ICH.«

»Ich«, sagte sie zweifelnd.

Ich sah sie erwartungsvoll an.

»ICH«, wiederholte sie laut und deutlich und selbstbewusst. »So viel habe ICH heute getan.«

»Gute Nacht, Lea.«

Sie drehte sich um und ging tänzelnd zu ihrer Haustür. Mit der rechten Hand winkte sie mir über die Schulter zu. Sie drehte sich nicht noch einmal um.

Gute Gedanken kommen aus guten Gefühlen.
Und umgekehrt.

1.
Erfinde deine Welt neu. Genieße das Leben und mache es nicht unnötig kompliziert.

2.
Gewinne Abstand. Lass es dir gut gehen. Genieße dein Leben. Tue Dinge, die zu Wohlbefinden führen. Das Leben leichtnehmen schafft Gelassenheit.

3.
Fasse Mut und trau dir etwas zu. Glaube an dich. Du kannst mehr, als du denkst.

4.
Du brauchst nicht die Welt zu verändern, um glücklich zu sein. Erkenne, was dein Leben schöner macht. Befreie dich von gesellschaftlichen Zwängen. Finde die Werte, die dein persönliches Glück und Wohlbefinden fördern. Höre auf deine innere Stimme und deine Gefühle. Verbanne die Äußerlichkeiten.

5.
Sei dir selbst viel wert.

Das Ich-Land: Der Ort, in dem du glücklich leben wirst

Wenige Tage später traf ich mich mit Lea in einem Cafe, das ihr besonders gut gefiel. »Ich liebe seine sommerliche Atmosphäre«, sagte sie. Die Wände waren in einem rötlich-gelben Terrakotta-Ton gehalten. Helle, strahlende Sommerbilder und viele große, grüne Topfpflanzen erzählten von einem warmen Land im Süden.

»Hier fühle ich mich fast wie am Mittelmeer«, beschrieb Lea, warum sie gerne hierher kam. Wir setzten uns an einen der kleinen Holztische. Die Stühle hatten alle den selben Stil, mit gedrechselten Lehnen und geflochtenen Sitzflächen, aber kaum einer glich dem anderen.

»Ich habe über die guten Gefühle nachgedacht«, begann sie. »Wenn mich der Alltag wieder hat, gehen sie mir tatsächlich schnell wieder verloren. Aber ich habe ein System erfunden, wie ich mich immer wieder an sie erinnern kann.«

»Erzähl mir davon.«

»Ich habe eine Liste mit schönen Dingen zusammengestellt. Wenn ich mich nicht gut fühle, hole ich sie heraus, sehe sie mir an und finde etwas darauf, das meine Stimmung aufhellt, wenn ich daran denke.« Sie reichte mir ein Stück Papier.

Leas Liste für bessere Gefühle

Filme: Dune, der Wüstenplanet, Das fünfte Element, Herr der Ringe, Im Rausch der Tiefe, Drei Engel für Charly, Die fabelhafte Welt der Amelie, Pretty Woman

Bücher: Butterbrot, Harry Potter, erster Teil, Mein Name war Luz, Die Päpstin, Das Parfum

Lieder: Shine on you crazy diamond von Pink Floyd, Insomnia von Faithless, Light my fire von den Doors, Like a virgin von Madonna, Feel von Robbie

Williams, There musst be an Angel von den Eurythmics, As long as you follow von Fleetwood Mac, Bridge over troubled water von Simon & Garfunkel, I can help von Billy Swan

Orte und Erinnerungen: In Tunesien bei 30 Grad in der Wüste unter einem Weihnachtsbaum sitzen; die Parkbank unter dem großen Eichenbaum im Stadtpark, wo ich meinen ersten Kuss bekommen habe; die Achterbahn im Vergnügungspark wegen dem Kribbeln im Bauch; die Wildschweinfamilie, die sich kreuz und quer durch die Großstadt schnüffelte; der gigantische Schokoladennachtisch in einem Lokal in der Südstadt; beobachten, wie die Pferde am Strand von Sylt entlanggaloppierten bei Wind und Nieselregen, eingepackt in Gummistiefel und Friesennerz; unter einem Sternschnuppenregen in Portugal am Strand langgehen; der Battery Park in New York, wo ein wunderbar gelassenes Leben war und ich Jeff Goldbloom beim Schachspielen zugesehen habe; in Thailand am Ufer eines Flusses sitzen, singende Mönche hören und zusehen, wie sie kleine Papierschiffchen mit Kerzen als Opfergaben aufs Wasser setzen

»Pretty Woman«, sagte ich laut. »Ich glaube da bist du nicht die einzige Frau.«

»Ja, war so eine schöne Liebesgeschichte«, antwortete Lea leicht pikiert. »Erinnerst du dich an die Szene, in der sie alleine im Taxi heimfuhr? So schön. Und außerdem: Es geht auch darum, dass sie einem geldgeilen Manager wieder das richtige Leben und die Natur näher bringt.«

»Schon gut. Und die anderen Filme?«

»Ich liebe gut gemachte Science Fiction- und Fantasy-Filme. Ich mag es, in andere Welten aufzubrechen«, strahlte sie. »Ich habe auch immer Star Treck geliebt. ›Im Rausch der Tiefe‹ gibt es eine Szene, in der ein Taucher mit einem Delphin ins Meer hinabtaucht. Das ist für mich der Traum von absoluter Freiheit. ›Drei Engel für Charly‹ und ›Die fabelhafte Welt der Amelie‹ erzählen von coolen und witzigen Frauen, die locker sind und machen was sie wollen.«

Lea winkte der Kellnerin zu und bestellte noch einen Milchkaffee. »Und jetzt du. Wie würde deine Liste aussehen?«

»Lass mich kurz überlegen.«

Die Liste für gute Gefühle, die ich auf eine Serviette schrieb:

Filme: Lawrence von Arabien, Blade Runner, 12 Uhr mittags, Der mit dem Wolf tanzt, Weites Land, Chocolat, Zimmer mit Aussicht, Irisches Intermezzo, Das Leben und nichts anderes, Birdy, Das Dschungelbuch

Bücher: Alexis Sorbas, Der kleine Prinz, Siddharta, Der Steppenwolf, Die Entdeckung der Langsamkeit

Lieder: Bat out of hell von Meatloaf, die ganze Langspielplatte; Romeo & Juliet von Dire Straits, Nothing else matters von Metallica, Fantasie für einen Edelmann und das Konzert von Aranjuez von Rodrigo

Orte und Erinnerungen: Die Rheinpromenade, an der ich einen großen Teil meiner Jugend mit Kicken verbracht habe; das Weserbergland in der Nähe von Göttingen, weil da meine Großeltern gelebt haben und das ein Stück unbeschwerte Zeit ist; eine Viktorianische Villa in Looe in Cornwall direkt am Meer; die Nordsee, wie sie braust und tost; die gigantische Felslandschaft der Dolomiten rund um Alta Badia; Schlosspark in Schwetzingen im Sommer, weil da jemand seiner Fantasie freien Lauf gelassen hat

Lea sah sich die Liste aufmerksam an. »Die ist ganz anders als meine«, sagte sie leicht enttäuscht. »Schade eigentlich, gerade habe ich damit begonnen, mich an dich zu gewöhnen.«

»Ich glaube nicht, dass die Liste irgendeines Menschen der eines anderen gleicht«, erwiderte ich. »Sie erzählt uns, woher wir kommen, was uns geprägt hat, sie spiegelt die Erfahrungen und Erlebnisse eines jeden einzelnen. Sie sagt uns aber nichts über die Zukunft. Wenn wir unser Leben wieder ein paar Jahre gelebt haben werden, wird diese Liste vielleicht ganz anders aussehen. Wenn zwei Menschen zusammenfinden, kann es geschehen, dass sich ihre Liste irgendwann gleichen wird, weil sie die gleichen Erlebnisse und Erinnerungen teilen. Bis dahin aber zeigt sie uns, dass jeder Mensch anders ist, dass es keine Schablonen gibt und, dass jeder sein Leben lebt, leben muss und das finden muss, was wirklich seins ist.«

»Wahrscheinlich hast du recht«, gab Lea nachdenklich zurück. »Aber jetzt erzähle du mir, warum du diese Filme ausgewählt hast.«

»›Lawrence von Arabien‹, ›Blade Runner‹, ›12 Uhr Mittags‹, ›Der mit dem Wolf tanzt‹ und ›Weites Land‹ erzählen im Grunde genommen alle die gleiche Geschichte von Männern, die ihren Weg gehen. Aber keiner dieser Männer ist ein Superheld«, begann ich. »Sie alle haben Schwächen. Jeder von ihnen hat unerfüllte Sehnsüchte. Jeder tut etwas, was ihn anders macht als alle anderen. Lawrence ist ein einfacher Mensch, der eine große Aufgabe übernimmt. Als er sieht, dass die große Idee, die er verfolgt hat, von den Politikern zerstört wird, quittiert er den Dienst in der Armee. Lieber verzichtet er auf die Karriere als das zynische Machtspiel mitzumachen. Der ›Blade Runner‹ lebt ein trostloses Leben und sehnt sich nach Liebe und Geborgenheit. Er verwirklicht seinen Traum ausgerechnet mit einer Replikanten-Frau, die er eigentlich hätte zerstören müssen. In ›12 Uhr

Mittags‹ kämpft der Sheriff um sein privates Glück und gegen die eigene Angst. Die meisten Menschen in dieser Welt besteigen Berge, um ihre Fahne darauf zu setzen, davon Besitz zu ergreifen, ihre Macht zu demonstrieren. Der Soldat in ›Der mit dem Wolf tanzt‹ besteigt Berge, um zu sehen, was für ein Land dahinter liegt. Er ist aufgeschlossen und tolerant. Er will lernen, entdecken. Für ihn sind alle Menschen gleich. Der Kapitän in ›Weites Land‹ entscheidet für sich selbst, was er als richtig und als falsch ansehen will. Er schließt sich keiner Partei an. Er braucht niemandem etwas zu beweisen, nicht einmal sich selbst. Er weiß, wer er ist und was er kann. Diese Männer streben nicht nach Macht, sie wollen leben und lieben und mit allen anderen in Einklang leben.«

»Identifizierst du dich mit diesen Männern?«, fragte Lea.

»Ich glaube, es wäre besser, wenn mehr Menschen ihren Kopf zum Selberdenken benutzen würden, wenn sie weniger Ehrgeiz und Machtstreben an den Tag legen, weniger mit dem Strom schwimmen würden und wenn dafür mehr Zufriedenheit, mehr Wissensdurst, ja, auch mehr Liebe in der Welt wären. Auf diese Art identifiziere ich mich mit ihnen«, erläuterte ich.

»So habe ich diese Filme noch nie wahrgenommen«, kommentierte Lea. »Ein schöner Gedanke in so einer Welt zu leben. »›Chocolat‹ empfinde ich auch als schönen Film. Was gefällt dir daran?«

»Chocolat ist die Geschichte von ewiger Flucht und Ankommen. Der Film zeigt die Ankunft des Fremden in einer kleinen abgeschlossenen Welt. Ein Märchen, in dem die verlogenen Fassaden fallen, am Ende die Toleranz und das Lachen siegt.«

»Und die Liebe«, ergänzte Lea. »Weiter, die anderen Filme.«

»›Zimmer mit Aussicht‹ ist eine wunderbare Liebesgeschichte, in der zwei Menschen ihrer Leidenschaft folgen. ›Irisches Intermezzo‹ und ›Das Leben und nichts anderes‹ hingegen gemahnen mich, das Leben nicht zu vergeuden. Diese beiden Filme erzählen von Menschen, die ihre Chancen vertun und den richtigen Zeitpunkt verpassen. In ›Birdy‹ überwindet ein Mensch aus eigener Kraft heraus ein Trauma und findet ins Leben zurück. ›Das Dschungelbuch‹ ist ein nettes kleines Filmchen, das Spaß macht.«

»Ich bin der König im Affenland …«, stimmte Lea kichernd an. »Witzig, dass du auch Kinderfilme in deiner Liste hast. Ein erwachsener Mann wie du.«

»Ich glaube, es schadet nichts, sich ein wenig Kindlichkeit zu erhalten«, konterte ich. »Sag mir, was ›erwachsen‹ sein soll. Sind wir heute wirklich viel anders, als wir als Kinder waren?«

»Manchmal wäre ich gerne wieder Kind«, überlegte Lea. »Da war noch alles leicht und ohne Sorgen.«

»Womit wir wieder beim Thema wären«, fuhr ich fort. »Ich glaube, wir benötigen noch eine Liste.«

Lea sah mich fragend an.

»Schau, als du vor ein paar Tagen begonnen hast, von dir zu erzählen, hast du nur von dem gesprochen, was du nicht oder nicht mehr möchtest. Viel wichtiger ist, dir klar zu machen, was du willst.« Eine kurze Pause entstand. Ich sah Lea an, dass sie nicht recht wusste, wie sie darauf reagieren sollte. »Mit anderen Worten: Du benötigst ein Ziel. Oder viele Ziele. Du musst wissen, wo du hin willst. Erst, wenn du die Richtung kennst, in die du gehen willst, kannst du beginnen, loszulaufen.«

»Das ist ein Problem. Tatsächlich weiß ich nicht genau, was ich eigentlich will«, sagte Lea endlich. »Ich habe schon oft darüber nachgedacht. Aber weit bin ich nie gekommen.«

Erstelle einen Zielplan. Ohne Ziel kein vorwärtskommen.

»Dann solltest du probieren, es systematisch anzugehen. Systematisch und spielerisch zugleich. Erstelle einen Zielplan. Schreibe eine Zielliste. Oder male ein Zielbild.«

»Wie soll das gehen?«

»Nun, mache dich zunächst frei von allen Äußerlichkeiten. Lass nur gelten, was wirklich in dir vorgeht. Dann stelle dir die richtigen Fragen: Wo will ich leben? Wie sieht mein Haus oder meine Wohnung aus? Wo steht dieses Haus? Mit wem, mit welchen Menschen möchte ich dort leben? Wie sind diese Menschen, wie gehen sie miteinander um? Was tue ich in diesem Haus? Was geschieht dort? Welcher Tätigkeit möchte ich gerne nachgehen? Wie sieht mein Arbeitsplatz aus? Wie erledige ich meine Tagesarbeit? Wie sind die Menschen an meinem Arbeitsplatz? Wie will ich leben? Was will ich erleben? Wohin möchte ich reisen? Was alles will ich noch tun im Leben? Wie möchte ich selbst sein?« Ich gab Lea etwas Zeit, um die vielen Fragen zu verdauen.

Stelle dir die richtigen Fragen. Beantworte sie mit deinen Gefühlen.

»Beantworte sie, indem du in dich hinein hörst. In dich hinein fühlst«, fuhr ich fort. »Ist es nicht so, dass zu jeder Frage in dir ein Bild entsteht? Ob du die richtige Antwort gefunden hast, zeigt sich daran, wie du dich dabei fühlst. Wenn sich in dir ein Gefühl des Wohlbefindens einstellt, dann ist es das, was du wirklich willst. Höre auf dich. Halte das fest, was du in diesem Augenblick gesehen hast.«

Lea sah mich zweifelnd an.

»Versuche, dir das Ganze wie ein Land vorzustellen«, erläuterte ich. »Gestalte dein persönliches Ich-Land. Das Land in dem du leben willst. In dem es so aussieht, wie es um dich herum aussehen soll. In dem die Menschen leben, die du in deiner Umgebung haben möchtest. In dem alle Menschen so miteinander umgehen, wie du es gut findest. In dem nach den Werten gelebt wird, die dir wichtig sind.«

Baue dir dein persönliches Ich-Land. Das Land, in dem du glücklich leben wirst.

»Ein Land für mich alleine«, wiederholte Lea. »Das Lea-Land.«

»Genau, das Lea-Land. Schreibe dir auf, wie es sein soll. Oder noch besser, male dir ein Bild davon. Alles, was darin vorkommt, soll konkret sein. Wenn du ein Ziel erreichen willst, muss es klar und deutlich sein, fassbar. So kannst du dich immer belohnen, wenn du wieder eines erreicht hast.«

Stelle klare und messbare Ziele auf.

»Was meinst du mit klar und deutlich?«

»Ein Beispiel. Zwei Männer wollen abnehmen. Beide wiegen 95 Kilo. Der eine sagt: Ich möchte ein paar Kilo abnehmen, um besser auszusehen. Der andere sagt: Ich möchte unter 90 Kilo kommen, denn ich möchte einen Tandemsprung mit dem Fallschirm mitmachen. So lange ich schwerer bin, nehmen sie mich nicht mit. Der erste hat kein wirkliches Ziel. Es gibt kein Kriterium dafür, wann es erreicht sein soll. Welchen Antrieb soll er haben, konsequent auf das Ziel zuzugehen? Der zweite hat ein klares Ziel. Er will Fallschirmspringen. Dafür benötigt er ein bestimmtes Gewicht. Er weiß, wann er das Ziel erreicht hat. Er hat einen Antrieb, einen Wunsch, einen Traum. Er wird sich mit dem Sprung belohnen, wenn er das Ziel erreicht hat. Für ihn stehen die Chancen gut. Der erste wird weitaus mehr Energie und Disziplin benötigen, um abzunehmen. Zweifelhaft, dass seine Chancen auch gut stehen.«

»Ich verstehe«, sagte Lea mehr zu sich selbst.

»In den Tiefen deines Inneren weißt du längst, wo du hin willst«, ermunterte ich sie. »Du musst es nur noch an die Oberfläche holen. Frage dich, wo und wann du dich wirklich gut fühlst. Was ausmacht, dass du dich gut fühlst. Finde deine Wohlfühlorte. Suche nach deiner Wohlfühlzeit. Treffe auf Wohlfühlmenschen. Erkenne deine Wohlfühltätigkeiten. Lenke dein Leben in eine Richtung, die aus Wohlfühlsituationen und Wohlfühlereignissen besteht.«

»Vieles in meinem Leben ist weit weg von Wohlfühlen«, stellte Lea fest.

»Mach dich frei davon«, spornte ich sie an. »Mach dich frei von dem, wie du sein sollst. Davon, was andere sagen und wollen, wie du sein sollst. Sei, wie du sein willst. Höre auf niemand anderen als auf dich selbst. Lass dir nichts mehr einreden. Lass nur gelten, was du dir wirklich wünschst.«

»Oje, das kann ich jetzt nicht aus dem Stehgreif. So viele Fragen.«

»Brauchst du auch nicht. Nimm dir Zeit. Tue es, wenn du bereit dazu bist. Vielleicht am Wochenende. Entspanne dich zunächst. Schenke dir ein Glas Wein ein, schaffe eine schöne Atmosphäre, vielleicht mit Kerzenlicht. Lege eine deiner Lieblingsplatten auf«, beschrieb ich ihr, wie sie es angehen konnte. »Lass dich von niemandem stören. Träume in dich hinein. Denke an die Orte und Erlebnisse auf deiner Liste. Dann wird es von alleine kommen.«

»Träumen kann ich«, stieg Lea darauf ein. »Wenn es weiter nichts ist.«

Ich winkte der Kellnerin und bezahlte unsere Rechnung. »Lass mich wissen, was dabei herausgekommen ist.«

Am darauffolgenden Montag klingelte das Telefon. Lea wollte, dass wir uns trafen. »Ich habe mein Ich-Land entworfen«, rief sie in den Hörer. »Das Lea-Land ist fertig. Ich bin begeistert.«

Wir trafen uns gegen Abend in einem Park und setzten uns auf eine Bank. Lea wedelte mit einem Stück Papier herum. Zwischen Zeichnungen lagen Sätze und Stichworte verstreut. Vieles war wild dahin gekritzelt, für mich wirr durcheinander. Nicht für Lea. »Das ist es«, sagte sie stolz und zufrieden und hielt es mir unter die Nase.

»Sieht aus, wie das Ergebnis eines Autounfalls«, wagte ich mich vorsichtig heran.

Sie warf mir einen abschätzigen Blick zu. »Allerdings ist es anders entstanden, als du angeregt hast«, begann sie ihre Erklärung.

Ich hob die Schultern.

»Am Sonntag war ich alleine zuhause. Wie so oft. Mein Freund war mit seinen Kumpels Tennisspielen. Aber es war OK. Ich legte eine gute Platte auf und trank Wein. Trotzdem kam nichts dabei heraus. Beschwipst schlief ich irgendwann ein. Als ich aufwachte, rief ich meine beste Freundin an. Wir trafen uns zum Teetrinken. Ich hatte mal etwas über die japanische Teezeremonie gelesen. Ich dachte, das könnte passen.« Sie faltete ihr Lea-Land zusammen.

»Wir legten zwei große Kissen auf den Boden, schoben einen Schemel dazwischen, auf den ich eine Kanne mit heißem Wasser stellte. Wir dekorierten mit einer Blumenvase und ich suchte mein schönstes Porzellan heraus. Wir setzten uns gegenüber. So wie es die Zeremonie verlangt, goss ich langsam ein, tat Zucker dazu. Wir schwiegen. ›Bisschen fad vielleicht‹, sagte meine Freundin und lachte mich an. Ich verstand. Ich holte den Cognac her und füllte die Tassen damit auf. ›Schon besser‹, sagte sie. Danach begannen wir die ganzen leckeren Likörchen in meiner Bar durchzuprobieren.«

»Ich verstehe. Eine ganz typische japanische Teezeremonie also.«

Lea machte eine wegwerfende Bewegung. »Dann erzählte ich ihr vom Ich-Land. Sie fand die Idee super. Wir haben zusammen zwei Länder entworfen. Das Lea-Land und das Susanne-Land. Zusammen ging es besser. Wir verstehen uns gut. Die beiden Länder haben viele Gemeinsamkeiten. Ich finde, es geht viel einfacher, wenn man miteinander redet, als wenn ich mich alleine hinsetzen muss.«

Sie faltete ihren Zettel, der einige Falten und Eselsohren aufwies, wieder auseinander. »Und das ist es.« Noch ehe ich einen zweiten Blick darauf werfen konnte, begann sie ihr Ich-Land zu beschreiben.

Suche dein Ich-Land so, wie es dir gefällt.
Du findest es, wo du nachdenken und träumen kannst:

- Bei der Meditation im Schneidersitz ruhend
- Auf dem Sofa liegend
- Bei einem Strandspaziergang
- Während des Joggens
- Beim Tanzen in einer Diskothek

Leas Ich-Land –
so, wie Sie es aufgezeichnet hat.

Das Lea-Land. Eine Landkarte – mit Katze.

~~Ich will in keiner anderen Stadt leben.~~
~~Ich will in keinem anderen Land leben.~~

Ich will in dieser Stadt leben.
Ich will in diesem Land leben.

Ich möchte in einem Haus leben. Es muss nicht groß sein. Aber es soll ruhig liegen. Vielleicht am Waldrand.

Vor meinem Haus sollen immer Blumen blühen

Um mein Haus herum soll ein schöner Garten liegen. Mit Bäumen. Und einer großen Wiese, auf der ich mit meinen Freunden Sommerfeste feiern kann.

Das auch nicht

Abends kommen in meinen Garten kleine Tiere. Eichhörnchen und Igel und Häschen. Weil man sich in meinem Garten richtig wohl fühlen kann.

Das war nichts

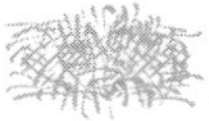

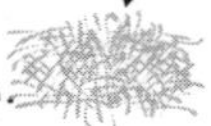

Ich will in meinem Garten selbst Gemüse züchten. Und Kräuter. Wir essen dann immer nur das, was aus unserem eigenen Garten kommt. Wir?

Ich lade viele Freunde ein. Ich möchte alle Menschen um mich herum haben, die ich mag.

Ja, wir. Ich möchte einen lieben Mann haben. Einer, der mir Sicherheit gibt. Einer, der für mich da ist. Einer, der auf mich eingeht. Der aufmerksam ist. Ich will viel Zärtlichkeit. Ich will, dass wir uns gut verstehen. Das wir uns fühlen können. Ich will,

~~Ich~~
ICH
ICH
Ich bin glücklich.
Ich bin zufrieden.
Ich habe das erreicht, was ich erreichen möchte.
Ich sage meine Meinung.
Ich gehe gut mit allen anderen um.
Die, die ich nicht ausstehen kann, denen mache ich das auch deutlich.
Ich bereite den Lieben um mich herum öfter mal eine Freude. Deshalb bereiten sie mir auch Freuden.
Ich bin in meinen Mann verliebt.
Ich freue mich auf jeden neuen Tag, weil er wieder etwas Schönes bringt.
Ich will einfach nur Frau sein.
Ich will Ich sein. Keine andere.
Ja, so soll es sein. Besser geht´s dann nicht.

Ich will Bilder malen. Eigentlich möchte ich sie auch gerne ausstellen. Vielleicht kauft jemand meine Bilder. Ich könnte eine richtige Malerin sein. Ich mache den Motorrad-Führerschein. Ich will mit einem Chopper durch die Gegend fahren.

~~Mal wieder tanzen gehen~~
Öfter tanzen gehen

mit meiner besten Freundin ausgehen. Es gibt noch so viel zu erleben.

Ich möchte noch viele Reisen unternehmen. Viel von der Welt sehen. Menschen aus anderen Ländern kennenlernen. Sehen, wie sie sind. Wie es ihnen geht. Island. Norwegen. Bretagne. Indien – Nordindien? Südindien. Mongolei. Japan. Südafrika. Mykonos. Durchs Mittelmeer segeln. Vielleicht einen richtig hohen Berg besteigen. Oder auch nicht. Hawaii – vielleicht. Ägypten.

Faul am Strand liegen

Und eine Katze möchte ich haben. Die spielt im Garten. Und kommt immer angelaufen, wenn ich nach Hause komme. Eine Schmusekatze. Die mir die Füße wärmt, wenn ich friere.
Ja, die möchte ich gerne. Oder zwei.

will ich auch.

Ich glaube, ich möchte auch mal Kinder haben. Eins zumindestens. Aber mit dem richtigen Mann.

Er muss auch ein guter Vater sein.

Job

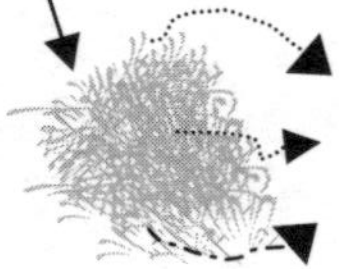

Ich will mich in meinem Job nicht mehr so trietzen lassen. Ich will mich nicht mehr grämen. Ich will mich nicht mehr von meiner Kollegin ärgern lassen. Ich werde mich von meinem Chef nicht mehr schlecht behandeln lassen.

Neu
Meine Arbeit soll mir Spaß machen. Mein Chef soll gut zu mir sein. Mein Chef? Ich kann seinen Job genauso gut wie er. Sie sollen mich befördern. Ich will ein gutes Verhältnis zu meinen Kollegen haben. Wir gehen gut miteinander um. Es soll Spaß machen, morgens zur Arbeit zu gehen.

Karriere? Klar will ich Karriere machen. Aber ich will mich nicht kaputt machen. Ein bisschen mehr verdienen. Ich kann mehr als ich bis jetzt zeigen kann. Ein bisschen mehr soll es schon noch werden.

Lea sprudelte wie eine Quelle, die sich endlich den Weg aus dem Gebirge heraus gebahnt hatte und nun zu einem Strom anschwoll. Je länger sie sprach, desto begeisterter klang ihre Stimme. »Es war total lustig, diese Landkarte aufzustellen. Meine Freundin und ich, wir haben uns ständig beömmelt. Sie hat auch eine Landkarte aufgestellt. Ihre ist ein bisschen anders als meine. Aber nicht viel. Wir haben so viele Gemeinsamkeiten. Das war ein richtig schöner Sonntagnachmittag. Ich fühle mich so gut seit dem. Heute Nacht hatte ich einen Traum, in dem all das Wirklichkeit war. Ich bin aufgewacht und wie auf Wolken geschwebt. Wie findest du mein Lea-Land?«

»Wunderbar, wenn es dir gefällt«, antwortete ich. »Was ich davon halte, ist vollkommen bedeutungslos. Oder was irgend ein anderer davon hält. Dir muss es gefallen. Das Land ist deins. Du musst dazu stehen. Darauf kommt es an. Trage es in deinem Inneren bei dir. Tue jeden Tag etwas dafür, dass du ihm näher kommst.«

»Es ist mein Land. Genau da will ich hin. Wenn ich bedenke, wie viele Bücher ich schon gelesen habe. Über weibliche Selbstverwirklichung. Über Karriere. Über sich Durchsetzen. Viele Bücher über das Glücklichsein. Aber ich hatte noch nie das Gefühl, so weit zu sein. Komisch, nicht?«

»Ich glaube nicht«, erwiderte ich nachdenklich. »Bisher hast du in den Philosophien anderer gesucht. Du hast dich mit Wegen beschäftigt, die sie dir vorschreiben wollten. Das habe ich früher auch getan. Ich habe mich mit allen möglichen Religionen zwischen Buddhismus, Hinduismus bis hin zu irgendwelchen Naturglauben beschäftigt. Ich habe Epikur und eine Reihe weiterer Philosophen gelesen. Ich habe mir angehört, was die Gurus und Heilsbringer mir erzählten. Aber was sollen wir mit Zen oder dem anderen fernöstlichen Schnickschnack hier in der Welt anfangen, in der wir tagtäglich leben? Was nützt uns Meditation und die Hoffnung auf irgendein fernes Nirwana? Hier ist unser Leben und jetzt. All die Karriere-, Motivations-, Emanzipations- und Selbstverwirklichungsbücher erzählen doch nur von normierten Persönlichkeitsbildern, von vorgestanzten Frauen- und Männertypen. Sie geben das wieder, was Zeitgeist ist, was du zu denken hast, weil es dir in allen möglichen Zeitschriften und Boulevardmagazinen tagtäglich um die Ohren gehauen wird. Sie zeigen dir, wie eine Gesellschaft sich selbst normt und jeder versucht, diesem aufgezwungenen Bild möglichst nahe zu kommen. Aber nichts davon erzählt von dir. Ist es nicht so, dass sich diese Fassadenwelt immer weiter von dem entfernt, was wir empfinden? Zum ersten mal hast du dich wirk-

Lebe nach deiner eigenen Philosophie. Kümmere dich nicht darum, was die anderen darüber denken.

lich mit dir beschäftigt. Du hast die Normen hinter dir gelassen. Du hast begonnen, deine eigene Philosophie zu schreiben. Eine, die du in deinem wirklichen Leben anwenden kannst. Eine, die du hier und jetzt gebrauchen kannst.«

»Du hast recht, ich kann es wirklich empfinden. Die Bilder, die ich jetzt im Kopf habe, sind besser als alles, was ich je im Fernsehen gesehen habe. Ein wirklich schöner Traum. Gleich nächste Woche sollten wir damit beginnen, ihn Wirklichkeit werden zu lassen.«

»Wieso nächste Woche?«

Lea sah mich fragend an. »Ja ..., weil ..., ich muss über all das noch einmal nachdenken.«

»Musst du nicht, Lea. Du hast genug nachgedacht. Zuviel Nachdenken bringt dich keinen Schritt weiter. Beginne hier und jetzt. Wenn du nach Hause kommst mit deiner Beziehung. Wenn du morgen zur Arbeit gehst mit deinem Job. Mach es nicht wie der Junkie, der immer wieder sagt: ›Ich könnte morgen damit aufhören.‹ Natürlich könnte er. Wenn er den Willen dazu hätte. Aber er hat ihn nicht. Deshalb wird er erst dann aufhören, wenn er sich selbst zerstört hat. Jeder Tag, an dem wir nicht die Dinge vorantreiben, die zu mehr Glück und Zufriedenheit führen, tut uns nicht gut, setzt unsere innere Zerstörung fort. Morgen bist du genau die Gleiche wie heute. Nächste Woche auch. Und nächsten Monat. Das Nachdenken wird dich nicht sicherer machen, es wird dir keine weitere Zuversicht geben. Es verschafft dir nur ein Alibi dafür, den Hintern nicht hoch zu bekommen. Nichts wird geschehen bis zu dem Zeitpunkt, an dem du beginnst, etwas zu verändern. Ab diesem Augenblick, wirst du jeden Tag erneut feststellen, dass du eine andere bist. Dass du dich und deine Welt veränderst. Dass dein Leben, von dem du glaubtest, dass es auf der Stelle tritt, vorwärts strebt, an Fahrt gewinnt, um dich dahin zu führen, wo du hin willst. Hier ist der richtige Ort. Du bist der richtige Mensch. Und jetzt ist der richtige Zeitpunkt.«

Zaudern heisst der Dieb der Zeit.

CHINESISCHES SPRICHWORT

Jetzt zu beginnen ist genau der richtige Zeitpunkt. Hier zu beginnen ist genau der richtige Ort.

»Ok, ja, hier und jetzt«, sagte Lea leise.

»Heute Abend zuhause und morgen im Büro.«

»Wenn man jetzt so davor steht, beunruhigt es einen doch ein bisschen«, begann sie zu zweifeln.

»Steh auf.«

Sie sah mich erstaunt an.

»Steh auf.«

Langsam erhob sie sich.

»Aufrecht, Lea. Drück das Kreuz durch. Heb den Kopf. Sei stolz. Und mutig.«

Ihr war etwas unwohl. Aber sie tat es.

»Jetzt sage: ICH. HIER. JETZT. Sag es laut und deutlich.

Sei stolz. Sei selbstbewusst und mutig.

»Die Leute schauen schon zu uns herüber.«

»Vergiss die Leute. Sei selbstbewusst. Du kannst alles tun, was du willst. Sei du«, forderte ich sie auf.

»Ich. Hier. Jetzt«, murmelte sie leise.

»Lauter. Es kann ruhig jeder hören.«

Einige Sekunden vergingen. Sie sah sich verzweifelt um. Danach warf sie mir einen mürrischen Blick zu. Dann straffte sie sich: »ICH. HIER. JETZT.« Jeder im Cafe konnte es hören. Einige Köpfe fuhren herum. Ein paar Menschen lächelten.

»Komm, wir gehen«, sagte ich.

Schnell packte Lea ihre Sachen zusammen.

»Und«, fragte ich sie, als wir die Straße erreicht hatten.

»Es geht. Nichts ist passiert.«

»Siehst du«, ich ballte eine Faust. »Du hast dich getraut. Etwas zu tun, was du niemals zuvor getan hast. Nichts als ein kleines Spielchen. Ganz ohne nachzudenken. Wie fühlst du dich?«

»Gut. Auch nicht anders als vorher.«

»Eben. Und weiter?«

Sie überlegte kurz. Dann lächelte sie. »Ich will.«

»Und?«

»Ich kann.«

Dein Ich-Land: Der Plan für ein Leben im Jetzt

1.

Listen mit schönen Dingen helfen, sich immer wieder an seine guten Gefühle zu erinnern. Lass deine Erinnerungen auf dein Innerstes wirken. Setze sie als Helfer ein, die dich immer wieder hoch bringen und motivieren.

2.

Erstelle einen Zielplan. Klare Ziele zeichnen den Weg, den du gehen willst. Schaffe messbare Ziele.

3.
Zeichne dein persönliches Ich-Land auf. Stelle dir dazu die richtigen Fragen. Beantworte sie mit Gefühl und Verstand gleichermaßen. Höre auf deine innere Stimme, sie ist dein bester Ratgeber. Hänge das Ich-Land in deiner Wohnung gut sichtbar auf, damit du es jeden Tag sehen kannst. Trage eine Kopie davon bei dir, damit du jederzeit einen Blick darauf werfen kannst.

Wer ein Ich-Land besitzt, hält den Schlüssel zu Zufriedenheit, Wohlbefinden und Glück in Händen.

4.
Verschiebe nichts mehr auf Morgen. Lebe im Jetzt. Und im Hier.

5.
Fasse Mut und Zuversicht. Stelle dich deinem Leben. Verwirkliche deine Ziele und Wünsche. Sage dir immer wieder: Ich will. Und ich kann.

Ängste erkennen und überwinden

Lea ging es gut. Sie fühlte sich beschwingt. Voller Tatendrang. Selten zuvor war sie so entspannt gewesen. Sie verbrachte schöne Abende mit ihrem Freund, unterhielt sich angeregt mit den Kollegen im Büro. Manche wunderten sich, wie gut gelaunt, wie locker und fröhlich Lea mit ihnen umging. »Was ist passiert«, fragten einige. »Bist du verliebt? Hast du eine Erbschaft gemacht?«

Nichts von alledem, lachte Lea in sich hinein. Aber es macht Spaß, solche Fragen gestellt zu bekommen.

Von Zeit zu Zeit holte sie ihre Liste für gute Gefühle hervor, sah sie sich an und erinnerte sich an die Erlebnisse der letzten Tage. Sie machte ihren Job wie immer, erledigte den Haushalt wie immer und doch hatte sie das Gefühl, das sich vieles verändert hatte. Ich bin anders, dachte sie. Alle anderen bemerken es. Das ist schön. »Mir geht es gut«, sagte sie sich immer wieder. »Ich lasse es nicht mehr zu, dass irgendjemand mir meine gute Laune verdirbt.«

Einige Tage später erschien ein Unternehmensberater im Büro ihres Chefs. Sie hatte gehört, dass er kommen sollte, doch beschränkten sich ihre Informationen auf das Gemunkel in den Gängen. Alles streng geheim, hieß es da. Absolute Chefsache. Von Prozessoptimierung war die Rede. Die Pessimisten munkelten gar davon, dass ihre Abteilung auf der Kippe stand.

Sichtlich nervös empfing Leas Chef seinen Gast. Die Tage zuvor, hatte er immer neue Auswertungen und aktuelle Betriebszahlen von ihr eingefordert, ohne ihr jedoch zu sagen, worum es ging. Blöd, dachte sie dabei. Wenn er nicht so eine Geheimniskrämerei machen würde, könnte ich ihm besser helfen. So schieße ich nur ins Blaue hinein. Für mich machen diese wahllos zusammengestellten Daten keinen Sinn. Aber er ist der Boss. Er wird wissen, was er tut.

Leas ungutes Gefühl trog nicht. Kaum eine halbe Stunde verging, bis ihr

Chef aus seinem Büro gestürmt kam, einige Papiere in der Hand schwenkte und aufgeregt auf Lea einredete. Vollkommen unbrauchbar sei das, was sie zusammengestellt hatte. So kämen sie nicht weiter. Ein Gewitter von Anforderungen prasselte auf sie nieder. Klar, dachte sie, wenn es das war, was er wollte, hätte er es vor ein paar Tagen sagen sollen. Sie war schließlich keine Hellseherin. Zaghaft erwiderte sie, dass einige dieser Zahlen so schnell nicht zu ermitteln seien. Davon wollte ihr Chef nichts wissen. »Machen Sie sich an die Arbeit. Und zwar schnell.«

Lea tat ihr Bestes. Sie ging die betriebswirtschaftlichen Zahlenwerke durch, telefonierte mit der Finanzwirtschaft, sammelte, was in der Kürze der Zeit zusammenzustellen war. Nur kurz überflog ihr Chef die Papiere, als sie sie vorlegte. »Da fehlt die Hälfte. Habe ich mich nicht klar genug ausgedrückt, was wir hier brauchen? Damit kann ich nichts anfangen. Machen Sie ihren Job gefälligst richtig.«

Lea schluckte. Viele Gedanken und Gefühle stürzten wild durcheinander auf sie ein. Ich mache meinen Job richtig, schrie ihre innere Stimme. So eine Ungerechtigkeit. Was fällt dir ein, so mit mir zu reden? Hättest du mir vor ein paar Tagen gesagt, um was es geht, hätte ich dir helfen können. Es wäre an dir gewesen, Vertrauen zu haben. Das alles ist so unfair. Nur weil er sich wie ein Pfau vor dem Berater aufplustern will. Mich machst du hier in aller Öffentlichkeit nieder. Das kann ich mir nicht gefallen lassen. Das darf ich mir nicht gefallen lassen. Am liebsten würde ich dir den ganzen Kram vor die Füße schmeißen. Mach deinen Mist doch alleine!

Aber nichts von alledem sagte Lea laut. Dass viele der Auswertungen in der Kürze der Zeit nicht zu bekommen seinen, murmelte sie leise. Und das die Finanzwirtschaft sie auch nicht habe.

»Unglaublich«, erwiderte ihr Chef. »Gehen Sie.«

»Sehen Sie, was ich meine«, hörte Lea ihren Chef beim Hinausgehen zum Unternehmensberater sagen. »Niemand macht hier seinen Job richtig. Was soll man tun, wenn man hier ganz alleine auf Posten steht. Mit diesen Leuten ist nichts zu wollen.«

Mit einem Schlag war Leas gute Laune verflogen. So eine Ungerechtigkeit. Sie setzte sich an ihren Schreibtisch und stützte den Kopf in die Hände, verbarg ihr Gesicht hinter dem PC-Bildschirm. Wie in einem brodelnden Geysir stieg Ärger in ihr hoch, brach aus ihr heraus, sammelte sich über ihrer Stirn für jeden sichtbar in einer finsteren Gewitterwolke. Ärger über ihren Chef. Ärger darüber, dass sie vor aller Öffentlichkeit gedemütigt worden war. Sie hatte ihren Job gut gemacht. Sie wusste es. Ihr Chef machte den seinen nicht gut. Das war nicht ihre Schuld. Am meisten aber ärgerte sie sich über sich selbst. Warum habe ich nichts gesagt? Warum habe ich das zugelassen? Warum lasse ich mir das gefallen? Das wollte ich doch nicht mehr. Genau das wollte ich doch ändern. Und jetzt, bei der ersten Gelegenheit, verhalte ich mich wie immer. Ich bin so blöd. Ich bin so ein Feigling. Ich bekomme das nie hin.

An diesem Punkt konnte sie sich selbst nicht mehr aushalten. Sie sprang auf, rannte aus dem Büro und schloss sich in der Toilette ein. Nur Sekunden vergingen, bis ihr die Tränen über die Wangen liefen. Du blöde Kuh, sagte sie zu sich selbst. Nie mehr soll dir sowas passieren. Niemand darf mehr so mit mir umgehen. Aber ich bekomme es ja doch nicht hin. Ich mache ja nichts dagegen. Ich bin so eine Null.

Irgendwann trocknete sie ihre Tränen. Vor dem Spiegel ordnete sie ihr Make-up. Langsam ging sie an ihren Arbeitsplatz zurück. Wo warst du denn, empfing sie ihre Kollegin. Der Chef will dich sprechen. Zögerlich klopfte Lea an seine Tür. Der Tag war gelaufen. Wahrscheinlich war das noch nicht alles gewesen. Sie wusste es. Sie würde alles ertragen. Alles über sich ergehen lassen. Es war wie immer. Sie ärgerte sich. Aber sie ließ es geschehen und wehrte sich nicht.

»Ich glaube, deine Methode wirkt bei mir nicht«, sagte Lea, als wir uns ein paar Tage später trafen. »Alles ist genauso wie früher. Nichts ist besser. Ich kann das nicht.«

Darauf erzählte sie mir von ihrem Erlebnis mit dem Chef und dem Unternehmensberater. »Ich bin eben nur durchschnittlich. Wahrscheinlich nicht mal das. Ein blöder Angsthase. Das werde ich immer bleiben«, schloss sie.

»So solltest du nicht reden. So solltest du nicht einmal über dich denken«, ermahnte ich sie ernst. »Findest du dich nicht selber lächerlich? Du gibst auf, noch ehe du überhaupt begonnen hast. Hast du denn irgendetwas wirklich versucht?«

Nun war Lea erbost. »Fängst du jetzt auch noch an? Du brauchst mir nicht zu sagen, dass ich lächerlich bin. Das steht dir nicht zu.« Sie sprang auf und machte Anstalten zu gehen.

»Na also, es geht doch«, fing ich sie wieder ein. »Wenn du das zu mir sagen kannst, kannst du es auch zu deinem Chef sagen.«

Lea stutzte. »Du provozierst mich. Ist das auch nur wieder ein Spiel?«

Ich hob die Schultern. »Das ist das Leben. Es zeigt dir, was du kannst.«

Zögernd setzte sich Lea wieder. Sie schob ihren Stuhl zurecht. »Was hast du geglaubt«, fuhr ich fort. »Dass alle Menschen über Nacht anders sein würden, nur weil du dir vorgenommen hast, eine andere zu werden? Hast du gedacht, alles geht von alleine? Die Menschen um dich herum sind noch immer die gleichen. Sie werden dir keine Handbreit von ihrem Territorium abtreten, wenn du nicht aktiv dafür eintrittst. Wir haben Vorbereitungen getroffen, Lea. Du hast das Grundhandwerkszeug bekommen. Aber die Veränderungen, die du in deinem Leben haben willst, wirst du aktiv herbeiführen müssen.«

Lea ließ den Kopf sinken. »Ich habe mich so gut gefühlt. Und dann das.«

»Es war nie die Rede davon, dass es leicht sein würde. Du musst schon bereit sein, ein wenig zu kämpfen. Auf deine Art. Die eine oder andere Auseinandersetzung wirst du aushalten müssen.«

»Ich hasse Konflikte«, sagte Lea bestimmt. »Ich schaffe das nie. Ich bin immer noch die Gleiche.«

»Du musst bereit sein, ein bisschen Energie hinein zu stecken«, ermahnte ich sie. »Aber Kopf hoch. So schnell geben wir nicht auf, nicht wahr? Vielleicht kommen wir nicht ganz auf dem geraden Weg zum Ziel. Vielleicht müssen wir ein wenig durch verschlungene Täler wandern, bevor wir die Autobahn erreichen.«

Der Mensch, der den Berg abtrug war der selbe, der begann, kleine Steine wegzutragen.
Chinesisches Sprichwort

»Ich will ja«, seufzte Lea. »Aber es ist alles so schwierig.«

»Es ist gar nicht schwer. Bald wirst du sehen.«

»Hoffentlich.«

»Hast du morgen Abend Zeit?«

Sie nickte.

»Ich möchte dich einem Freund vorstellen. Einem, der ebenfalls tiefe Täler durchschritten hat. Seine Geschichte wird dir helfen, den Weg auf die Gipfel zu finden.«

Walter arbeitete als Bereichsleiter in einem großen Industrieunternehmen. Kontinuierlich hatte er eine Karrierestufe nach der anderen erklommen und war nun auf der Ebene unter dem Vorstand angekommen. Er empfing uns gegen sieben Uhr abends in seinem Wohnzimmer. Eigentlich hätte er noch einen Abendtermin in seinem Unternehmen gehabt, aber den sagte er kurzfristig ab. »Für alte Freunde muss man sich immer Zeit nehmen«, begrüßte er uns.

Das war nicht immer so gewesen. Ich konnte mich sehr gut an frühere Zeiten erinnern. Wir hatten uns immer seltener gesehen. Häufig gab es wichtige berufliche Termine, die seine privaten Treffen zum Platzen brachten. Typisch für einen allzu sehr auf seinen Beruf fixierten Menschen.

Wir setzten uns in eine Sitzecke aus edlem, teuren Leder. Walter öffnete eine Flasche Rotwein. »Ein feines Tröpfchen«, wies er auf das Etikett. »Ein Premier Grand Cru aus dem Bordeaux.«

Wir stießen an. Der Wein war mild und nicht zu trocken und schmeckte leicht nach Erdbeeren. »Vollkommen ausgewogen«, kommentierte Walter. »Ist noch gar nicht lange her, dass ich gelernt habe, Dinge zu genießen, zur Ruhe zu kommen. In einem Sessel zu sitzen und etwas so gewöhnliches wie ein Glas Wein wunderbar zu finden. Den größten Teil meines bisherigen Lebens habe ich damit verbracht, an meiner Karriere zu basteln. Immer unterwegs. Nicht nach links und nicht nach rechts geschaut. Aber jetzt sehe ich die Welt anders. Ich habe den Gang herausgenommen. Und siehe da, es gibt viele Dinge neben dem Beruf zu entdecken.«

»Erzähl uns davon«, forderte ich ihn auf. »Deshalb sind wir gekommen.«

Walter ließ sich tief in den Sessel sinken. Genießerisch drehte er das Glas in seiner Hand. Er dachte kurz nach, dann stellte er seinen Wein mit einer schnellen Bewegung auf den Tisch. »Ich war immer sehr ehrgeizig. Mein Ziel war, ganz nach oben zu kommen, derjenige zu sein, der alles bestimmt. Dementsprechend habe ich alles meiner Karriere untergeordnet. Ich ging morgens um halb acht aus dem Haus und kam meistens nicht vor neun Uhr abends wieder. Die Wochenenden waren nicht selten für Weiterbildung oder besonders wichtige Zusammenkünfte reserviert. Oft nahm ich mir Arbeit mit nach Hause und selbst im Urlaub telefonierte ich ständig mit dem Büro.«

Er faltete die Hände vor der Brust zusammen. »Der Lohn für die Mühen war ein kontinuierlicher Aufstieg. Aber mein Privatleben litt beträchtlich darunter. Meine Frau wurde immer unzufriedener, meine Kinder bekam ich kaum noch zu Gesicht. Ich selbst wurde innerlich immer unruhiger, schlief schlecht, litt unter allen möglichen körperlichen Beschwerden. Natürlich hatte ich alles unter Kontrolle – glaubte ich zumindestens. Ich tröstete mich damit, dass ich jemand war, etwas bedeutete. Ich saß im Vorstand mehrere Verbände. Vertrat mein Unternehmen bei der IHK. Zu allen wichtigen öffentlichen Ereignissen in der Stadt wurde ich eingeladen. Ich hatte es wirklich geschafft.«

Er machte eine kurze Pause und legte die Arme auf die Sessellehnen. Ihm war anzusehen, wie er in sich selbst hineinblickte, Bilder vor seinem inneren Auge vorbeiglitten. »Ja, und irgendwann kam ich ins Grübeln, ob das wirklich das Leben war, das ich führen wollte. Nicht ganz von alleine. Zugegeben, es gab heftige äußere Anstöße. Meine Frau machte mir klar, dass sie so nicht weiterleben wollte. Sie drohte damit, mich zu verlassen. Ich hatte nie über meine Beziehung, über mein Privatleben nachgedacht. Mein ganzes Denken gehörte dem Beruf. Als ich es endlich tat, fiel meine

Bilanz ziemlich ernüchternd aus. Im Privatleben kam ich eigentlich gar nicht vor. Das Haus, die Kinder, die Urlaubsplanung, selbst das Einkaufen meiner Anzüge, alles übernahm meine Frau. Ich gab ihr Reichtum, alle materiellen Dinge, die sie sich wünschte. Aber Gefühle gab ich ihr schon lange nicht mehr. Dabei liebte ich sie. Und liebe sie noch immer. Auch ich wollte Gefühle. Aber der Beruf sog alle Emotionen auf, die ich besaß. Nichts blieb übrig.«

Walter beugte sich vor, um einen tiefen Schluck aus seinem Glas zu nehmen. »Das reichte aber noch nicht. Der Mensch ist wohl so, dass er nicht bereit ist, die sanften Zeichen zu erkennen, auch wenn er sie überall deutlich an der Wand geschrieben sieht. Wir brauchen alle erst eins mit dem Holzhammer über den Schädel gezogen, bevor wir lernen wollen, bis wir endlich begreifen wollen. Bevor wir bereit sind, uns auf uns selbst zu besinnen, nach wirklichen Werten und Inhalten in unseren Leben zu suchen und nicht nur Götzen hinterher zu laufen.«

Er nahm die Weinflache und schenkte uns nach. »In einem anderen Bereich im Unternehmen war wenige Monate zuvor ein neuer kaufmännischer Leiter eingestellt worden. 35 Jahre alt, mit einer noch schnelleren Karriere als ich. Eines Morgens fanden ihn die ersten Mitarbeiter, die zur Arbeit kamen, in einem Gang liegend. Tod. Herzinfarkt. So ein junger Kerl. Er musste bis spät in die Nacht hinein gearbeitet haben, wollte erst lang nach allen anderen nach Hause gehen, kam da aber niemals mehr an. Ein ziemlich trostloser Tod, mitten in der Nacht in einem grauen Bürogang. Was tun wir hier, fragte nicht nur ich mich. Jedem von uns kann es genauso ergehen. Wenn selbst der Körper eines jungen Menschen den Druck nicht aushalten kann. Natürlich wollen wir alle Karriere machen. Aber noch viel mehr wollen wir doch leben. Wofür hast du gelebt, wenn du in einem dunklen Gang verreckst? Hast du überhaupt gelebt?«

Er sah uns fragend an. »Aber natürlich halten solche Gedanken nicht lange an. Der Alltag holte mich schnell wieder ein. Ich lief wieder meinen wichtigen Terminen und Aufgaben hinterher. In einem Jahr sollte ein Vorstand in den Ruhestand gehen. Nicht mehr lange, und ein neuer würde gesucht werden. Klar, an wen ich dachte, der das Rennen machen sollte. Doch so weit kam es nicht mehr. Nun fuhr der Holzhammer, der mir so lange und so deutlich gedroht hatte, auf mich nieder. Wenige Wochen später bemerkte ich auf der Fahrt von der Arbeit nach Hause ein Kribbeln in Armen und Beinen, das immer stärker anschwoll. Mit größter Anstrengung erreichte ich das Haus, ließ mich auf einen dieser Sessel hier fallen, begann zu schwitzen. Mein ganzer Körper schmerzte. Aber nicht lange. Immer schneller verlor ich das Gefühl in Armen und Beinen, bis ich gar nichts mehr spürte. Meine Frau rief den Notarzt. Sofort brachten sie mich ins Krankenhaus. Eine nervliche Fehlfunktion, sagte der Arzt später. Alles Blut versuchte sich in meinem Kopf zu sammeln. Wäre er zehn Minuten später gekommen, wäre ich tot gewesen. Die Ursache? Der Arzt konnte keine Ursache finden. Keine körperliche. Am nächsten Tag war alles nahezu normal. Meine Werte waren in Ordnung. Keine Krankheit erkennbar.«

»Eigenartig«, bemerkte Lea. »So etwas habe ich noch nie gehört.«

»Ich bis dahin auch nicht«, fuhr Walter fort. »Stress nennt man das. Körperliche Symptome, die keine körperlichen Ursachen haben. Sie kommen vom Hirn. Psychosomatisch ist der Begriff, den der Fachmann dafür geprägt hat. Es gibt keinen Grund dafür, sagte der Arzt. Keinen Grund, fragte ich mich? Es gab einen Grund. Ich wusste es. Ich wusste es genau. Aber ich hatte ihn verdrängt. Ich wollte nicht darüber nachdenken. Wenn ich mir zu viele Fragen stellte, mussten daraus unweigerlich Antworten entstehen. Antworten, die ich von mir nicht hören wollte. Ich kannte den Grund. Stress ist eine große Lüge. Stress ist eine Selbsttäuschung, um sich nicht die Wirklichkeit eingestehen zu müssen. Der Körper kann viel leisten, ohne krank zu werden. Das Hirn kann es nicht. Das Hirn macht den Körper krank. Die Krankheit, die ständig bohrt und frisst, heißt Angst.«

»Angst«, wiederholte Lea etwas verwundert. »Ich kenne viele Menschen, die mir von ihrem Stress erzählt haben. Aber niemanden, der jemals über Angst gesprochen hätte.«

»Genau«, stieg Walter darauf ein. »Niemand spricht über Angst. Weil sich niemand seine Angst eingesteht. Jeder ist ein Supermann, eine Superfrau. Jeder ist der Mensch, der alles weiß und alles kann. Jeder ist wunderbar, stark, belastbar, großartig. Sich seine Angst einzugestehen hieße doch, seine größte Schwäche zuzugeben. An seinem eigenen inneren Denkmal zu kratzen. Zuzugeben, dass man so stark, wie man nach außen erscheinen möchte, innen gar nicht ist. Wir bauen eine stählern wirkende Fassade auf und tun alles dafür, dass niemand dahinter sehen kann. Sonst würde er entdecken, dass alles nur aus Pappmaché besteht. Wir spielen unsere Rolle immer weiter und weiter, bis sie uns selbst erdrückt und erstickt. Wir sind gigantische Lügner. Ich weiß nicht, was schlimmer ist: Dass wir andere belügen oder am meisten uns selbst.«

»Vielleicht dramatisierst du das«, wandte Lea ein. »Wenn ich mich in meinem Büro umsehe, fällt mir keiner auf, von dem ich glaube, dass er Angst hat. Ich habe ja auch keine.«

»Ich freue mich für dich, wenn das so ist.« Walter richtete sich in seinem Sessel auf. »Aber ich glaube dir nicht. Als ich im Krankenhaus lag, hatte ich Gelegenheit, mit vielen Kollegen zu sprechen, die mich besuchen kamen.

Ich war sehr erstaunt über die Offenheit, die an einem Krankenbett auf einmal möglich war. Keiner war darunter, der nicht selbst über Symptome klagte. Aber bei jedem waren sie anders. Die einen beschrieben ein leichtes Unwohlsein, wenn schwierige Aufgaben auf sie zukamen, andere ein dumpfes Magendrücken oder eine innere Unruhe, die sich nicht legen wollte. Manche bekamen Herzflimmern oder Herzrasen, zittrige, schwitzende Hände, einen Hautausschlag. Die mit den dicken Ringen unter den Augen berichteten mir davon, dass sie schon lange keine Nacht mehr richtig durchgeschlafen hatten. Einige schafften es nur, in einen oberflächlichen Schlaf abzugleiten, mit aufwühlenden Träumen, aus dem sie am Morgen wenig erholt erwachten, mit heftigen Rückenschmerzen. Viele kauten sich die Fingernägel bis an den Hautansatz ab und bei einem bewirkte die Angst das Entstehen einer Gürtelrose. Glaub mir Lea, es gibt nahezu keinen Menschen, der nicht eines dieser Symptome oder ein ähnliches kennt. Aber keiner von diesen Menschen hat je das Wort Angst in den Mund genommen. Die meisten werden es niemals tun.«

Achte auf die Botschaft, die dir dein Körper sendet. Er warnt dich frühzeitig.

Nun wurde Lea nachdenklich. »Das mit dem Magendrücken kenne ich. Wenn ich es mir recht überlege, kommt es immer, wenn ich Dinge tun muss, die ich eigentlich nicht tun will. Wenn sich mein Inneres gegen etwas sträubt. Manchmal schlafe ich wirklich schlecht. Aber ich habe das noch nie mit meinem Job in Verbindung gebracht. Aber du könntest wirklich recht haben. Dass mein schlechter Schlaf einer mir unangenehmen Aufgabe vorausging, die ich am nächsten Tag erledigen sollte, ist sehr gut möglich.«

Wenn du nicht einschlafen kannst: Lege einen Zettel neben das Bett und notiere darauf die Gedanken, die dich beschäftigen. Denke: Hier sind sie sicher. Ich vergesse sie nicht. Ich brauche sie nicht mehr in meinem Kopf. Morgen nehme ich sie mit und denke sie weiter.
Jetzt kann ich schlafen.

»Ich habe nach meiner Krankheit mit vielen Menschen darüber gesprochen. Im Unternehmen, auch bei privaten Anlässen. Wie viele Menschen Beschwerden dieser Art haben, ist unglaublich«, führte Walter weiter aus. »Welche Arbeit sie tun oder in was für einer Position sie sind, spielt dabei keine Rolle. Die Angst, die Menschen krank macht, zieht sich durch alle Hierarchiestufen. Aber niemand gesteht sie sich ein. Angst ist das größte Tabu in unserer Arbeitswelt. Dabei kann nur das Eingeständnis der eigenen Ängste der Anstoß sein, sie zu überwinden.«

»Aber warum haben so viele Menschen Angst«, fragte Lea. »Wovor den eigentlich?«

»Das ist eine sehr gute Frage.« Walter rutschte auf seinem Sessel nach vorne. »Der Grund für die Angst ist für die meisten Menschen nicht greifbar. Viele Menschen haben materielle Ängste. Sie haben ihr Haus gebaut, müssen es abbezahlen. Die Angst vor dem Arbeitsplatzverlust wiegt da schwer. Aber das ist nicht die wahre Ursache der Angst. Sie ist in uns, ohne dass wir so recht begreifen könnten warum. Ein dumpfes, unbestimmtes Gefühl, das im Hintergrund immer mitschwingt.«

»Es liegt an den Fassaden, die wir um uns herum aufbauen«, warf ich ein. »Jeder Mann muss stark und unbesiegbar sein. Erfolgreich, zu Ansehen und Ruhm kommen. Ein Beschützer sein, andere übertrumpfen. Jede Frau muss selbstbewusst sein, emanzipiert, sich im Berufsleben behaupten. Wir konkurrieren immer mit anderen. Wir vergleichen uns ständig, auch wenn uns das nicht immer bewusst ist. Wir haben Angst, dass andere uns übertrumpfen, uns ausstechen. Erfolgreicher sind. Mehr Geld verdienen. Schneller befördert werden.«

»Genau damit hängt es zusammen«, führte Walter den Gedanken fort. »Nur wissen wir tief in unserem Inneren, dass wir gar nicht stark sind. Wir werden zerfressen von Versagensängsten. Wir fürchten, nicht klug genug zu sein. Uns schreckt etwas zu tun, für das wir kritisiert werden könnten. Wir haben Angst, nicht geliebt, nicht bewundert zu werden. Nichts ist schlimmer für uns, als vor anderen schlecht dazustehen, etwas falsch gemacht zu haben. Nur die Allerwenigsten von uns sind souverän, sind so selbstsicher wie sie sich geben. Die meisten verbringen den größten Teil der Zeit damit, ihr Territorium mit hohen Mauern zu umgeben. Verteidigungsburgen aufzubauen, damit sie nicht angegriffen werden können. Wären diese Menschen selbstbewusst und sicher, sie hätten all das nicht nötig. Wir alle sind schwach und weich und verletzlich. Wir spielen Stärke und machen uns damit selbst kaputt.«

»Aber warum wollen wir so stark sein«, wollte Lea wissen.

»Weil wir von Kindesbeinen an dazu erzogen werden. Wir sollen gute Noten mit nach Hause bringen. Sportwettkämpfe gewinnen. Unsere Eltern stolz machen. Einen Beruf ergreifen, der hohes gesellschaftliches Ansehen verheißt. Viel Geld verdienen. Kurz – wir sollen ein gesellschaftliches Normsystem erfüllen. Wir werden dazu erzogen, ein möglichst großes Rädchen im Getriebe der Welt zu werden. In der Zeitung lesen, im Fernsehen sehen wir ständig, wie wir sein sollen, wie die Menschen sind, die dieses Normbild am besten erfüllen. Wenn wir nicht mitmachen, fühlen wir uns wie Ausgestoßene. Aber so wollen wir uns nicht fühlen. Wir wollen beliebt sein. Die schönste Frau, den schönsten Mann haben. Wir wollen mitmachen. Deshalb fügen wir uns. Deshalb erfüllen wir die Anforderungen dieser Gesellschaft, auch wenn das weit entfernt von dem ist, was wir in uns fühlen, was wir für uns als gut empfinden. Was wir wirklich sein wollen. Wir dürfen nicht zufrieden sein, solange es irgendwo noch ein bisschen mehr zu holen gibt. Wir dürfen uns nicht wohlfühlen mit dem Erreichten, wenn es irgendwo noch mehr zu erreichen gibt. Wir sind erzogen, materielle Werte zu erringen. Nicht dazu, unsere Empfindungen auszudrücken und unsere Gefühle zu leben. Wir eilen voran wie ein Hamster im Rad. Wir versuchen die vorgegebene Norm zu erfüllen. Aber viele von uns merken sehr bald, dass sie dem Normbild nicht genügen. Dass ihre Fähigkeiten nicht ausreichen. Das macht ihnen Angst. So verstärken sie ihre Anstrengungen, nur um immer deutlicher zu erkennen, wie wenig die Fassade mit dem Inhalt übereinstimmt. Fühlen wir uns besser, wenn wir wieder eine Karrierestufe erreicht haben? Steigert es unser Wohlbefinden, noch mehr Geld zu verdienen? Wir schwimmen von einem Haifischbecken in das nächste. Nur unsere Zähne werden immer schärfer. Aber die der anderen auch.«

»Was ist der Ausweg?«, fragte Lea.

»Selbst-Bewusstsein. Dass wir uns unseres Selbst bewusst werden.« Walter ballte die Fäuste. »Dass wir mehr Zeit darauf verwenden, herauszufinden, was wir wirklich wollen. Dass wir so die Angst überwinden. Die Angst vor der Meinung der anderen. Dass wir zu dem stehen, was wir sind, was wir sein wollen, was wir können. Wir müssen lernen, unseren eigenen Weg zu gehen und nicht danach zu fragen, was die anderen darüber denken.«

Lebe selbst bewusst. Stehe zu dem, was du wirklich willst.

»Aber das würde bedeuten, dass wir nicht nur vor den anderen Angst haben. Am meisten haben wir wohl Angst vor uns selbst. Vor unserer eigenen Courage«, warf Lea ein.

»Genau Lea. Du hast vollkommen recht. Die Angst hat mit den anderen nichts zu tun. Sie ist in uns. Sie gehört uns ganz alleine. Sie nagt in unserem Hirn. Wenn sie da nicht wäre, wäre sie nirgendwo. Du brauchst sie nicht. Sie ist vollkommen überflüssig. Niemand wird sie vermissen, wenn du sie aus deinem Gehirn hinauswirfst.«

»Wie soll ich sie denn loswerden?« Lea rutschte unruhig auf ihrem Sessel hin und her.

»Der erste Schritt ist, dir einzugestehen, dass du Angst hast«, Walters Stimme wurde nun eindringlich. »Gib die Selbsttäuschung auf. Das Magendrücken, die Unruhe, der Stress. Gestehe dir ein, dass all dies der Ausdruck der Angst ist. Größe ist nicht, keine

Gestehe dir deine Ängste ein: Du tust den ersten Schritt, sie zu überwinden.

Angst zu haben. Jeder Mensch hat Ängste. Wer behauptet, keine zu haben, ist entweder sehr dumm oder ein Lügner. Größe ist, sich seine Angst einzugestehen und sie zu überwinden.«

»Was muss ich dafür tun?«

Walter dachte einen Augenblick nach. »Wenn du deine Angst kennst, kannst du damit beginnen herauszufinden, durch welches Ereignis sie ausgelöst wurde. Durch etwas, was heute geschehen ist? Oder durch etwas, was morgen geschehen soll? Wenn du ehrlich zu dir bist, weißt du genau, was es ist. Denk darüber nach. Dann denke einen Gedanken weiter: Ist es wirklich das Ereignis, dass deine Beunruhigung auslöst oder ist es nicht vielmehr ein Mensch? Dein Chef, ein Kollege, dein Mann, deine Frau. Betrachte diesen Menschen. Sieh ihn dir genau an. Welchen Grund gibt es, vor diesem Menschen Angst zu haben? Was hat er dir voraus? Was kann er tun? Stell ihn dir vor, wie er mit heruntergelassener Hose auf dem Klo sitzt. Das macht ihn ziemlich klein nicht wahr? Wenn du ihn so betrachtest, wirst du bald feststellen: Er ist nicht größer als du. Er ist dir in nichts über. Er ist ein Mensch wie du. Mit Stärken und Schwächen. Und Ängsten. Genau wie du. Wenn du das erkannt hast, dann gibt es keinen Grund mehr, Angst zu haben. Werde dir deiner Selbst und deiner Größe bewusst. Du bist viel größer als du denkst. Nur vertraust du nicht auf deine Fähigkeiten. Lerne, dir selbst zu vertrauen. Sich selbst vertrauen heißt, keine Angst mehr zu haben. Steh zu deiner Meinung. Zu deinen Ansichten. Übernimm die Verantwortung für dich selbst. Tritt den Menschen mit Selbstbewusstsein gegenüber. In vollstem Selbstvertrauen. Du musst nur vor dir bestehen. Was die anderen denken, ist vollkommen gleichgültig. Wenn du aufhörst, dich zu ducken und den Menschen von gleich zu gleich gegenüber trittst, wirst du schnell merken, dass deine Angst überflüssig ist. Vertreibe die Angst aus dir und sie wird nirgends mehr sein. Und du wirst noch etwas anderes bemerken: In dem Augenblick, in dem du beginnst, auf dich selbst zu vertrauen, wirst du dich gut fühlen wie nie zuvor. Du wirst ein Gefühl erleben, dass du bisher nicht gekannt hast. Du wirst dich frei fühlen. Befreit von allem. Wer die Angst überwindet, gewinnt die Freiheit.«

Schweigend ging Lea neben mir her, als wir Walter verließen. Seine Worte beschäftigten sie. Nach einer Weile sagte sie: »Aus Angsthasen werden über Nacht keine Superhelden.« Und einige Minuten später: »Ich bin ja gerne bereit einzugestehen, dass ich Angst davor habe, mich gegen andere zu wehren, dass ich mich immer ducke, aus Angst vor den Konsequenzen. Aber die Erkenntnis alleine macht mich eher betrübt. Die Angst nimmt mir den Mut. Walter mit seinen heftigen Erlebnissen ist immer noch

Manager. Er ist auch immer noch so ein kleines Rädchen. Er hat sich kaputt gemacht und macht es weiter. Wenn solche Typen, mit soviel Kraft und solchen Fähigkeiten es nicht schaffen, wie soll es mir gelingen?«

»Walter hat sein Leben geändert.« Ich kannte ihn gut genug, um zu wissen wie sehr. »Aber er hat nicht die Welt verändert. Er will hier leben, hier in dieser Welt. Er will nicht aussteigen und nicht davonlaufen. Was nötig war, um sein Wohlbefinden zu steigern, hat er getan. Er hat sich überlegt, was ihm passieren kann, wenn er im Beruf einen Gang zurückschaltet. Er wird wohl nicht mehr Vorstand werden. Aber das ist in Ordnung für ihn. Er hat viel erreicht. Er kann mit sich zufrieden sein. Er verdient genug Geld. Er kann sich alles leisten, was er will. So kam er zu dem Schluss, dass es keinen Grund für seine Ängste gibt. Er vertrieb sie aus seinem Kopf und sie waren nirgends mehr. Seinen Geschäftsbereich hat er besser im Griff als je zuvor. Er hat gelernt loszulassen. Weitaus mehr Aufgaben als früher delegiert er. Er vertraut den guten Mitarbeitern um ihn herum. Das Resultat kann sich sehen lassen. Seine Geschäftserfolge sind größer denn je. Weil er seine Leute machen lässt. Die, die viel näher am Geschäft, am Markt dran sind. Jetzt denken viele mit. Nicht mehr nur er alleine. Er hat seinen Leuten Verantwortlichkeiten anvertraut. Entscheidungsbefugnisse. Und siehe da: Das Geschäft läuft besser und er hat entschieden weniger zu tun. Nun kommt er abends früher nach Hause, die Wochenenden sind heute für den Beruf tabu. Wenn er Urlaub macht, erholt er sich, weil seine Leute ihre Aufgaben so gut erledigen, dass er auch mal drei Wochen weg sein kann, ohne gebraucht zu werden. Seine Mitarbeiter danken es ihm. Sie sind viel motivierter und engagierter als zuvor. Ihre Befriedigung ist mitgewachsen. Die Stimmung in seinem Bereich ist wunderbar. Alle gehen offen und freundschaftlich miteinander um. Er hat die geringste Fluktuation im gesamten Unternehmen. Du siehst, es geht nicht darum, die Welt aus den Angeln zu heben oder sich einer Sekte anzuschließen. Es geht darum, dein Handeln zu überdenken und neu zu gestalten. Das war ein Prozess für Walter. Er hat sich zunächst sehr schwer damit getan, loszulassen, Vertrauen zu finden, Aufgaben abzutreten. Aber er fasste den Mut dazu. Mit dem Erfolg wuchs seine Sicherheit. Nun hat er ein neues Leben. Eines, das im Grunde immer noch das alte ist. Walter ist noch immer der Gleiche. Die Welt in ihm und um ihn herum ist eine andere geworden und dennoch ist sie die gleiche, die sie immer gewesen ist.«

Angst klopfte an. Vertrauen öffnete. Keiner war draußen.
CHINESISCHES SPRICHWORT

»Ich habe in einem Buch gelesen, dass vieles, was wir heute sind, ganz tief in uns verwurzelt ist, in unserer Kindheit eingeprägt wurde. Erst, wenn wir diese Kindheitsprägungen aufgearbeitet haben, können wir beginnen, uns der Lösung unserer Probleme zuzuwenden«, setzte Lea ihre Gedanken fort.

»Vergiss die Kindheit. Vergiss die Vergangenheit. Wichtig ist, dir deine Ängste bewusst zu machen. Zu wissen, woher sie kommen, ist völlig bedeutungslos. Tue etwas gegen sie. Beschäftige dich mit der Gegenwart. Du lebst hier und jetzt. Richte den Blick nach vorne. Wenn du dich lange genug von Psychologen analysieren lässt, wirst du bald über alle Psychoschäden verfügen, die denkbar sind. Für jedes Verhalten gibt es einen Begriff, der ihn zur Krankheit macht. Wenn du ihn erstmal kennst, wirst du dich schon schlechter fühlen. Mit jeder neuen Erkenntnis wird dein Selbstmitleid wachsen. Du wirst über wunderbar viele Alibis verfügen, warum du nichts an dir und deiner Situation ändern kannst. Aber das ist Selbstbetrug. Du kannst etwas verändern. Und du kannst jetzt damit beginnen.«

»Ich habe bereits damit begonnen«, wandte Lea in einem Ton des Widerspruchs ein. »Aber es hat nichts genützt.

Ich sah sie fragend an.

»Eine Bekannte hat mir Übungen gegeben, die mein Selbstbewusstsein stärken sollen. Ich habe sie alle gemacht.«

»Zum Beispiel?«

Lea nahm eine drohende Haltung an: »Man setzt sich vor einen Spiegel, ballt die Fäuste und sagt zu sich: Ich bin gut, ich bin stark, mich kann keiner angreifen. Ich fühle mich gut. Mein Tag war gut und der nächste wird noch besser werden.«

»Und?«

»In dem Moment, in dem ich es gemacht habe, habe ich mich tatsächlich stärker gefühlt. Aber am nächsten Morgen war alles verflogen. Nichts hat sich geändert.«

Ich nickte. »Das ist das Problem mit all den schönen Motivationstechniken. Sie fahren dich für einen kurzen Augenblick hoch und lassen dich dann genauso ratlos zurück wie zuvor. Sie verändern nichts. Sie suggerieren dir etwas, was nicht vorhanden ist. Du tust das alles in deinem stillen Kämmerlein. Da, wo es niemand sehen kann. Wo du sicher bist und nicht mit anderen Menschen in Berührung kommen kannst. Da, wo du dich versteckst. Nimm all die Motivationsseminare, in denen Menschen auf Tische steigen und vor sich hinbrüllen. Der Einzelne versteckt sich in einer Herde. Da ist es leicht zu blöken. Aber wenn er wieder alleine ist, ist alles beim Alten. Alles nur tarnen und täuschen. Ohne jeden Effekt.«

»Aber was soll ich tun? Was bringt ein Resultat?«

»Tauche aus deinem Versteck auf. Stell dich deinen Ängsten. Tritt den

Menschen gegenüber und tue die Dinge, die du dich bisher nicht getraut hast.«

»Puhh«, Lea stieß einen langen Seufzer aus. »Das hört sich ein wenig beunruhigend an. Da wird es mir jetzt schon flau im Magen.«

»Daran werden wir arbeiten. Wir treffen uns morgen nach der Arbeit in der Fußgängerzone. Bist du dabei?«

Leas Blicke verrieten, dass sie sich fragte, was ich vor hatte. Ganz wohl war ihr nicht. Aber sich in ihr Schicksal fügend antwortete sie: »Ich bin dabei.«

Leben ohne Angst:

1.

Veränderung geschieht nicht von alleine: Sammle Energie, um deine Veränderung voranzutreiben.

2.

Werde dir deiner selbst bewusst. Mache dir deutlich, wer du bist und was du bist. Trete dir offen gegenüber. Betrachte dein Sein und nicht mehr nur deine Fassade. Beende den Selbstbetrug.

3.

Gestehe dir deine Ängste ein. Höre auf deinen Körper. Er sendet dir die Angstsignale. Reagiere darauf.

4.

Vertreibe die Angst aus deinem Leben. Vertraue dir selbst. Deine Angst ist nicht ohne dich. Wenn du sie aus dir heraustreibst, ist sie nirgendwo.

5.

Lerne loszulassen. Du musst dich nicht um alles selbst kümmern. Vertraue auch anderen Menschen.

Werde selbst bewusst und zeige allen, dass du es bist

Wir trafen uns gegen achtzehn Uhr an der Straßenbahnhaltestelle und schlenderten an den großen Geschäften in der belebtesten Einkaufsstraße der Stadt entlang. Wir sahen einen Straßenhändler, der in der Fußgängerzone selbstgemachte Schmuckgegenstände ausgebreitet hatte, einen Puppenspieler, der zwei Marionetten tanzen ließ und zwei Geiger, Studenten vielleicht, die mit einem Platzkonzert versuchten, ihre Kasse aufzubessern.

Übung 1 für mehr Selbstbewusstsein und Selbstvertrauen: Tauche auf und übe wahrgenommen zu werden

»All diese Menschen fallen auf. Sie werden von anderen wahrgenommen. Sie zeigen sich und leben das, was sie sind«, kommentierte ich. »Sie wollen wahrgenommen werden. Ist das OK für dich?«

»Vollkommen in Ordnung.«

»Stören sie dich in irgend einer Weise?«

»Nein, der Schmuck ist schön, die Marionetten witzig und die Musik ist gut, wenn sie auch nicht unbedingt meinen Geschmack trifft.«

»Du musst nicht mit allem übereinstimmen. Es wird auch nicht jeder mit dir übereinstimmen. So ist das Leben. Wichtig ist: Sie trauen sich. Und du traust dich auch.«

Lea sah mich misstrauisch an. »Was meinst du damit?«

»Wir werden jetzt Selbstbewusstsein üben. Du bleibst hier und ich gehe nach dort drüben, etwa 30 Meter weit weg. Wir werden uns unterhalten.«

»Oh nein, du willst, dass wir uns etwas zurufen.«

»Ja«, sagte ich und war schon unterwegs.

»Hallo Lea«, rief ich.

»Hallo«, kam es kaum hörbar zurück.

»Wie geht es dir?«

»Gut.«

»Ich kann dich nicht hören. Wie geht es dir?«

»Es ging mir schon besser«, antwortete Lea nun deutlicher wahrnehmbar.

»Wie war dein Tag?«

»Nicht schlecht.«

»Wie war es bei der Arbeit.«

»So ätzend wie immer.«

Einige Menschen drehten sich nach uns um. Einige wenige hoben die Köpfe, aber niemand blieb stehen. Alle hasteten genauso weiter, wie sie gekommen waren. Wir setzten unser Frage- und Antwortspiel fort. Die meisten Erwiderungen Leas waren kurz und knapp. Als ich sie fragte, ob sie bereit sei, in ihr Ich-Land aufzubrechen, gab sie zurück: »Ich bin bereit. Ich werde in mein Ich-Land aufbrechen. Und jetzt habe ich keinen Bock mehr.«

Ich ging zu ihr zurück. Sie verzog das Gesicht. »Komm, ich lade dich zu einem Eis ein«, versprach ich ihr eine Belohnung.

Belohne dich für jeden Schritt, den du vorwärts gemacht hast.

Auch in der Eisdiele blieb sie zunächst verschlossen. »Wie fühlst du dich?«

»Ich fühle mich gar nicht gut. Meine Knie zittern. Überhaupt zittert alles an mir.«

Schweigend und in Gedanken verloren aß sie ihr Eis. Sie schob den Becher von sich. »Ich hätte nie gedacht, dass ich das tun würde. Die konnten ja alle hören, was wir gesagt haben. Wie die mich angestarrt haben.«

»Und, was ist passiert?«

»Eigentlich nichts.«

»Eigentlich?«

»OK, absolut nichts ist passiert.«

»Die Welt ist noch die gleiche. Du bist noch die gleiche. Ich wette, diese Menschen haben dich längst vergessen. Für sie war nichts. Nichts was außergewöhnlich gewesen wäre. Wenn es für dich genauso normal gewesen wäre, wäre es nichts weiter als ein Luftzug im Atem der Welt gewesen. Herangeweht, weggeblasen, schon vorbei. Wenn es nicht mehr in deinem Kopf herumspuken würde, wäre es nirgends mehr. Wie geht es dir jetzt?«

»Schon besser. Du hast ja recht. Ich muss die Dinge für mich regeln. Ich muss mutiger sein. Aber ich habe mich getraut, stimmts. Ich war gar nicht schlecht.«

»Stimmt genau. Du hast es begonnen und du hast es gekonnt. Wenn wir es jetzt noch schaffen, dass du nicht mehr darüber nachdenkst, sondern das, was du willst, einfach tust, dann hast du es geschafft.«

»So einfach soll es sein?«

Setze dich nicht selbst unter Druck. Die Welt wurde auch nicht an einem Tag erschaffen. Lass dir Zeit. Aber bleib dran.

»So einfach ist es. Das ist schon alles. Sollen wir die nächste Übung angehen?«

»Ich bin noch ganz aufgewühlt. Ich glaube, für heute habe ich genug. Aber morgen können wir weitermachen. Ich bin dabei.«

Übung 2 für mehr Selbstbewusstsein und Selbstvertrauen: Stell dich nicht hinten an, wenn du vorankommen willst.

Am nächsten Abend trafen wir uns am Bahnhof. »Du hattest recht, die Übung gestern war gar nicht so schlimm«, bemerkte Lea zur Begrüßung. »Eigenartig, was in meinem Kopf und in meinem Körper vor sich geht. Wahrscheinlich muss man so etwas wirklich üben. Ich bin bereit. Was muss ich heute Schreckliches tun?«

»Geh uns Fahrkarten in die nächste Stadt holen. Heute machen wir einen Ausflug.« Wie üblich standen lange Schlangen vor den Fahrkartenschaltern. Lea stellte sich hinter eine von ihnen. »Unser Zug geht in drei Minuten. So wird das nichts. Geh nach vorne und drängle dich vor, sonst entwischt er uns.«

Nun begriff Lea. Sie stieß einen tiefen Seufzer aus. »Oje, sowas liegt mir gar nicht.« Dennoch setzte sie sich in Bewegung.

»Darf ich mal durch?« Sie schob die anderen Wartenden vorsichtig zur Seite. »Entschuldigen Sie, würden Sie mich bitte vorbeilassen?«

Vorne angekommen erklärte sie den anderen die Situation. »Mein Zug fährt gleich ab. Würden Sie mich vorlassen?«

Der erste in der Reihe der Wartenden nickte kurz mit dem Kopf. Lea war als nächste dran. Sie erwarb die Karten und eilte zu mir zurück. »Schnell«, rief sie und rannte an mir vorbei.

Als wir um die Ecke gebogen waren und außer Sicht des Fahrkartenschalters, bremste ich sie. »Du kannst ruhig langsam gehen. Wir haben noch 10 Minuten Zeit.«

»Alles ein großer Schwindel also«, schnaufte sie um Atem ringend.

»Keineswegs. Überlege mal, was du getan hast. Du hast den Wartenden gesagt, dass dein Zug gleich losfährt und sie gefragt, ob sie dich vorlassen. Nichts von dem war gelogen.«

»Und doch hätte ich das nicht tun müssen.«

»Aber du hast es tun wollen. Du verhältst dich, wie sich die Menschen verhalten, die vorankommen, die Ziele erreichen wollen. Wie jemand, der sich nicht mehr hinten anstellen will. Natürlich kannst du immer weiter im Leben warten, bis andere dir freiwillig Platz machen. Aber ich würde nicht darauf hoffen, dass das geschieht. Wenn du vorankommen willst, musst du etwas dafür tun. Wenn du Dinge erreichen willst, musst du etwas unternehmen, das dich voranbringt. Auch wenn es etwas ist, was dir zunächst unangenehm erscheint. Sieh dir die anderen an. Gut, sie mussten zwei Minuten länger warten. Aber du hast dich beeilt am Schalter. Du wusstest, was du wolltest, du hattest das Geld parat. Du hast niemandem etwas weggenommen. Aber du bist vorangekommen. Sieh dir an, wie du es getan hast. Du hast niemanden mit Ellbogen gestoßen. Du warst höflich. Und freundlich. Du warst nett zu deinen Mitmenschen. Sich durchzuboxen, war gar nicht nötig. Es ging ganz einfach. Ohne große Widerstände. Du hast dich nicht anders verhalten als sonst. Und doch war es anders. Jetzt machen wir einen Schaufensterbummel. Und jetzt los, sonst verpassen wir den Zug wirklich noch.«

Überdenke, was du tust. Sei kritisch. Verinnerliche, was du gut findest oder suche nach besseren Wegen.

Während der gesamten Zugfahrt sah Lea zum Fenster hinaus. Erst als wir ausstiegen, wandte sie sich wieder mir zu. »Du legst mich immer wieder rein, mit deinen kleinen Spielchen. Aber was du sagst, leuchtet mir ein. Eigenartig, warum ich das nicht schon früher so gesehen haben. Es kostet nur ein wenig Überwindung. Gegenüber dem Rumschreien in der Fußgängerzone war das viel einfacher.«

Übung 3 für mehr Selbstbewusstsein und Selbstvertrauen: Tue, was du willst und kümmere dich nicht darum, was andere darüber denken.

Mit leuchtenden Augen betrachtete Lea die Kleidungsstücke in den Auslagen. »Sind schon schicke Sachen. Aber sieh dir die Preise an. Alles viel zu teuer.«

»Würdest du sowas gerne einmal anziehen?«

»Ja.«

»Dann geh hinein und probiere es an. Lass es dir aus dem Schaufenster geben. Und nicht nur eins. Probiere fünf oder sechs.«

»Aber ich kann das nicht bezahlen. Das kann ich nicht machen. Was soll die Verkäuferin denken?«

»Würde es dir Spaß machen, diese Sachen anzuprobieren?«

»Ja.«

»Was hindert dich, etwas zu tun, das dir Spaß macht? Was hindert dich, dir eine Freude zu bereiten?«

»Mhm.«

»Kann dir doch egal sein, was diese Verkäuferin darüber denkt. Zieh los und habe Spaß.«

»Mhmhm.«

»Denke nicht darüber nach.«

»Aber …«

»Mach dir bewusst, dass nichts von dem, was passieren könnte, passieren wird. Dein Gegenüber ist auch nur ein Mensch. Die Verkäuferin hat dir nichts voraus. Sie ist nicht stärker, nicht selbstbewusster, nicht intelligenter und nicht mutiger als du. Ihre Selbstsicherheit als Verkäuferin in dieser superteuren Boutique ist nur Fassade. Wenn du ihr nach Ladenschluss auf der Straße begegnest, wird sie sich in nichts mehr von dir unterschieden. Lass dich nicht von den schimmernden Fassaden beeindrucken, nicht von Uniformen, Titeln oder hierarchischen Positionen. Was sich dahinter verbirgt, ist immer ein Mensch. Tritt ihr selbstbewusst gegenüber. Das Kreuz gerade, den Kopf nach oben. Sage, was du willst. Vertritt es laut und deutlich. Du wirst sehen, sie wird alles tun, was du willst. Du wirst alles bekommen. Denke nicht lange darüber nach. Zuviel Nachdenken ist kein Zeichen von Klugheit, sondern eines von Feigheit. Sei nicht wie die Vögel, die nur von Freiheit singen. Flieg. Einmal nachdenken, um nichts Blödes zu tun, reicht. Dann triff eine Entscheidung und marschiere los. Das ewige Abwägen im Kopf macht deine Entscheidung nicht besser. Es erhöht die Erfolgswahrscheinlichkeit nicht. Bestenfalls wirst du dich selbst betrügen, wenn du nach Gründen suchst, die dir vormachen, dass es viel besser wäre, jetzt ein bisschen feige zu sein. Das ist es nicht. Das ist es nie. Sei kein Krämer, der alles abwägt und um jedes Gramm feilscht. Greif in die Vollen. Sei großzügig. Geh großzügig mit dir selbst um. Und tue, was dir Spaß macht.«

Ängstliche Vögel singen von Freiheit. Mutige Vögel fliegen.
Frei nach John Lennon

You think to much, that is your trouble. Clever people and grocers, they weigh everything.
Nikos Kazantzakis

Lea straffte sich. »Gut, ich gehe. Ich mach's wirklich. Lust habe ich darauf.«

»Fünf oder sechs«, rief ich ihr nach, aber sie war schon in der Eingangstür verschwunden.

Kleider anprobieren war nicht die schwierigste Übung für Lea. Von der Straße aus konnte ich sehen, wie sie mir mit der Hand zuwedelte, als die Verkäuferin eine Kombination aus dem Schaufenster holte. Mit dem zweiten Kleid kam sie ganz nahe an das Fenster heran, damit ich sie sehen konnte, während sie sich darin begutachtete. Die Verkäuferin sah nicht sehr glücklich aus, als sie zum zweiten Mal ein Kleidungsstück aus dem Schaufenster holen sollte. Schließlich verließ Lea strahlend das Geschäft. »So schöne Sachen. Wenn die nicht so teuer wären …«

»Wie geht es dir?«

»Mir geht es gut. Die Verkäuferin war freundlich. Mit dem vierten und fünften Kleid habe ich sie wohl etwas genervt. Vielleicht. Vielleicht ist sie das aber auch gewohnt. Wer weiß.«

»Das ist die richtige Einstellung.« Wir schlenderten weiter.

Übung 4 für mehr Selbstbewusstsein und Selbstvertrauen: Sorge dafür, dass du bekommst, was du willst

In einer Ladenpassage fanden wir eine kleine Boutique, deren Auslagen Lea besonders ins Auge stießen. Wir betraten sie und sahen uns um. Sie fand eine Bluse, die ihr ausgesprochen gut gefiel. »Die will ich haben. Auch wenn sie teuer ist. Die leiste ich mir jetzt.«

»Sieht so aus, als ob die Boutique von der Inhaberin geführt wird.« Ich zeigte auf eine der Verkäuferinnen. »Die, die hier so gut berät. Verhandle mit ihr. Ich bin sicher, du bekommst sie billiger.«

»Verhandeln?« Lea sah mich missmutig an. »Wusste ich doch, dass es einen Pferdefuß haben musste, dass du mir so bereitwillig hier hinein gefolgt bist. Ich habe noch nie verhandelt. Das ist mir sehr unangenehm.«

»Sag ihr, du nimmst sie für die Hälfte.«

»Die Hälfte? Das macht sie nie.«

»Sicher. Komm ihr entgegen. Deswegen heißt es ›verhandeln‹.«

»Ich hasse dich. Ich finde das nicht gut.« Lea setzte einen Schmollmund auf.

»Ich schlage dir einen Deal vor. Für den Preis auf dem Etikett zahlst du sie. Wenn es dir gelingt, sie herunterzuhandeln, zahle ich sie.« Ich wies mit der Hand auf die Inhaberin.

Lea steckte mir die Zunge heraus, setzte sich aber dennoch in Bewegung. Ich konnte nicht hören, was die beiden Frauen sprachen. Ich beobachtete, wie sie sich einig wurden und Lea bezahlte. Sie schwenkte eine Tüte als sie zurückkam. »Du schuldest mir 80 Euro.«

»20 Prozent«, stellte ich anerkennend fest. »Du bist der erste Azubi, der sich sein Lehrgeld vom Lehrer bezahlen lässt.«

Sie grinste mich an. »Ich lerne schnell, nicht wahr?«

»So schnell brauchst du auch wieder nicht selbstbewusst zu werden, dass du gar keine Skrupel mehr hast, das Geld tatsächlich einzufordern.«

»Wettschulden sind Ehrenschulden«, sagte sie zaghaft und für einen Augenblick verunsichert.

»War nur ein Scherz.« Ich zückte die Geldbörse.

Übung 5 für mehr Selbstbewusstsein und Selbstvertrauen: Sag, was du denkst, so laut das es jeder hört und stehe dazu

In den nächsten Tagen setzten wir unsere Übungen für mehr Selbstbewusstsein fort. Wir waren selbst erstaunt, wie viele Gelegenheiten das tägliche Leben bot, Selbstvertauen zu demonstrieren.

In einem Telefongespräch erzählte mir Lea, dass sie Obst eingekauft hatte und fast alles davon wegschmeißen musste. »Die Kiwis waren so unreif, dass sie selbst nach wochenlanger Lagerung nicht besser wurden. In den Obstschalen waren nur die oberen Reihen gut. Was darunter lag, war vergammelt und teilweise verschimmelt. Ich habe mich so geärgert.«

»Und, was hast du getan«, fragte ich sie.

»Was soll man da schon tun?«

»Geh in den Laden und bring das Zeug zurück. Verlange dein Geld zurück. Wenn's dir die Verkäufer nicht geben wollen, verlange den Geschäftsführer zu sprechen. Aber tu es im Laden. Laut und deutlich. Es soll ihnen peinlich sein.«

Lea tat wie ich ihr geraten hatte. Natürlich wollten die Verkäuferinnen nichts davon wissen. »Können Sie ja überall gekauft haben.« Lea bestand darauf, den Geschäftsführer zu sprechen. Auch er gab sich zunächst zurückhaltend. Als er die Aufmerksamkeit bemerkte, mit der andere Käufer im Laden die Szene beobachteten, zeigte er sich schließlich kulant und gab Lea ihr Geld zurück. Als sie die Kasse passiert hatte, sprach sie eine Frau in ihrem Alter an. Sie beglückwünschte Lea, dass sie reklamiert hatte. Ihr selbst sei das auch schon passiert. »Aber das ist schon komisch, sich zu beschweren«, fügte sie hinzu. Danach fühlte sich Lea doppelt gut. Sie hatte nicht hingenommen, was sie ärgerte und sie war von einer unbekannten Frau dafür gelobt worden. »Ich wundere mich wirklich über mich selbst, dass ich früher stillgehalten habe. Dabei ist es so einfach. Nach der ersten

Aufregung fühle ich mich wunderbar. Ich bin froh, dass ich ehrlich zu mir selbst bin, mir meine Ängste eingestehe und sie überwinde.« Dabei dachte sie an die andere Frau. Komisch, sich zu beschweren, hatte diese gesagt. »Das war auch nur ein anderes Wort für Angst. Ihr Wort dafür. Ich werde mich ab jetzt nicht mehr mit solchen Worten selbst betrügen.«

Wenige Tage später rief sie den Hersteller eines Schokoladenaufstrichs an. Sie hatte ein Glas gekauft, dass sich lange vor Ablauf des Verfallsdatums als schlecht erwies. Der Mann am Telefon entschuldigte sich und bat sie, das Glas einzuschicken. Eine Woche darauf erhielt Lea ein Päckchen. In ihm befand sich nicht nur ein nagelneues viel größeres Glas des Aufstrichs, sondern auch noch ein paar zusätzliche Süßigkeiten des gleichen Herstellers. »Langsam fängt die Sache an, mir Spaß zu machen«, dachte Lea. »Und darüber habe ich mich früher geärgert.« Sie schüttelte die neue Haarspraydose, aus der nichts herauskommen wollte und lächelte.

Am Abend, als Lea von der Arbeit nach Hause ging, beobachtete sie in der Nähe ihres Hauses drei Jugendliche, die auf einer Mauer saßen, zusammen rauchten, tranken und Schokoriegel aßen. Der Gehsteig und die Straße vor ihnen sah aus wie eine Müllkippe. »Geht es euch gut?«, fragte sie Lea, als sie vorüberging. Die Jugendlichen bejahten.

»Man kann es deutlich sehen.« Etwas verstohlen sahen die drei Mädchen um sich. »Jeder kann deutlich sehen, wo ihr wart. Ist euch das nicht peinlich?« Die Mädchen schwiegen. Sie sahen Lea nur dümmlich grinsend an und versuchten, ihre coole Auftretensweise aufrecht zu erhalten. »Kommt, hebt es auf. Seht mal da, keine fünf Schritte von euch entfernt befindet sich ein Mülleimer.« Die Mädchen bewegten sich nicht. Nur eine richtete sich auf. Gerade als sie protestieren wollte, sagte Lea laut und bestimmt: »Na los«, und sah ihr fest in die Augen. Zögerlich bückte sich eines der Mädchen und hob eine weggeworfene Getränkedose auf. Die anderen taten es ihr gleich. Sie warfen ihren Abfall in den Mülleimer. »Blöde Spießerin«, riefen sie im Weggehen und »alte Schlampe.«

»Laut genug, dass ich es hören konnte«, grinste Lea in sich hinein. »Aber nicht laut genug, um mir zu zeigen, dass sie so cool sind, wie sie sich geben wollen. Schon interessant, was ich erreichen kann, wenn ich es nur will. Keiner dieser Menschen ist mutiger als ich. Das ist die erstaunlichste Feststellung. Sie tragen Selbstbewusstsein zur Schau. Das habe ich nie getan. Dafür besitze ich es jetzt.«

Eine ältere Frau, die einen kleinen Hund an der Leine führte, ging vorüber. Sie musste die Szene aus einiger Entfernung beobachtet haben. »Was die jungen Leute von heute sich rausnehmen. Kein Anstand mehr. Frech sind die. Ich habe sie schon oft gesehen. Da müsste endlich etwas geschehen.« Damit ging sie weiter. »Immer bekomme ich eine Reaktion auf mein Tun«, grübelte Lea weiter. »Eine positive. Es muss viele Menschen geben, die denken wie ich. Aber niemand sagt etwas. Keiner tut etwas. Außer mir jetzt. Dabei dachte ich, ich sei so unbedeutend. Ein Nichts. Aber vielleicht bin ich etwas Bedeutendes. Viel mehr jedenfalls, als ich immer gedacht habe.« In ihr machte sich so etwas wie Euphorie breit. »Ich will es. Ich kann es. Es beunruhigt mich zwar immer noch. Aber es macht mir trotzdem Spaß. Ich fühle, wie ich wachse. Wie mein ganzes Ich wächst. In meinem Leben bewegt sich etwas. Ich bewege mich. Es tut mir gut. Es tut mir sehr gut.«

Beim Abendessen las Lea einen Bericht in der Zeitung über Menschen, die im Sudan aus ihren Hütten vertrieben wurden, die ohne Hab und Gut verhungern mussten, von Frauen, die vergewaltigt und Männern, die erschlagen wurden. Daneben war ein Absatz, in dem zu lesen stand, wie der deutsche Außenminister sein Bedauern ausdrückte, sich auf EU-Beratungen zurückzog und ansonsten seine Hände in den Schoß legte. Zorn stieg in Lea auf. »Wir sind so reich und lassen diese Menschen verhungern«, zogen ihr die Gedanken wie Gewitterwolken durch den Kopf. »Diese Politiker sind so verlogen. Sie reden nur und tun nie etwas. Kriege führen überall auf der Welt. Alles kaputtmachen. Das können sie. Aber Menschen in Not helfen? Etwas aufbauen? Da werden sie nie gesehen. Aber man kann ja doch nichts machen.« Beim Weiterblättern fiel ihr Blick auf die Leserbriefe. »Vielleicht kann man doch etwas machen.« Sie griff zu Papier und Kugelschreiber.

Zwei Tage später schlug sie die Leserbrief-Seite ihrer Zeitung auf. Ganz oben stand ihr Brief, darunter ihr Name. Sie las ihn noch einmal. Mit zitternden Händen blätterte sie weiter. Dann wieder zurück. Sie las ihn erneut. »Da steht etwas in der Zeitung, was ich gedacht habe. Ich habe meine Meinung gesagt. Für alle ganz deutlich. Meine Meinung. Da steht sie. Auf der Leserbriefseite ganz oben. Mit meinem Namen darunter. Ich habe keine Angst mehr, meine Meinung zu sagen. Die Auflage dieser Zeitung beträgt 200 000 Exemplare. Eine ganze Menge. Alle können lesen, was ich denke. Ich hoffe, es lesen auch die, die ich zum Kotzen finde. Ich will mich nicht mehr verstecken. Ich stehe zu dem, was ich denke. Ich sage es. Und schreibe es. Alle sollen es sehen.«

Nach Feierabend ging Lea ins Schwimmbad. »Ich bin ein Wassertier«, sagte sie öfter. »Sternzeichen Fische. Ich mag es, im Wasser zu sein.« Beim Schwimmen beobachtete sie die Menschen. Manchmal dachte sie, sie sahen zu ihr hinüber. Wegen des Leserbriefes. Sie alle haben ihn gelesen. Naja, sie kennen mich ja gar nicht. Sie können nicht wissen, dass ich die

Lea bin, die diesen Brief geschrieben hat. Wahrscheinlich schaut auch kein Mensch. Ist auch nicht wichtig. Ich kann meine Meinung sagen, muss es aber nicht. Ich bin so wie ich bin. Ich muss nicht im Mittelpunkt stehen. Ich will nur nicht, dass jemand schlecht mit mir umgeht. Sie sollen gut mit mir umgehen, korrigierte sie sich selbst. Selbstbewusstsein ist gut. Aber ich muss es auch gut einsetzen. Für gute Dinge. Im stillen Kämmerlein Gutes denken und für sich ein Gutmensch sein, der die Welt von oben herab betrachtet, reicht mir nicht. Wir regen uns doch alle über irgendetwas auf. Beim Autofahren zum Beispiel. Wie kann man da fluchen. Oder wenn die Nachbarn im Sommer laut auf dem Balkon herumgrölen. Man würde so gerne auf dem eigenen Balkon sitzen und dann dieses Geschrei. Wie oft habe ich mich schon über das Gepolter in der Wohnung über mir geärgert. Aber hochgegangen bin ich nie. Nie habe ich mich beschwert. Das wird jetzt anders.

Oder damals in diesem schönen Restaurant. Ich hatte richtig Lust, da zu sein. Und dann kam so ein schnöseliger, arroganter Kellner daher. Der mich blöd von oben herab bediente. Am Liebsten wäre ich wieder aufgestanden und gegangen. Und hätte ihn angeschnauzt. Ich hätte es tun sollen. So wie ich es damals gefühlt habe. Lea drehte Runde um Runde im Becken. Als sie keine Lust mehr hatte, ging sie hinüber zum Whirlpool. Schön warm hier, dachte sie. Aber schon bewegten sich ihre Gedanken wieder in eine andere Richtung. Überhaupt Restaurants. Wie oft habe ich schon genickt, als ich gefragt wurde, ob es gut war, obwohl es mir nicht geschmeckt hat. Das werde ich nicht mehr tun. Ich will was Schönes erleben. Und denen, die es mir verderben, denen sage ich es auch.

Lea trocknete sich ab und legte sich auf eine der Holzliegen. Als neulich in der Straßenbahn diese beiden Halbstarken die junge Frau belästigt haben, sah ich zur Seite. Hoffte, dass die Haltestelle bald kam, damit ich aussteigen konnte. Da hätte ich etwas sagen sollen. Aber ich bin nur ein kleines Persönchen. Kann böse enden, zu viel Selbstbewusstsein zu haben. Aber wenn ich etwas hätte tun können, das wäre gut gewesen. Zivilcourage nennt man das. Das mit dem Müll war ein Anfang. Das ist steigerungsfähig. Aber ich muss nicht zu allem meinen Senf dazu geben. Will ich auch nicht. Vieles ist nicht wichtig. Ich muss nicht überall auftrumpfen. Ich will einfach nur ich sein. Das heißt, dass ich den Mund da aufmache, wo es mir wichtig ist. So muss es sein. Lea packte ihre Sachen zusammen und verließ das Schwimmbad. Genug der Gedanken für heute.

Wohl dem, der gelernt hat
zu ertragen, was er nicht
ändern kann.
Falsch!
**Wohl dem, der gelernt hat
zu ändern, was er nicht
ertragen kann.**

Kurz vor dem Zubettgehen holte sie noch einmal ihre Ich-Land-Karte hervor. »Ich bin selbstbewusst«, schrieb sie darauf. »Voller Selbstvertrauen. Selbstbestimmt. Ich lebe mein Leben und nicht das eines anderen. Ich sage meine Meinung, da wo es mir wichtig ist. Ich habe Zivilcourage. Wenigstens ein bisschen.« Mein Ich-Land verändert sich, dachte sie. Soll es auch. Mein Leben soll keinen Stillstand mehr kennen. Ich will mich weiterentwickeln. Mein Horizont soll wachsen. Ich mit ihm. Und damit mein Ich-Land. Sie schrieb: »Ich erweitere meinen Horizont. Ich entwickle mich und mein Leben weiter.«

Sie schlief tief und fest in dieser Nacht. Sehr zufrieden mit sich selbst. Sie träumte einen wunderschönen Traum. Sie sah das Land darin, in dem sie leben wollte. Ein sehr schönes Land, dachte sie beim Aufwachen. Der Traum hatte ihr eine Idee gegeben. Zwischen Bett und Dusche fiel ihr eine weitere Übung für mehr Selbstbewusstsein ein. Jetzt erfinde ich sogar schon eigene Selbstbewusstseinsübungen, stellte sie befriedigt fest. Ich brauche niemanden, der mir dabei hilft. Ich kann das alleine. Naja, OK, ganz stimmt das vielleicht nicht. Aber doch so ziemlich.

Übung 6 für mehr Selbstbewusstsein und Selbstvertrauen: Nutze dein neues Selbstwertgefühl, um das Selbstwertgefühl anderer zu stärken – Leas selbsterfundene Übung

Im Kiosk bei der Straßenbahnhaltestelle kaufte sich Lea ihre Lieblingszeitschrift. Sie war oft hier, sicher jeden zweiten Tag, aber zu der Frau hinter dem Tresen hatte sie nie mehr als ›Guten Morgen‹ und ›Tschüß‹ gesagt. »Sie haben eine neue Frisur, nicht wahr«, sprach Lea sie heute an. »Steht Ihnen ausgesprochen gut.« Über das Gesicht der Frau huschte zunächst Überraschung, dann Verwunderung und schließlich Freude. »Ich wollte mal etwas Neues ausprobieren. Nicht immer gleich aussehen.« Sie schob verlegen einige Zeitungen zur Seite. »Mir gefällt es auch gut. Aber mein Mann hat es erst bemerkt, als ich ihn richtig draufgestoßen habe.«

»Das kenne ich«, lachte Lea. Schon waren sie in ein Gespräch vertieft, dass sich von Friseuren über unaufmerksame Männer zu den Geheimtipps beim Einkaufen in ihrer Gegend fortspann. Lea ließ eine Straßenbahn aus und nahm die nächste. Komme ich eben zu spät, dachte sie. Das war ein schöner Beginn für meinen Tag. Von nun an hatte sie eine neue Freundin, mit der sie jeden Morgen ein paar Worte wechselte, bevor sie in die Straßenbahn stieg.

Menschen etwas Schönes zu sagen, das war es, was sie sich ausgedacht hatte. Menschen, denen sie noch nie etwas Schönes gesagt hatte. Oder viel zu selten. Die sie vielleicht gar nicht kannte.

Sage Menschen etwas Schönes. Du wirst viel Schönes zurückbekommen.

So hatte nicht nur sie etwas von ihren Selbstbewusstseinsübungen, sondern auch andere Menschen. »Ganz mein Stil«, sagte sie leise zu sich. »So will ich das. Das bin ich.«

Wie immer um diese Zeit war die Straßenbahn überfüllt. Die Menschen drängten sich missmutig zusammen. Zwischen zwei Türen stand eine Frau mit Kinderwagen und versperrte den Einsteigenden den Weg. Ärgerlich drückten sie sich um sie herum. Auch die Frau war nicht glücklich im Gedränge, in dem sie ständig herumgestoßen wurde. Lea erfasste die Situation. Sie bat ein paar Männer, die sich in eine Ecke drückten, Platz für den Kinderwagen zu machen, damit die Frau sich von der Tür fortbewegen konnte. Dann half sie ihr, den Wagen zurückzuschieben. »Sie haben aber ein schönes Kind«, sagte sie mit einem Blick auf den strampelnden Kleinen unter ihr. Das Gesicht der Frau hellte sich auf. Der Ärger der letzten Minuten war verflogen. »Das ist nett, dass Sie mir helfen.« Sie erzählte davon, wie schwer es war, mit dem Kinderwagen unterwegs zu sein. »Aber was soll ich machen. Ich kann mein Kind nicht alleine zu Hause lassen.« An der nächsten Station wollte die Frau aussteigen. Lea stieß einem der neben ihr stehenden Männer in die Seite. »Wären Sie so freundlich?« Der Mann sah irritiert zu ihr hinab. Dann begriff er und half, den Kinderwagen vor die Tür zu setzen. »Schön, dass es noch Kavaliere gibt«, begrüßte Lea ihn, als er wieder einstieg. »Ist schon OK.« Der Mann lächelte. »Aber Sie haben recht«, fügte er nach einer Weile hinzu. Sieben Worte, dachte Lea. Stolze Leistung für einen Mann am frühen Morgen. Es hatte sie immer geärgert, dass ihr Freund um diese Uhrzeit nur Grunzlaute von sich gab. Aber nicht heute. Heute war sie fest entschlossen, gute Laune zu haben.

Seit Tagen hatte Lea beobachtet, dass der Pförtner am Eingang ihres Betriebes das rechte Bein nachzog. Seit Jahren gehe ich hier ein und aus, dachte sie, aber noch nie habe ich auch nur ein Wort mit ihm gesprochen. Sicher machen es die anderen auch so. Um niemanden sind so viele Menschen herum, aber wahrscheinlich ist er der einsamste Mensch im ganzen Unternehmen. »Guten Morgen, wie geht es Ihnen?« Er war überrascht, als Lea stehen blieb und seine Antwort abwartete. »Ach wissen Sie, seit einigen Tagen macht mir die Hüfte zu schaffen. Der Arzt sagt, ich muss mich operieren lassen. Ich weiß nicht, ob ich das will.«

»Hüftoperationen sind nichts Schlimmes heutzutage. Meine Mutter hat das auch machen lassen. Schon nach kurzer Zeit konnte sie wieder beschwerdefrei gehen. Haben Sie keine Angst. Suchen Sie sich einen guten Arzt. Dann klappt das schon.«

»Sie sind aus der Auftragsabwicklung, nicht wahr«, antwortete er.

»Ja.« Nun war Lea erstaunt. Sie hätte nie gedacht, dass er sie kannte. Wusste, wo sie arbeitete. »Sie wissen, wer ich bin?«

»Eine schöne Frau fällt einem hier immer auf.«

Lea lachte laut auf. So ein alter Mann. Machte hier voll den Stenz. Komplimente hörte sie immer gerne. Auch vom Pförtner. »Schöne Männer auch«, erwiderte sie. Nun lachten beide.

Von nun an trat der Pförtner jeden Morgen aus seinem Häuschen, wenn er sie kommen sah. Sie wechselten ein paar Worte, dann ging sie zur Arbeit. »Wenn Sie mal einen Parkplatz brauchen, ich weiß, wo hier noch welche frei sind«, sagte er einmal zu ihr. »Ich lasse Sie rein.« So wie die Vorstände und die Bereichsleiter, dachte Lea. Das wird ja immer besser.

Gehe gut mit den Menschen um. Dann gehen sie auch gut mit dir um.

Kurz vor dem Mittagessen fragte sie einen Kollegen aus einer anderen Abteilung, ob er sie in die Kantine begleitete. Sie fand ihn sympathisch, ihre Kontakte beschränkten sich aber auf das beruflich Notwendige. Sie luden sich die Tabletts voll und suchten einen freien Platz. »Eine schöne Krawatte haben Sie an. Passen Sie auf, dass Sie sie nicht in die Suppe hängen«, brach Lea das Schweigen, als die Unterhaltung nicht so recht in Gang kommen wollte. »Es gibt da einen schönen Laden am Rande der Fußgängerzone, der auf Krawatten spezialisiert ist«, erklärte er, während er liebevoll über den Stoff strich. »Reine Seide. War nicht ganz billig. Aber ich mag es, gut gekleidet zu sein. Gutes Aussehen ist wichtig. Auch, wenn man vorankommen will.«

»Wollen Sie das denn?«

Sie hatten ihr Thema gefunden. Den Rest des Mittagessens erzählte er, wie er sich die nächsten Karriereschritte vorstellte, bis wann er welche Hürde genommen haben wollte. Er sprach von einem chicen Auto, das er sich demnächst zulegen würde. »Ich lerne gerade Golfspielen«, ergänzte er. »Golf ist das Spiel der Erfolgreichen. Da schafft man sich die richtigen Verbindungen.«

»Ich wünsche es Ihnen, dass das alles klappt.« Lea hörte geduldig zu. Auch das sind Ziele, dachte sie. Das ist ein Teil eines anderen Ich-Landes. Ich glaube, ich möchte meine Karriere nicht auf Verbindungen aufbauen, die sich aus dem Golfspielen ergeben. Ich möchte für das gelobt und geachtet werden, was ich kann. Für das, was ich leiste. Vielleicht mache ich nicht die ganz große Karriere. Aber eine, von der ich sagen kann, dass sie auf Sein beruht, nicht nur auf Schein. Während sie noch darüber grübelte, ob sie ihrem Ich-Land-Plan einen Satz zur Karriere hinzufügen sollte, neigte sich die Mittagspause dem Ende zu. »War ein nettes Gespräch«, verabschiedete Lea ihren Kollegen in sein Büro. »Gerne wieder«, gab der zurück.

Hätte gar nicht gedacht, dass er so ehrgeizig ist, sinnierte Lea noch eine Weile über das Gespräch nach. Aber man lernt Menschen erst kennen, wenn man versucht, ihnen näher zu kommen. Mit wie vielen meiner Kollegen habe ich mich denn schon mal wirklich unterhalten. Meistens geht es nicht über die üblichen Floskeln und Sprüche hinaus. Viel mit den Menschen reden, sollte auch ein Teil meines Ich-Landes werden.

Am späteren Nachmittag klingelte Leas Telefon. Mit säuselnder Stimme fragte der Kollege, wie es ihr in den letzten Stunden ergangen war. Versucht er etwa mit mir zu flirten? Sie ging darauf ein. Sie musste sich das Lachen verkneifen, so unbeholfen und hölzern hörte er sich an. Schließlich wollte er sich mit ihr zum Abendessen verabreden. »Vielleicht«, antwortete Lea und lehnte zunächst alle vorgeschlagenen Termine ab. »Ein andermal. Aber wir können gerne wieder zusammen zu Mittag essen.«

»Morgen.«

»Also Morgen.«

Bei dem hätte ich Chancen, ließ Lea das Gespräch noch einmal in sich hinlächelnd an sich vorüber ziehen. Tut mir richtig gut. Ist lange her, dass sich ein Mann für mich interessiert hat. Gefällt mir sehr. Aber ich glaube, er ist nicht so recht mein Typ. Der kleine Golfspieler. Ich glaube, ich werde nicht mit ihm Abendessen. Sie wandte sich ihrer Arbeit zu. Oder doch? Sie blätterte gedankenverloren in einer Akte. Warum eigentlich nicht. Spaß wird es mir sicher machen. Ein schönes Restaurant. Warum nicht mal wieder ausgehen? Ich bin doch frei. Ich habe einen Freund. Das werde ich meinem Kollegen sagen. Wenn er dann immer noch will, warum nicht. Nichts muss. Alles kann.

Als er sie beim nächsten Mittagessen wieder fragte, sagte sie ja. Aufgeregt war sie danach, wie ein kleines Mädchen. Lange her, dass ich mich verabredet habe. Aber lustig ist das. Spannend. Ein bisschen nervös macht es mich schon. Hoffentlich weiß ich noch, wie das geht. Aber ich habe Lust darauf. Ich will es. Was werde ich anziehen?

Beschwingt setzte Lea ihre Arbeit fort. Sie erinnerte sich daran, wie sie mit ihrer Freundin ihren Ich-Land-Plan gezeichnet hatte. War ein schöner Tag gewesen. Ein erster von vielen, die noch folgten. Meine Freundin Susanne. Schön, dass es sie gibt. Wann habe ich ihr das zuletzt gesagt? Habe ich ihr das überhaupt schon einmal gesagt? Sie ist für mich da. Immer, wenn ich sie brauche. Mit ihr kann ich wunderbar reden und Spaß haben. Sie griff zum Telefonhörer und rief ihr Blumengeschäft an. Sie bestellte einen bunten Strauß und ließ ihn zu ihrer Freundin in deren Büro senden.

Eine Stunde später klingelte ihr Telefon. »Das ist aber schön, dass du an mich denkst«, hörte sie ihre Freundin sagen. »Du bist auch meine allerbeste Freundin. Ich bin froh, dass es dich in meinem Leben gibt. Ich habe dir das bisher nie gesagt. Aber du hilfst mir so wunderbar durch alle Lebenslagen. Du weißt gar nicht, wie wichtig du für mich bist.«

Tue anderen Menschen gut, dann tun sie dir gut.

Wichtig. Lea war gerührt. Noch nie hatte jemand zu ihr gesagt, dass sie wichtig sei. Ich, Lea, dachte sie. So unbedeutend wie ich bin. Ich bin wichtig. Nicht für viele Menschen. Aber für ein paar. Wichtig für andere zu sein, ist schön. Schön für mich. Und wichtig für mich. Schöne Dinge gesagt zu bekommen, ist wunderbar. Ich brauche das. Ich spüre, wie sehr ich das brauche. Sei gut zu anderen, dann sind sie gut zu dir. Tue anderen gut, dann tun sie dir gut. Eine schöne Erkenntnis. Sie schrieb sich diese Gedanken auf, damit sie sie nicht vergaß. Für die Ich-Land-Karte.

Auf dem Nachhauseweg begegnete sie einer älteren Frau. Sie trug ein buntes Sommerkleid, mit Blumen darauf. Eigentlich eher ein Kleid für eine Zwanzigjährige, dachte Lea. Aber es steht ihr gut. Es macht sie jugendlich. Sie ging zu ihr hinüber und sagte es ihr. »Ein wirklich schönes Kleid.«

Die Frau sah auf. Wieder blickte Lea in ein Gesicht, in dem eine Lächeln aufzog. »Vielen Dank, junge Frau«, sagte die ältere Dame. »Ich mag die Blumen. Und die Sonne. Heute ist ein schöner Tag.« Dann gingen beide weiter.

Ich habe einen wildfremden Menschen auf der Straße angesprochen, fuhr es Lea durch den Kopf. Einfach so. Ohne groß darüber nachzudenken. Vor ein paar Tagen wäre das noch undenkbar für mich gewesen. Dabei ist es so einfach.

Wie sehr wir uns von dem einkerkern lassen, was wir glauben zu brauchen. Karriere, Geld, Ansehen. Was wir wirklich brauchen, sind schöne Worte. Aufmerksamkeit. Nett zueinander sein. Lieb. Macht es einen schönen Tag für mich, dass ich heute wieder um ein paar Euro reicher geworden bin? All die schönen Dinge, die Menschen heute zu mir gesagt haben, mit denen ich anderen eine Freude gemacht habe, machen diesen Tag wunderbar. Dieses gute Gefühl in mir drin brauche ich. Alles andere ist unwichtig dagegen.

Es ist noch früh, stellte Lea mit einem Blick auf die Uhr fest. Zeit genug für einen Cappuccino. Sie betrat ihr Lieblingscafe. Im Grunde genommen war es ein Cafe wie viele andere. Der Grund, warum sie hier her kam lag in der Bedienung, die nett und freundlich zu ihr war, immer zu einem kleinen Plausch aufgelegt. Heute war es Lea, die sie ansprach, als sie die Tasse auf den Tisch stellte. Sie beglückwünschte sie dazu, wie gut sie ihren Job machte. »Sie sind die freundlichste Bedienung in der ganzen Stadt«, schloss sie.

»Ich bin froh, dass Sie das zu mir sagen«, erwiderte die Bedienung. »Tagein, tagaus bediene ich hier Menschen, aber manchmal komme ich mir vor, als ob ich gar nicht existiere. Als ob ich Luft für die anderen wäre. Der dienstbare Geist, der als Mensch niemals wahrgenommen wird. Ich danke Ihnen.« Mit einem Zwinkern stellte sie wenig später eine Schale mit Gebäck auf Leas Tisch.

Wieder war Lea erstaunt. Dass dieser Mensch, der so fröhlich wirkt und immer ein nettes Wort bereit hat, so etwas sagt. Wie nehmen wir die Menschen wahr und wie sind sie wirklich? Vom äußeren Eindruck her kann man es niemals wissen. Ich kann nicht in die Menschen hineinsehen. Sie nahm einen Schluck aus ihrer Tasse. Wahrscheinlich könnte ich es schon. Aber ich müsste genauer hinsehen. Tiefer blicken. Die Wahrnehmung der meisten Menschen ist oberflächlich. Oder von meiner persönlichen Sichtweise, von meiner Einstellung und meinem Gefühlsleben geprägt. Wenn ich meine Perspektive ändere, mich zurücknehme und mehr auf die anderen konzentriere, werde ich einen neuen Blick auf die anderen Menschen erhalten. Seiten an ihnen entdecken, die ich vorher nie sah. Viele Menschen sind nicht das, was sie zu sein scheinen. Wir nehmen oft alleine die Hülle wahr. Nicht den Menschen, der sich darin verbirgt. Ich bin zu sehr mit mir selbst beschäftigt. Alle anderen Menschen haben auch ihre Probleme. Sie zeigen sie genauso wenig, wie ich meine zeige. Wahrscheinlich würde ich staunen, wenn ich wüsste, was in all den fröhlichen, munteren, aufgeschlossenen Wesen um mich herum wirklich vor sich geht. Oder zutiefst erschrocken darüber sein.

Bewusstwerdung: Betrachte nicht nur die Schale. Erkenne den Kern.

Lea bezahlte und verließ das Cafe. Sie ging zum Markt hinunter und kaufte frisches Gemüse, Käse und ein paar Oliven. Obwohl sie genug Obst zu Hause hatte, machte sie einen Abstecher zu einem Marktstand am Rande des Platzes. Das ist der schönste Obststand. Viel anders, als die anderen ist er nicht. Aber wenn ich hier vorbeigehe, habe ich den Eindruck, dass das Obst besser aussieht, frischer. Die Ware ist schöner aufgestapelt. Nicht nur einfach dahingeworfen. Liebevoll irgendwie. Vielleicht gibt sich diese Marktfrau ein wenig mehr Mühe als die anderen. Lea kaufte ein paar

Äpfel. »Dies ist wirklich ein schöner Marktstand. Der schönste überhaupt.« Sie gab der Verkäuferin ein paar Münzen. »Sie geben sich sehr viel Mühe damit.«

»Ich mag es, in einer schönen Umgebung zu leben. Ich möchte etwas Schönes um mich haben. Auch wenn es nur ein Marktstand ist«, antwortete die Frau. »Wir bestimmen alle selbst, ob unser Leben bunt oder grau ist. Es liegt an uns, wie wir es einrichten. Auch wenn aus mir nicht viel im Leben geworden ist, möchte ich dennoch ein schönes Leben haben. Hier an dem Platz, an dem ich stehe. Mir geht es gut. Meine Kunden honorieren das, indem sie bei mir mehr kaufen als bei den anderen Ständen.« Sie schob Lea eine Tüte mit ein paar Kirschen zu. »Bald ist Feierabend. Die bekomme ich heute sowieso nicht mehr los.«

Überall lässt sich etwas Schönes entdecken, dachte Lea. Die Welt ist voller Schönheit. Ich muss nur in der Lage sein, sie zu erkennen. Oft sind es ganz einfache Dinge. Ich muss nicht reich dafür sein. Aber ich muss mich gut fühlen. Wer sich nicht gut fühlt, der verschließt seine Augen für das Schöne. Die Welt kann für jeden schön sein, wenn es ihm gelingt, sich seine Welt schön einzurichten. Es ist eine Frage der Einstellung. Ich habe die Wahl, ob in mir die Sonne scheint oder trübe graue Wolken wabern. Ich habe die Wahl. Ich entscheide mich für die Sonne.

Gute Gefühle öffnen dir die Augen für die Schönheit der Welt.

In dieser Nacht konnte Lea lange keinen Schlaf finden. Sie wollte gar nicht schlafen. Viele Gedanken schossen durch ihren Kopf. So viele Gefühle hatten sich angesammelt und stoben wild in ihrem Körper durcheinander. Wie anders war dieser Tag gewesen. Ihr Leben erschien ihr neu. Ja, wie neugeboren fühlte sie sich.

Heute habe ich mit vielen Menschen gesprochen. Viele gute und schöne Gespräche geführt. Dabei soviel Wärme gespürt. Ich habe das Gefühl, neue Freundschaften geschlossen zu haben. Mit vielen sehr unterschiedlichen Menschen. Selbstbewusster zu sein hat nicht nur etwas mit Durchsetzungskraft zu tun. Es hat vor allem mit Freude zu tun. Mein Selbstbewusstsein kann das Beste in mir zum Vorschein bringen oder das Schlechteste. Das ist eine Charakterfrage. Mit den Ellenbogen um sich zu schlagen, ist nicht unbedingt ein Zeichen von Selbstbewusstsein. Gelassen und gut mit den Menschen um mich herum umzugehen jedoch auf jeden Fall.

Wenn Du interessant sein möchtest, sei interessiert. Wenn du Freude haben möchtest, erfreue. Wenn du geliebt werden möchtest, sei liebenswert. Wenn dir geholfen werden soll, sei hilfreich.
CHINESISCHES SPRICHWORT

Was ich mit meinem Selbstbewusstsein anfange, liegt ganz bei mir. Ich habe es heute dazu benutzt, ein Lächeln auf viele Gesichter zu zaubern. So macht es Spaß, selbstbewusst zu sein. Wie viele Gelegenheiten es jeden Tag gibt, andere zum Lächeln zu bringen. Sich besser zu fühlen. Wie wenig ich diese Gelegenheiten bisher genutzt habe. Wie sehr mir all dies hilft, mich besser zu fühlen. Eigenartig, wie wenig ich bisher selbst dafür getan habe. Selbstbewusstsein ist eine Macht. Kann eine wunderbare Macht sein, wenn ich es richtig einsetze. Jawohl, ich bin eine Zauberin. Sie rekelte sich zufrieden in den Kissen.

Werde nicht verrückt, Lea, ermahnte sie sich. Nur weil du es geschafft hast einen schönen Tag zu erleben. Ich kann Menschen zum Lachen oder zum Weinen bringen. Alles eine Frage meiner Einstellung. Eine Frage, wie ich leben will und mein Leben gestalten will. Was ich erleben will. Ich gestalte mein Leben und beeinflusse die Menschen um mich herum. Ich kann es im Guten tun und im Schlechten.

Meine Selbstsicherheit macht mich locker, gelassen. Meine frühere Unsicherheit schuf Traurigkeit, üble Laune, schlechte Gefühle. Meine Unsicherheit machte mich verletzlich. Sie führte dazu, dass ich Dinge tat, die andere Menschen verletzten. Weil ich versuchte, mich zu schützen, mich abzusichern, war ich sehr oft nicht gut zu den anderen Menschen. Ich war immer angespannt. Immer auf der Hut. Das Schöne konnte ich nicht sehen. Selbst wenn es direkt vor meinen Füßen lag. Ich trat bestenfalls darauf.

Wie sich die Welt um mich herum verändert, ist wirklich schön zu sehen. Dabei ist sie immer noch die gleiche. Ich bin auch immer noch die gleiche. Ein bisschen anders. Nur ein bisschen. Was für einen Unterschied dieses Bisschen macht. Ich gestalte meine Welt um. Ich gestalte die Welt in die meine um. In meine Welt. Mein Lea-Land. Wie es heute gewachsen ist. Wie viel ich ihm heute hinzugefügt habe. Still lachte Lea in sich hinein. Das Lea-Land beginnt mein Denken zu verändern. Ich lebe damit. Es ist immer gegenwärtig für mich. Die trüben Gedanken in meinem Kopf verfliegen. Mein Gehirn ist mit schönen Gedanken übervoll. So habe ich das immer gewollt. Jetzt muss ich aufpassen, dass das so bleibt. Ich will in meinem Lea-Land leben. Ich beginne bereits, das zu tun. Die Grenze dazu habe ich überschritten. Ein kleiner Schritt für die Menschheit, aber ein großer für Lea, lächelte sie in sich hinein.

Sei nicht albern. Damit schlief sie ein.

Selbstbewusstsein kannst du üben:

1.
Denke dir Übungen für mehr Selbstbewusstsein aus. Tue, was du dich bisher nicht getraut hast. Tue, was dir bisher unangenehm war. Beginne mit Dingen, die nicht wichtig für dich sind, damit du selbstbewusst bist, wenn du Aufgaben erledigen willst, die wichtig sind.

2.
Sage Menschen etwas Schönes, dann wirst du Schönes zurückbekommen. Gehe gut mit den Menschen um, dann gehen Sie auch gut mit dir um. Tue anderen Menschen gut, dann tun sie dir gut.

3.
Öffne die Augen. Sieh, mit deinen Gefühlen. Erkenne, wie viel Schönes es in der Welt gibt.

4.
Setze dein Selbstbewusstsein ein, um Freude für dich zu erringen. Nicht, um andere damit zu verletzen oder zu bekämpfen.

5.
Erfinde keine Übungen, die Wetten enthalten. Gewinnst du sie, taugt die Übung nichts, verlierst du sie, kann das ganz schön teuer werden.

Ausgleichen statt angreifen: Nimm die Mutsicht ein

Ich glaube, jetzt verfüge ich über genügend Selbstbewusstsein, um mein Chefproblem zu lösen.« Wir hatten uns in einem Spaßbad getroffen. Hier fühlte sich Lea in ihrem Element. Sie sprang im Wasser umher, probierte jede der langen Röhrenrutschen aus, verschwand unter der Wasserfalldusche und zog mich schließlich in eine Grotte am Rande des großen Beckens, in der wir sanft mit feinen Tröpfchen berieselt wurden. Ich bemerkte ihre Euphorie.

»Wunderbar. Freut mich zu sehen, wie gut du dich fühlst. Bevor du in die Schlacht ziehst, solltest du dir noch das eine oder andere Handwerkszeug zurechtlegen. Nur so als Fallschirm«, fügte ich hinzu. Mir wurde bewusst, dass wir bis zur Hüfte im Wasser standen. »Oder als Schnorchel, falls du unter Wasser gedrückt wirst.« Damit packte ich sie und versenkte sie im Schwimmbecken. Wir alberten noch eine Weile herum. Dann kam Lea auf meine Worte zurück. »Was für ein Handwerkszeug meinst du?«

Wir saßen am Beckenrand und zogen im Wasser kleine Kreise mit den Beinen. »Alles, was du tust, musst du bewusst machen. Nimm es dir bewusst vor und führe es bewusst durch. Konzentriere dich darauf und lasse es nicht zu, von deinem Weg abgebracht zu werden. Bewusstsein heißt auch, planvoll vorzugehen, auf Eventualitäten und Widerstände vorbereitet zu sein. Manchmal ist man viel zu sehr auf das fixiert, was man selber will. Man denkt gar nicht daran, dass die anderen Menschen auch Ziele und Pläne haben. Sie wollen auch etwas. Das muss nicht das selbe sein, was du willst. So kann es geschehen, dass nicht alle gleich begeistert über das sind, was du willst. Sie könnten dir mit Ablehnung begegnen. Vielleicht kommt es hier und da zu einem Konflikt. Bereite dich darauf vor.«

»Jetzt, nachdem ich mich so gut fühle, dachte ich eigentlich, dass alles ganz einfach wäre. Ich bräuchte nur zu sagen, was ich will und schon geht es. So könnte es doch auch laufen, oder?«

»Natürlich kann es das. Aber es kann auch ganz anders laufen.«

Lea wurde nachdenklich. »Gut«, sagte sie schließlich. »Wie soll ich mich vorbereiten?«

»Lass es uns so versuchen: Male dir ein Bild von deinem Chef. Versuche, dir ein realistisches Bild zu malen. Feindbild könnte man es nennen. Mache dir aber bewusst, dass du keinen Krieg führen willst. Male das Bild eines Mannes, den du heute noch als Widersacher ansiehst, den du aber zu einem Freund machen willst. Gestalte seine Charaktereigenschaften aus. Sieh auch das Gute an ihm. Erkenne seine Schwächen. Nicht, um sie auszunutzen, sondern um ihn als ganz normales Menschenkind zu betrachten. Als das, was wir alle sind. Fang an. Wie siehst du ihn?«

Liebe deine Feinde. Nicht, weil sie schon Brüder sind, sondern damit sie Brüder werden.
MARC AUREL

Lea überlegte. »Er ist ein sehr ernster Mensch. Völlig humorlos. Er lässt keine Lockerheit in seiner Umgebung zu«, fiel ihr als erstes ein. »Wenn er im Raum erscheint, ersterben alle Gespräche. Eine seltsame Form von Anspannung entsteht, wenn er da ist«, fügte sie nach einer Weile hinzu. »Er ist sehr autoritär. Er herrscht über uns. Seine Stellung gibt ihm die Macht dazu. Er fordert oft Dinge von mir, die unerfüllbar sind. Das will er jedoch nicht hören. Er ist ignorant und ungerecht.« Nun kam Lea in Fahrt. Immer schneller sprudelten die Sätze aus ihr hervor. »Er ist nur auf seinen Vorteil bedacht. Wir anderen existieren gar nicht für ihn. Er kann uns fertig machen. Er macht es manchmal auch. Er will, dass wir Angst vor ihm haben. Manchmal gelingt es ihm, mich das Fürchten zu lehren. Er ist einfach unsympathisch.«

»Das ist die eine Sicht«, hielt ich ihr entgegen. »Aber du könntest auch noch auf eine andere Art auf ihn sehen.«

»Ich verstehe nicht ganz.«

Manche Menschen machen sich selbst klein vor anderen und bleiben dennoch größer als sie.

»Alles, was du gesagt hast, ist eine Schilderung aus der Sicht des Untergebenen. Aus der Sicht dessen, der sich vor einem anderen duckt und klein macht. Die Sicht des Hasen vor der Schlange. Die der Maus, die vor der Viper in eine Angststarre verfällt und sich in ihr Schicksal ergibt. Aber warum machst du dich vor ihm klein? Weil du die Angstsicht einnimmst. Aber die willst du hinter dir lassen. Also lege die Angstsicht ab. Tritt ihm gegenüber. Auf Augenhöhe. Sehe dich als gleichwertig an. Nein, als überlegen. Du bist die, die den neuen Weg geht. Du hast ihm viel voraus. Sieh ihn mutig an. Ändere die Perspektive. Betrachte ihn aus der Mutsicht heraus.

Du bist mindestens genauso groß wie er. Wahrscheinlich aber größer.«

Ändere deine Perspektive. Nimm die Mutsicht ein.

»Größer.« Leas Stimme klang zweifelnd.

»Wenn du ihn ohne Angst betrachtest, unvoreingenommen von dir selbst, wie sieht er dann aus? Denke an das, was du gelernt hast. Dass auch er voller Ängste ist.«

»Mhm. Was soll ich da jetzt sagen?«

»Sieh mal in eine andere Richtung. Wie verhält er sich gegenüber seinen Vorgesetzten?«

»Ich glaube, da buckelt er. Immer, wenn der Bereichsleiter etwas von ihm will, springt er im Quadrat. Ist ganz nervös. Schnauzt uns alle an. Dann sitzt er hinter seinem Schreibtisch und schwitzt, bis er alles zusammen hat.«

»Wie würdest du das nennen?«

»Ich verstehe. Das ist seine Angst. Nervosität und schwitzen. Das sind seine körperlichen Symptome. Er war auch schon oft beim Arzt. Er hat irgendwas mit dem Magen. Vielleicht ein Magengeschwür. Du hast recht, seine Angstzustände sind ihm eigentlich deutlich anzusehen.«

»Wie sieht sein Gesicht aus?«

»Große Ringe unter den Augen.« Eine kleine Pause. »Er schläft schlecht. Viel schlechter als ich.«

»Siehst du, er erscheint wie ein armer kleiner, geprügelter Hund. Er ist viel schlechter dran als du. Du kannst es sehen. Du weißt es. Warum siehst du ihn als überlegen an? Wegen des kleinen bisschen Macht, das er über dich hat? Nicht einmal die hat er. Er braucht dich. Ohne dich funktioniert seine Abteilung nicht. Er weiß das genau. Weiter. Wie ist es mit dem abweisenden und barschen Verhalten dir gegenüber?«

Lea überlegte. »Unsicherheit?« Sie nickte sich selbst zu. »Unsicherheit. Er weiß nicht recht, wie er sich verhalten soll. Er spielt Selbstbewusstsein, hat aber gar keines. Er versteckt sich hinter seinem rüden Auftreten. Er verbreitet Angst, damit ich seine Unsicherheit nicht merken kann.« Nun wusste Lea, wie sie die Situation bewerten musste. »Ich muss hinter die Fassade sehen, stimmts? Die Zeichen erkennen und richtig deuten. Nicht nur das Offensichtliche betrachten, sondern fragen, was es zu bedeuten hat.«

Sie planschte mit den Füßen. »Er ist voller Ängste. Es geht ihm gar nicht gut. Er ist unsicher. Er täuscht sein Selbstbewusstsein nur vor. Er kommt da nicht raus. In ihm ist alles in Unordnung. Er ist nicht der, der er gerne wäre. Er kann den Anspruch, den er an sich selbst stellt, nicht erfüllen. Je mehr er um sich schlägt, desto hilfloser fühlt er sich innerlich. Er versucht, mir Angst zu machen, weil er Angst vor mir hat. Seine Unfreundlichkeit ist der Ausdruck seiner Unzulänglichkeiten. Oder etwa seiner Unfähigkeit?«

Lea ließ sich ins Wasser gleiten. Sie verschränkte die Arme auf dem Beckenrand und legte den Kopf darauf. »Er braucht mich, damit ich ihn rette, wenn es eng wird. Mache ich ja auch. Er hat die Macht. Aber er behält sie nur, weil ich ihm helfe. Ohne mich sägen sie ihn schnell ab. Eigentlich hat er gar keine Macht. Er versucht nur durchzukommen. Es geht ihm innerlich gar nicht gut dabei.«

»Siehst du, wie er geschrumpft ist? Merkst du, wie du dabei gewachsen bist?«

»Ja. Wenn ich ihn immer rette, wofür brauche ich ihn denn? Ich könnte seinen Job auch machen. Aber ich würde besser mit den Kollegen in der Abteilung umgehen. Ich bin mindestens genauso gut wie er. Wahrscheinlich besser. Ich könnte machen, dass es den Kollegen besser geht.« Damit stieß sie sich ab und schwamm eine Runde durch das Becken.

Notiere, was dir wichtig ist. Sieh es immer wieder an, damit es dir gegenwärtig ist.

Ich hatte es mir auf einer Liege bequem gemacht, als sie tropfend aus dem Becken zurückkam. »Vielleicht sollte ich mir das alles aufschreiben, damit ich es nicht vergesse.«

»Das solltest du wirklich tun. Male ein Bild und stelle es auf deinen Schreibtisch. Damit du es immer vor Augen hast.«

»Ein Bild.«

»Stell ihn dir in Unterhosen vor. Sieh auf das Bild, wenn er sich wieder vor dir aufplustert. Mache es mit der Kollegin genauso, die dich ausnutzt.«

»Sie in Unterhosen?«

»Ach Lea. Stell sie dir in Lockenwicklern vor. Ungeschminkt. Am Bügelbrett. Den quäkenden Kleinen zwischen den Beinen. Und mit einem nölenden Mann im Hintergrund.«

»In Lockenwicklern. Und am Bügelbrett. Ich stelle sie mir gerne vor, wie sie einmal richtig arbeiten muss. In Zukunft wird sie mehr arbeiten. Ich werde ihr nicht mehr soviel abnehmen. In Zukunft muss sie für ihre Arbeit gerade stehen. Die Zeit ist vorbei, in der ich der Sündenbock war.«

Das Bild, dass sich Lea von ihrem Chef malte und dass sie in einem kleinen Rahmen auf ihren Schreibtisch stellte:

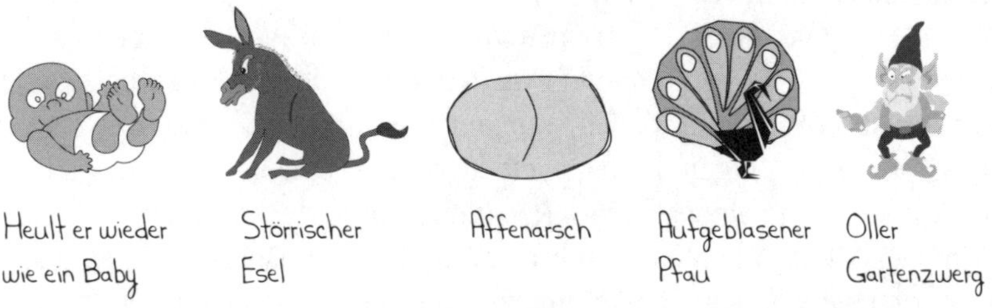

(Natürlich behielt Lea für sich, was die kleinen Symbole bedeuteten. Aber jedes Mal, wenn ihr Chef nun vor ihr stand, sah sie lächelnd und verständnisvoll eines von ihnen an. Manchmal nahm sie ihren Kugelschreiber und zog einen dicken Strich darunter.)

Lea trocknete sich ab und machte es sich auf ihrer Liege bequem. Sie schloss die Augen und entspannte sich. Nach einigen Minuten hörten sich ihre Atemzüge tiefer an. Sie war eingeschlafen.

»Eigentlich ist er nun gar kein richtiges Feindbild mehr.« Gut zwanzig Minuten waren vergangen. Lea streckte und räkelte sich auf ihrer Liege. »Er ist ziemlich geschrumpft.« Sie lachte auf. »Ich hätte nie gedacht, dass wir so etwas im Schwimmbad besprechen können.«

Gehe an einen Wohlfühlort, wenn du nachdenken willst. Befreie dich von Zwängen, sei frei und offen in deinen Gedanken

»Jeder Ort, an dem du dich wohl fühlst, ist der beste Ort dafür. Mach dich frei von allen Zwängen. Dann können die Gedanken fliegen und du bist frei und offen für alles Neue.«

»Ich fühle mich wirklich offen.«

»Gut, dann lass uns noch eine letzte Vorbereitung treffen. Eine kleine Sicherung.«

Lea wandte mir schläfrig den Kopf zu. Sie gähnte. »Ich bin mir sicher.«

»Sicher genug? Deiner selbst sicher genug?«

»Was meinst du?«

»Das Feindbild haben wir zurechtgerückt. Haben wir das mit dem Selbstbild auch getan?«

Ihr Gesicht bildete ein Fragezeichen.

Es ist überflüssig, sich über die Welt zu ärgern. Es kümmert sie nicht.
Marc Aurel

»Vom Verstand her, hast du alles unter Kontrolle. Hast du deine Gefühle im Griff? Wie einfach ist es, dich mit einem schnellen und unverhofften Angriff aus der Bahn zu werfen? Wie schnell hemmt dich die Angst wieder, wenn dein Chef versucht, dich zu verunsichern? Wie schnell lähmt dich die Wut, wenn eine Ungerechtigkeit auf dich zukommt? Wie schnell drängt dich der Ärger in eine Ecke, in der du schmollst, unfähig zu jedweder Reaktion? Du musst nicht nur auf die anderen vorbereitet sein. Du musst vor allen Dingen auf dich selbst vorbereitet sein. Selbstbewusstsein heißt auch, sich seiner eigenen Reaktionen und Mechanismen bewusst zu sein. Der Mensch Lea ist immer noch der gleiche. Deine Gefühle sind immer noch die gleichen. Sie kommen und gehen, wie sie es immer getan haben. Wenn du die Mechanismen erkannt hast, die bei dir zu Angst, Wut, Ärger, zu negativen Emotionen führen, wenn du dir bewusst machst, auf welchen Knopf bei dir gedrückt werden muss, damit bei dir der Hebel umfällt, die Jalousien herunterfallen, benötigst du nur eine kurze Sekunde der Reaktion, um diese Klippe zu umschiffen. Genauso wie Mechanismen zu negativen Gefühlen führen, kannst du dir Mechanismen zurechtlegen, die das Aufkeimen der negativen Gefühle verhindern.«

Nun war Lea wieder hellwach und aufmerksam. Sie setzte sich auf den Rand ihrer Liege. »Oft gehen Verstand und Gefühl in einander über. Manchmal denke ich, dass es gar keine Trennung gibt. Ich habe mir das bisher nie bewusst gemacht. Tatsächlich ist es so, dass ich manchmal davonlaufen möchte, wenn jemand böse zu mir ist, mich schlecht macht oder mich reizt. Wenn meine negativen Gefühle die Oberhand bekommen, fallen mir meistens keine vernünftigen Argumente ein. Ich will auch gar nichts mehr sagen. Höchstens meinem Gegenüber etwas an den Kopf werfen. Wie soll ich dass in den Griff bekommen? Das bin ich. Mein ureigenstes Ich ist das.«

»Gelassenheit, heißt das Stichwort. Konzentration auf das Wesentliche:

Höre nur die Botschaft, die die Worte ausdrücken, die zu dir gesagt werden.

Ignoriere den Ton, in dem die Worte gesagt werden.

Fasse nichts als Angriff auf. Sage dir:

Ist mir egal. Ich weiß, was ich kann.

Suche nicht nach versteckten Spitzen. Nichts ist versteckt. Alles, was du wissen musst liegt in den Worten offen zutage.

Nimm Kritik sachlich. Sie ist nicht gegen dich persönlich gerichtet.

Stell die Sache in den Mittelpunkt. Lass deine Person aus der Sache heraus.

Sei gelassen. Gelassenheit ist Überlegenheit. Sage dir: Ich bin ich. Ich bin gut.

Wahre professionelle Distanz zu deinem Gegenüber.

Sieh dir das Bild von deinem Chef an. Es erinnert dich daran, locker zu bleiben. Sieh es dir an, wenn Angst, Wut, Ärger in dir aufkeimen. Lass nicht zu, dass sie Besitz von dir ergreifen. Das Bild sagt zu dir: Vergiss es. Höre auf, ihn ernst zu nehmen. Lache und stelle dir den kleinen Schreihals auf dem Klo sitzend vor. Schon wirst du merken, wie wenig er dich beeindrucken kann.

Sei ein Profi. Sage dir: Das ist der Job. Es ist nichts Persönliches.«

Lea nickte. »Wiederhole es«, forderte ich sie auf.

»Ich bin ein Profi. Das ist der Job. Es ist nichts Persönliches.« Lea ballte die Fäuste. »Und dann hole ich zum Gegenangriff aus.«

»Aber mit der richtigen Strategie. Hole deinen Gegenüber emotional auf den Boden zurück. Nimm ihm seine Überlegenheit. Wehr dich nicht gegen seine Kritik, gegen seinen Angriff. Sorge dafür, dass er seine Kritik selbst entkräftet. Du wirst sehen: Oft erweist sich der Orkan, der gerade noch aus dem Büro

Strategie:
Lass deinen Gegner sich verausgaben. Dann nimm ihm den Wind aus den Segeln.

deines Chefs geweht hat, nur als laues Lüftchen, das irgendeiner Körperöffnung entfahren ist.«

»Wäre schön, wenn mir das gelänge. Aber Strategie ist keine meiner großen Stärken.«

»Muss sie auch nicht. Du benötigst nur ein bisschen Handwerkszeug.

Taktik I:
Lächle.
Lächeln entwaffnet.

Zum Ersten: Lächle. Lächle so offen wie du kannst. Ohne Ironie, ohne Schalheit, ohne Qual. Lächle dein offenstes Lächeln, als seiest du der fröhlichste Mensch der Welt in diesem Augenblick. Du wirst sehen. Alleine dein Lächeln, wird die Waffen eines jeden Gegners stumpf machen.

Taktik II:
Verzögerung und Finte.
Überrasche deinen Gegner mit gelassener Freundlichkeit.

Zum Zweiten: Reagiere offen. Lege dir ein Arsenal an schönen Sprüchen zu, mit denen du auf diese Situationen antworten kannst. ›Es ist schön, dass Ihnen meine Arbeit gefällt. Dann lassen Sie hören, wie wir das Ganze noch besser machen können.‹ ›Über ein bisschen Lob von Ihnen freue ich mich immer. Mit Ihrer Anleitung werden wir ein ganz tolles Team.‹ ›Ich bin froh, dass Sie so offen mit mir reden. Ich schätze die konstruktive Atmosphäre, die Sie schaffen.‹ Sage es, als würdest du einen Witz machen, aber ohne Ironie. Er wird verdutzt sein. Diese Sekunde der Verzögerung wird seinem Angriff die Schärfe nehmen.

Taktik III:
Stelle konstruktive Fragen.
Untergrabe den Angriff und lass deinen Gegner sich selbst schlagen.

Zum Dritten: Rechtfertige dich nicht. Stelle stattdessen Fragen. Wenn dein Chef dir sagt, dass etwas nicht gut war, frage ihn warum. Wenn er dir diffuse Aufträge gibt, frage ihn, ob er das genauer ausführen kann. Wenn er eine Erklärung für etwas haben möchte, frage ihn, was genau er erklärt haben möchte. Frage nicht nur einmal, frage zwei-, dreimal. Jede seiner Antworten lässt das Problem schrumpfen. Jede seiner Antworten macht den Vorwurf an dich kleiner. Jede seiner Antworten macht die Aufgabe für dich einfacher. Stelle ihm Fragen. Das zwingt ihn, über sein eigenes Tun nachzudenken. Schnell wird er erkennen müssen, dass der übrig bleibende Sachverhalt ziemlich bescheiden ist im Vergleich zur Energie und Aufgeregtheit mit der er sie um sich geschleudert hat. Mit der Zeit wirst du sehen: Er wird es sich immer besser überlegen, ob er dich angreift. Der Umgang zwischen ihm und dir wird besser werden. Du wirst ihm ebenbürtig werden. Ohne etwas anderes getan zu haben, als ihm Fragen gestellt zu haben.

Und schließlich: Sei nett zu deinem Chef. Wenn er Dampf abgelassen hat und runtergekühlt ist, nimm ihm seine Angst. Beruhige seine Nerven. Gib ihm die Sicherheit, dass du alles unter Kontrolle hast. Erkläre ihm gelassen, dass du das Problem lösen wirst. Du kannst das, weil du nun genügend Informationen hast. Du weißt, dass weder die Welt untergeht, noch ein Kessel platzt sondern dass ein seichtes Süppchen köchelt, das ihm einen gehörigen Schrecken eingejagt hat. Biete eine Problemlösung an. Frage ihn, ob er damit einverstanden ist: ›Wenn wir es so und so angehen, löst das das Problem?‹ Beziehe ihn ein. Höre dir seine Antwort an und finde heraus, was er wirklich will. Denke daran: Sei ganz du. Lächle. Entwaffne ihn mit deinem Lächeln. Wenn du den Ernst aus der Situation herausnimmst, hat er dir nichts mehr entgegen zu setzen. Er wird abzuckeln wie ein Hund, der sich selbst auf den Schwanz gepisst hat.«

Taktik IV:
Biete Lösungen an.
Nimm deinem Gegner die Angst.

Souverän und sicher.
Du bist, was dein Gegner niemals sein wird.

Lea ließ sich in ihre Liege zurückfallen. Wieder vergingen rund zehn Minuten, bis sie antwortete. »Das ist eine gute Strategie. Weißt du, was mir daran gefällt?«

»Sag es mir.«

»Ich muss keinen Kampf kämpfen. Keine Schlachtpläne entwerfen. Nicht um mich schlagen. Ich mag diese Ellenbogenwelt nicht. Ich will mich nicht ›durchsetzen‹ müssen. Ich will gar nicht lernen, meinen ›Mann‹ zu stehen. Ich will ich selbst sein. Mit dieser Strategie muss es keine Auseinandersetzungen geben. Ich möchte mich nicht streiten. Ich hasse es, mich zu streiten. Ich möchte, dass alles natürlich geht. Dass die Menschen gut zueinander sind. Deshalb gefällt mir das mit dem Lächeln. Ich möchte fröhlich sein und aus ganzem Herzen lachen. Ich will ehrlich sein und ehrlich mit den Menschen umgehen. Ich habe dieses Tarnen und Täuschen, das ewige, jemanden anderen ausstechen zu müssen, so satt. Ich helfe gerne anderen Menschen. Wenn sie genauso ehrlich zu mir sind. Ich möchte, dass die Menschen um mich herum offen und ehrlich und fröhlich sind. Nicht gespielt. Wirklich. Diese Strategie gefällt mir.« Mit einem verschmitzten Lachen fügte sie hinzu: »Besser hätte ich sie mir auch nicht ausdenken können.«

Löse Konflikte anstatt sie zu verschärfen. Nur schwache Menschen schlagen um sich, um zu gewinnen.

Wir packten unsere Sachen zusammen, zogen uns an und verließen das Schwimmbad. »Ab Morgen wird alles anders«, sagte Lea zu mir auf dem Parkplatz.

Ich schüttelte den Kopf. »Ab heute. Ab jetzt.«

»Genau, ab jetzt«, wiederholte Lea.

»Weißt du noch, welchen Weg du hierher zum Schwimmbad gefahren bist?«

»Natürlich. Ich fahre ihn seit Jahren.«

»Nimm auf der Rückfahrt einen anderen. Suche dir einen neuen Weg. Gib dir selbst auch äußerlich ein Zeichen. Gehe neue Wege. Entdecke neue Wege. Entdecke die neuen Welten, die an diesen neuen Wegen liegen. Tue morgen das Gleiche, wenn du zur Arbeit fährst. Schlage einen neuen Weg ein. Auch wenn du um ein paar Ecken mehr fahren musst. Und dann noch einen. Finde heraus, wie viele Wege zu deinem Arbeitsplatz führen, die du alle noch nicht beschritten hast. Sieh nach links und nach rechts. Nicht stur geradeaus. Verlass die ausgetretenen Bahnen und gib deinem Leben eine neue Richtung.«

Veränderung ist nicht nur Handeln. Es ist eine Art zu Denken und zu Fühlen.

»Anders denken, anders fühlen und anders handeln. Das willst du mir sagen, nicht wahr?«

Ich nickte. »Wunderbar ausgedrückt.«

»Vielleicht sollte ich Morgen auf der anderen Seite aus dem Bett steigen.«

»Nicht nur das. Beginne den ganzen Tag neu. Mit einem guten Gedanken: Es geht mir gut. Öffne die Augen und sehe: Dies ist ein schöner Tag. Freu dich über den Tag. Freu dich über die Sonne. Oder freu dich über den Regen. Freue dich darüber, dass du lebst. Dass all das Leben um dich ist. Fühle das Leben. Fühl dich gut. Fühl dich einfach wohl. Mit dir und der Welt um dich herum. Gehe aus dem Haus und lebe, wie du leben willst. Heute wirst du lachen. Niemand kann dich nerven. Nichts kann dich erschüttern. Du bist gelassen und bleibst es. Selbst dann, wenn alles, was dir heute begegnet, der größte Blödsinn ist. Du bist mutig und voller Freude. Genieße dein Leben. Lächle die Welt an. Freue dich daran, wie sie zurücklächelt.« Ich gab ihr einen Zettel. »Gehe, bevor du dich schlafen legst, auf den Balkon hinaus. Lies die Worte auf diesem Zettel. Dann schlafe gut und tief.«

Leas Nachhauseweg fiel um einiges länger aus, als erwartet. Sie fuhr nicht über die breite Durchgangstraße, sondern bog in die kleinen Nebenstraßen zwischen den Häusern ein. Im Einbahnstraßengewirr der Großstadt verirrte sie sich ein wenig, weil viele der Straßen, die sie benutzen wollte, gesperrt waren. Sie kam immer weiter von ihrer eigentlichen Richtung ab, bis sie in einer kleinen Seitenstraße die hellerleuchteten Fenster eines heimeligen Weinlokals sah. Das sieht aber nett aus, dachte sie. Da muss ich demnächst mal hingehen. Wenig später erreichte sie die Durchgangstraße wieder. Weit vorangekommen bin ich nicht, stellte sie fest. Aber die Kneipe war eine Entdeckung. Der Umweg war für etwas gut. Auch wenn er länger als ein, zwei Ecken war.

Zuhause angekommen ließ sie ein anderer Gedanke nicht los. Die Worte, mit denen ich mich von ihr verabschiedet hatte, geisterten noch immer in ihrem Kopf herum. Sie hatten Lea an etwas erinnert. Im Bücherregel fand sie nach längerem Suchen einen Lyrikband. Sie blätterte und entdeckte das Gedicht, an das sie sich vage erinnert hatte. Sie schlug die Seite auf und legte das Buch auf ihren Nachtisch.

Bereits im Nachthemd öffnete sie die Balkontür. Der Abend war mild und klar. Sie faltete den Zettel auseinander. ›Blicke oft zu den Sternen empor – als wandelst du unter ihnen. Ein schöner Gedanke reinigt deine Seele vom Schmutz des Erdenlebens.‹ Lea sah nach oben und fühlte, wie eine wohlige Wärme sie umfing. Sie streckte die Arme aus. In diesem Augenblick hätte sie die ganze Welt umarmen mögen.

Blicke oft zu den Sternen empor – als wandelst du unter ihnen. Ein schöner Gedanke reinigt deine Seele vom Schmutz des Erdenlebens.
MARC AUREL

Als sie am nächsten Morgen erwachte, ließ sie die Augen noch einige Minuten geschlossen. Ich spüre die Sonnenstrahlen, die in mein Zimmer fluten, dachte sie. Regentropfen, stellte sie fest, als sie die Vorhänge wenig später zur Seite schob. Macht nichts. Dann eben Sonne im Herzen. Sie griff nach dem Buch und las:

Morgenwonne
JOACHIM RINGELNATZ

Ich bin so knallvergnügt erwacht,
ich klatsche meine Hüften.
Das Wasser lockt. Die Seife lacht.
Es dürstet mich nach Lüften.

Ein schmuckes Laken macht einen Knicks
und gratuliert mir zum Baden.
Zwei schwarze Schuhe in blankem Wichs
betiteln mich »euer Gnaden«.

Aus meiner tiefsten Seele zieht
mit Nasenflügelbeben
ein ungeheurer Appetit
nach Frühstück und nach Leben.

Jawohl. Frühstück und Leben. Sie klatschte sich auf die Hüften und öffnete das Fenster. Frische Brötchen, dachte sie. Ich rieche frische Brötchen. Sie fing ihren Freund ab, der gerade das Badezimmer verließ. »Gehst du Brötchen holen«, lächelte sie ihn an. Er sah sie entgeistert an. »Was? Jetzt? Machen wir doch in der Woche nie.« »Ach bitte.« Er sah auf die Uhr. »Die zehn Minuten«, entwaffnete sie ihn, noch ehe er etwas sagen konnte. »Phfu.« Er schlurfte davon. Drei Minuten später kam er angezogen zurück. Sie sah ihn herausfordernd an. »OK.« Er gab auf. Er nahm den Schlüssel und schloss die Wohnungstür hinter sich. Geht doch, flüsterte Lea sich zu. Schadet ihm gar nichts, wenn er auch damit beginnt, neue Wege zu gehen. Über das ganze Gesicht strahlend lachte sie ihr Spiegelbild an. Neue Wege für mich zu gehen! Sie griff zur Zahnbürste.

Die ersten Schritte ins Ich-Land:

1.
Gehe planvoll vor. Bedenke, dass andere Menschen auch Ziele haben, die nicht mit deinen übereinstimmen müssen.

2.
Sei mäßigend, ausgleichend und verständnisvoll. Sieh in deinem Gegner auch den Menschen.

3.
Kontrolliere deine eigenen Gefühle. Lass dich nicht von ihnen blockieren. Sei ein Profi. Es ist nur der Job. Es ist nichts Persönliches.

4.
Sei du souverän, auch wenn es deine Gegner nicht sind: Löse Konflikte mit Lächeln, Freundlichkeit und guten Vorschlägen. Um sich schlagen ist kein Zeichen von Stärke, sondern von Unsicherheit und Angst.

5.
Gehe neue Wege. Veränderung ist eine Art zu handeln, zu denken und zu fühlen.

6.
Verfolge deine Ziele nicht verbissen. Nimm dir immer wieder eine Auszeit, um gute Gefühle zu fühlen und schöne Gedanken zu denken.

Erfolge erringen und sich gut danach fühlen

Die folgenden Wochen übte sich Lea im Fröhlichsein, was ihr je nach Tagesform mal besser und mal schlechter gelang. Sie ging morgens in ihr Büro, sprach mit Menschen, machte ihren Job. Was sich geändert hatte, war die Lust, mit der sie ihre Aufgaben anging. Es macht mir wieder Spaß, morgens ins Büro zu fahren, dachte sie. Gelassenheit ist gut. Sie macht mich innerlich frei. Nicht zuviel über alles nachdenken. Dinge geschehen lassen können. Nichts wird so heiß gegessen, wie es gekocht wird und vieles erledigt sich von alleine. Gelassenheit steigert den Spaß am Arbeiten. Und Spaß will ich haben. Schließlich verbringe ich den größten Teil meines Lebens hinter diesem Schreibtisch.

Übe dich in Gelassenheit: Nichts wird so heiß gegessen wie es gekocht wird und vieles erledigt sich von alleine.

So vergingen die Tage, bis ihr Chef eines Morgens wutentbrannt an ihren Schreibtisch gestürzt kam. Sie brauchte sich nicht umzudrehen, sie erkannte schon an der Art, wie die Tür aufgerissen wurde, was nun folgen musste. Schnellen Schrittes näherte er sich ihrem Arbeitsplatz. Er baute sich vor ihr auf, schwenkte ein paar Papiere in der Hand, rief, dass dies wieder vollkommen unbrauchbar sei und warf es auf Leas Tisch. »Wie soll ich damit arbeiten? Total schludrig ausgeführt. Erklären Sie mir mal, was das soll.«

Lea schluckte. »Ich ...« Sie zögerte. Rechtfertigen. Nicht rechtfertigen. Eine kurze Pause entstand. Wut stieg in ihr auf. Und Ärger. Schludrig. Ich mache meine Arbeit nie schludrig. Sie blickte auf das Bild auf ihrem Schreibtisch. Affenarsch, schoss es ihr durch den Kopf. Keine Gefühle. Fort damit. Denken. Was soll ich tun? Ich habe Angst, sagte das Teufelchen auf ihrer linken Schulter. Es gibt nichts zu überlegen, sagte das Engelchen auf ihrer rechten, du weißt, was du zu tun hast, du besitzt das Handwerkszeug. Tue es.

»Schön, dass Ihnen meine Arbeit gefällt«, sagte sie leise und mit zitternder Stimme. Wenig souverän, dachte sie selbst, als sie ihre Stimme hörte. »Zeigen Sie mal her. Mal sehen, wie wir es noch besser machen können.«

Für einen Augenblick trat Stille ein. Ihr Chef sah verdutzt zu ihr hinunter. Zeit gewonnen, dachte Lea. »Das geht so nicht. Das muss alles nochmal überarbeitet werden. Da fehlt die Hälfte«, prasselte das Chefgewitter auf sie nieder.

Wie geht es weiter? Fragen stellen. »Was geht so nicht? Können Sie das präzisieren?«

»Das geht alles so nicht.« Die Stimme von Leas Chef war deutlich leiser geworden. Er wandte sich zum Gehen. Aber Lea ließ ihn nicht.

»Dann zeigen Sie mir mal, was nicht geht.«

Zögernd näherte er sich den Papieren, die er auf Leas Schreibtisch geworfen hatte. Es waren fünf Seiten. Lea sah, dass auf der ersten keine Anmerkung war. Ihr Chef schlug die zweite auf. »Da sehen Sie. Das muss anders werden.« Lea sah es sich an. »In wie fern?«

»Dieser Satz, da muss deutlicher herauskommen, was gemeint ist.«

Lea machte einen Vorschlag für eine Umformulierung. »Ist das Problem damit gelöst?«

»Mhm. Ja. Ganz gut. Feilen Sie noch ein bisschen daran.«

»Gut, weiter. Was noch?« Aus den Augenwinkeln heraus beobachtete sie, wie die anderen Kollegen im Raum gespannt die Szene beobachteten.

Auf der vierten Seite war wieder ein Satz zu ändern. Auch dies war in zwei Minuten geschehen. »Und hier am Schluss, da fehlt das Wichtigste. Die Zahlenreihen sind unvollständig.«

Mit einem Blick erfasste Lea, was geschehen war. Sie rief die Datei am Bildschirm auf, und sah, dass sie vollständig war. Das Blatt musste zu früh eingezogen worden sein, als ihr Chef es ausdruckte. »Eine Druckerfehlfunktion. Sehen Sie, hier sind ihre Zahlen. Warten Sie, ich drucke Ihnen die Seite gerne aus. Sehen Sie, wenn das Papier richtig eingelegt ist, druckt der Drucker was er soll.«

»Hmh, ja. Ja. Ach so.«

»War es das?«

Leas Chef nahm die Seiten und überflog sie. Er tat, als prüfte er sie angestrengt nach. »Hmh. Ich glaube, so geht es jetzt. Viel besser. Das nächste Mal bitte gleich so.« Er drehte sich um und ging, den Blick auf die Papiere gerichtet, in sein Büro zurück.

»Mache ich doch gerne für Sie.« Die Anspannung wich aus Leas Gesicht und machte einem Lächeln Platz. Die Tür zum Chefbüro schloss sich. Lea lehnte sich zurück. Das war es. Der erste Versuch. Nicht schlecht, lobte sie sich. Dagegen halten. Den Wind aus den Segeln nehmen. Ruhig bleiben. Es war nur ein Sturm im Wasserglas. Wut und Ärger sind vollkommen sinnlos. Sie sind nur in mir. Wenn sie nicht in mir sind, sind sie nirgendwo. Ich brauche sie nicht. Es geht mir gut. Ohne Wut und ohne Ärger. Ich lasse sie nicht mehr zu. Ich wehre mich. Auf meine Art. Ohne Streitereien. Ich mache, dass es mir gut geht. Lea war zufrieden. Zufrieden auch mit den Blicken der Kollegen, die sich nun wieder ihren eigenen Aufgaben zuwandten. Sie sah, was sie dachten. Dass sie sich wünschten, es genauso zu machen. Die heiße Luft aus ihrem Chef ablassen. Lea ging es gut. Ab jetzt wird alles anders. Ich will. Und ich kann.

Sei wie der Fels, an dem sich beständig die Wellen brechen! Er bleibt stehen, während sich rings um ihn die angeschwollenen Gewässer legen.
MARC AUREL

Wenig später rief sie mich an. »Ich habe es geschafft.« Sie erzählte mir was geschehen war.

»Wunderbar Lea. Das müssen wir feiern.«

»Richtig«, entgegnete sie. »Nun habe ich eine Belohnung verdient. Essengehen. Richtig schön Essengehen. Das wäre eine schöne Belohnung für mich. Ich lade dich ein und belohne mich selbst.«

Am Abend trafen wir uns in dem Weinlokal, dass sie nach unserem letzten Gespräch entdeckt hatte. »Drei Gänge«, rief Lea. »Ich habe einen Riesenhunger.«

Wir bestellten Fisch als Vorspeise, danach Wild, zum Abschluss einen großen, ausgefallenen Nachtisch. Zum Auftakt entschieden wir uns für einen Kir Royal als Aperitif.

»Wenn ich jetzt daran denke, komme ich mir so blöd vor«, begann Lea zu erzählen. »Dass ich so ein Theater darum gemacht habe.« Beherzt stieß sie ihre Gabel in den Vorspeisenteller und schob sich einen großen Bissen in den Mund. »Was war denn eigentlich?« Sie antwortete sich selbst. »Nichts war. Aber in dem Augenblick, als ich begann, zitterte ich am ganzen Körper. Meine Stimme versagte fast. Beinahe hätte er es geschafft, mich mit seinem dummen Angriff aus der Fassung zu bringen. Die Wut und den Ärger gar nicht erst entstehen zu lassen, war gar nicht einfach.«

Lea griff zur Serviette. »Innerlich wäre ich fast gestorben, als ich die ersten Worte zu ihm sagte. Ich war den Tränen nah. Wenn ich mich nicht an die Sätze und Regeln erinnert hätte, mit denen ich mich vorbereitet hatte, wäre es nie gelungen. Eingefallen wäre mir in diesem Moment bestimmt nichts. Alles in mir war in Aufruhr. Aber danach ging es wie von alleine. Die Fragen kamen einfach so. Am Ende machte es mir richtig Spaß.«

Die Hauptspeise wurde aufgetragen. Wildfilet mit Pfifferlingen. Ich wählte einen roten Wein dazu aus. »Hinterher habe ich mich großartig gefühlt«, fuhr Lea fort. »Endlich bin ich über meinen Schatten gesprungen. Endlich habe ich das getan, was ich tun wollte. So reagiert, wie ich immer reagieren wollte. Es hat gut getan zu sehen, wie mein Chef immer kleiner wurde. Wie von seinem Problem immer weniger übrig blieb. Mhm, lecker.« Sie bestrich ein Stück ihres Filets mit Preiselbeeren. »Warum ist das bloß so? Warum fällt uns das Aufmucken so schwer? Ist doch gar nichts dabei. Ich komme mir lächerlich vor, bei dem Gedanken, wie lange ich gebraucht habe, um mich diesen kleinen Schritt vorwärts zu bewegen.«

»Der erste Schritt ist immer der größte, auch wenn es dir im nachhinein nicht mehr so vorkommen mag. Ich glaube, du hast heute einen Riesensatz gemacht«, bestätigte ich, was sie längst fühlte.

»Ja. Zugegeben, es war nicht der erste Versuch,« fügte sie zögernd hinzu, während sie mit dem Löffel in ihrem Nachtisch stocherte. »Ich hatte schon vorher ein paar Mal angesetzt. Mich aber nicht getraut. Zu viel darüber nachgedacht. Mit jedem Mal bin ich wütender auf mich selbst geworden. Ich habe mich aufs Klo verzogen und mit mir selbst geschimpft. Immer wieder die Regeln wiederholt. Meine Nerven beruhigt. Meine Gefühle eingefangen. Mir Mut gemacht. Gib nicht auf, habe ich mir immer wieder gesagt. Das nächste Mal wird es. Irgendwann hatte ich die Regeln verinnerlicht. Sie waren mir präsent. Sie fielen mir sofort ein, als ich sie benötigte. Mit jeder Situation, in der ich den Mut nicht aufbrachte, verfestigten sie sich in mir. Als der richtige Augenblick da war, kamen sie ganz automatisch. Ich hatte mein Handwerkszeug parat. Ich musste mir lediglich einen innerlichen Ruck geben. Dann ging es los. Ich musste Geduld mit mir haben. Solange, bis ich bereit war. Zugegeben, viel gelächelt habe ich in diesem Augenblick nicht. Aber das kommt noch. Jetzt habe ich das unter Kontrolle.«

Heute war Leas Abend. Sie wollte gar nicht wissen, was ich darüber dachte. Sie wollte von ihren Erfahrungen erzählen und von ihren neu gewonnen Erkenntnissen. »Einen Cognac«, rief sie der Bedienung zu. »Und einen Espresso.« Schon erzählte sie weiter. »Es braucht Energie, um los zu marschieren. Selbstüberwindung. Nachdenken ist auch gut. Ich muss mir bewusst machen, was ich will. Wie ich es will. Aber zuviel nachdenken ist überhaupt nicht gut. Vielleicht muss man sich ein Limit setzen. Danach ist kein Nachdenken mehr gefragt. Nur eine Entscheidung. Ich ent-

Stelle einmal getroffene Entscheidungen nicht mehr in Frage. Setze sie um.

scheide und stehe dazu. Ich übernehme die Verantwortung dafür. Wie Kolumbus, als er entschied, nach Westen zu segeln. Er war überzeugt von dem, was er tat. Auch wenn er nicht mit letzter Sicherheit wusste, dass er recht hatte. Einmal eine Entscheidung treffen. Es dann durchziehen. Vielleicht war die Erde doch keine Kugel. Dann würde er irgendwo herunterfallen. Pech gehabt. Er wollte nach Westen und segelte. Und entdeckte viel mehr, als er sich je hätte erträumen können.«

Sie roch an ihrem Cognac. »Mhm. Tolles Aroma.« Sie probierte, wägte den Schluck im Mund. »Vielleicht ein bisschen scharf. Sicherheit ist auch gut. Aber die absolute Sicherheit gibt es nicht. Ich kann die Risiken meines Lebens tragen. Ich kann meine falschen Entscheidungen korrigieren. Nur wenn ich gar keine Entscheidungen treffe, passiert überhaupt nichts. Dann kann ich weiter in meiner eigenen Soße kochen, die mir schon lange nicht mehr schmeckt. Was kann schon passieren? Es geht immer weiter. Wenn nicht hier, dann an einem anderen Ort. Mit anderen Menschen. Von allem gibt es genug. Von Menschen wie von Orten. So falsch können meine Entscheidungen gar nicht sein. Da bin ich in einer entschieden besseren Lage als Kolumbus gewesen wäre, wenn sich die Erde wirklich als Scheibe erwiesen hätte. Fehlschläge gibt es immer mal. Damit muss man leben. Davon darf man sich nicht beeindrucken lassen. Was meinst du?«

Wer kämpft, kann verlieren. Wer nicht kämpft, hat schon verloren.
BERTOLD BRECHT

Mir kam dieses schüchterne, fast gehemmt Mädchen in den Sinn, das mir vor ein paar Wochen ihre Sorgen und Nöte geschildert hatte. Wie hatte es sich verändert. Lea saß nicht mehr am Rand. Sie bildete einen Mittelpunkt. Wie hatte sie an Präsenz gewonnen. Sie nahm wahr und wurde wahrgenommen. »Fehlschläge sind die Sprossen auf der Leiter zum Erfolg. Sie sind der Preis, der für den Erfolg zu zahlen ist. Erfolge, die ganz ohne Rückschläge und Fehlgriffe zustande kommen, gibt es nur im Märchen. Wir wachsen an unseren Misserfolgen. Wenn wir bereit sind zu lernen.«

»Ja«, führte Lea den Gedanken fort. »Erfolge machen, dass es mir großartig geht. Wenn ich dafür ab und zu durch ein Tal marschieren muss, in dem ich mich nicht so gut fühle, bin ich gerne bereit dazu. Wer nie etwas versucht, wird nie das wunderbare Gefühl erfahren, sich als Sieger zu fühlen. Wer nie etwas versucht, vertut die Chance darauf, sich großartig zu fühlen. Nein, er vertut die Chance darauf, großartig zu sein. Denke vorher darüber nach, damit du weißt, was du tun willst. Dann entscheide. Zieh es durch. Und gewinne.«

Wir hoben die Espressotassen, die in der Zwischenzeit gebracht worden waren und prosteten uns zu. »Ich will noch viele Erfolge haben«, sagte Lea. »Und noch viele Belohnungen dafür bekommen. Ich liebe Belohnungen.«

»Zum Beispiel?« Den Rest des Abends verbrachten wir damit, uns Belohnungen auszudenken.

Feiere deine Erfolge. Genieße das Erreichte.

Dies ist die Liste mit den Belohnungen, die sich Lea für ihre zukünftigen Erfolge gönnen wird:

1. Besuch im Erlebnisbad am Stadtrand
2. die bucklige Verwandtschaft einladen, ein richtig großes Familienfest feiern
3. ein Wochenende mit meinem Patenkind
4. Segeltour im Mittelmeer
5. Pferdekutschfahrt
6. Monopolyspielen, mein Freund muss mich gewinnen lassen (ganz unauffällig)
7. meine Wohnung mit vielen Blumensträußen ausschmücken
8. mir das Frühstück ans Bett bringen lassen
9. mir aus meinem Lieblingsbuch vorlesen lassen
10. Kurzurlaub am Meer machen
11. Cabriolet mieten für einen Tag und einen Ausflug ans Meer machen, siehe 10
12. das Kleid kaufen, dass ich vor Kurzem im Schaufenster gesehen habe (auch wenn es eins ist, für das es nie eine Gelegenheit geben wird, es anzuziehen)
13. einen Malkurs machen
14. die drei CDs kaufen, die ich schon immer haben wollte
15. Fahrradtour auf Tandem mit meinem Freund (er vorne, damit er nicht sieht, wenn ich eine Pause mache)
16. richtig schön picknicken
17. Kanu-Tour auf einem kleinen Nebenfluss des Rheins
18. Wellness-Wochenende in einem ganz tollen Hotel
19. ein Gourmetmahl im Dreisterne-Restaurant
20. eine Party mit Freunden feiern
21. die Kommode kaufen, die ich immer wollte
22. tanzen gehen, after-work-party, wollte ich schon immer mal hin
23. den Motorradführerschein machen

24. einen guten Freund zu einer Motorrad-Spritztour überreden
25. ins Theater gehen
26. die beiden schönen Bücher kaufen, die ich bei meiner Freundin gesehen habe
27. ins Kino gehen
28. Urlaub in der Bretagne machen
29. mal wieder richtig schön brunchen
30. massieren lassen
31. Drachen steigen lassen
32. eine Stadtführung in meiner Stadt mitmachen
33. einen Ring mit einem kleinen Edelstein kaufen
34. ein Bad einlassen mit feinen Kräuterölen; Kerzenlicht, Prosecco trinken
35. mich an Spagetti-Bolognese rund und fett futtern, eine Flasche Wein dazu
36. Traumtagebuch anlegen, schöne Erinnerungen und Träume darin festhalten
37. die Wohnung komplett neu dekorieren
38. Krankfeiern ohne Grund, einfach um lange auszuschlafen
39. Besuch im Freizeitpark, Achterbahnfahren

Der Espresso war längst kalt geworden, als wir die Liste aus der Hand legten. Lea betrachtete sie lange. »So schöne Sachen. Eine schöne Vorstellung, das jetzt alles zu bekommen. Wie lange ist das her, dass ich mein Patenkind zuletzt gesehen habe? Ein liebes, süßes Kind. Das Wochenende mit ihm. Spielen gehen. Süßigkeiten essen. Vielleicht verbinde ich das mit dem Besuch im Freizeitpark. Ja, das soll meine nächste Belohnung sein. Und dann das Wellness-Wochenende. Mit meinem Freund. Oder mit meiner Freundin. Ich kenne schon das Hotel, in das ich will. Mich richtig verwöhnen lassen. Ein Wohlfühl-Wochenende. Jawohl, das gönne ich mir. Oder lasse es mir gönnen. Da freue ich mich jetzt schon drauf.«

»Auf zu neuen Erfolgen.«

»Wird nicht lange dauern. Da bin ich ganz sicher. Mit dem Ansporn. Das gibt mir Kraft. Ein Ziel, weiterzumachen. Ich bin bereit. Ich werde es auf meine Art tun. Ich bestimme, wie es geht. Was als nächstes kommt. Und wann. Ich habe es selbst in der Hand. Mich zu belohnen, ist schön. Ich liebe es, mich zu verändern. Auf zu neuen Erfolgen.«

Die richtige Einstellung für Veränderung:

- *Agiere anstatt zu reagieren*
- *Gehe aufrecht anstatt dich zu ducken*
- *Setze positives Denken an die Stelle negativer Gefühle*
- *Setze Freude an die Stelle von Wut und Ärger*
- *Setze Mut an die Stelle von Angst*
- *Setze Selbstwert an die Stelle von aufgezwungener Bescheidenheit*
- *Setze Selbstvertrauen an die Stelle von Selbstzweifeln*
- *Setze Selbstbewusstsein an die Stelle von Unsicherheit*

Gestalte deine Welt, wie du sie haben möchtest

Mit einem großen Blumenstrauß in der Hand betrat Lea das Büro. »Hast du Geburtstag,« fragte eine ihrer Kolleginnen. »Ich dachte du warst schon im Frühjahr dran.«

»Geburtstag?« Lea suchte eine Vase aus dem Sideboard. »Warum nicht. Nenn es die Geburt von etwas mehr Farbe in diesem Büro.«

Die Kollegin zuckte mit den Schultern. »Mhm. Auf Ideen kommst du«, kam es ihr zögerlich über die Lippen. »Aber schön sind sie.« Damit wendete sie sich wieder ihren Akten zu.

»Schöne Blumen. Hast du Geburtstag?«

»Gibt es was zu feiern?«

»Herzlichen Glückwunsch.«

»Wie alt wirst du denn?«

»Hast du schon wieder Geburtstag?«

»Du bist doch nicht etwa schwanger?«

Einer nach dem anderen trafen ihre Kollegen zur Arbeit ein. »Farbe im Büro? Keine schlechte Idee.« Und doch ließ der Blumenstrauß ohne jeden Grund und Anlass auf dem Gesicht eines jeden Kollegen eine leichte Irritation zurück. Nur ihr Chef nahm die Veränderung nicht wahr. Er war wie immer. »Morgen«, knurrte er.

»Moin.«

»Moin.«

Damit war er in seinem Büro verschwunden.

Wenige Tage später brachte sie ein Bild mit an den Arbeitsplatz. Sie hatte es extra so rahmen lassen, dass es zum Mobiliar passte. Sie hängte es hinter dem Platz der Kollegin auf, die ihr gegenüber saß, damit sie es immer sehen konnte. In hellen, heiteren Farben zeigte es eine weite Sommerlandschaft. Die Kollegin erschrak, als sie das Büro betrat. »Das will ich nicht über meinem Platz haben. Machs wieder weg.« Lea rührte sich nicht. Die Kollegin betrachtete missmutig das Bild, traute sich jedoch nicht, es anzufassen. Sie stellte ihre Tasche in die Ecke und begann mit der Arbeit. Lea erfreute sich den ganzen Tag über an ihrer neuen Errungenschaft. Wenn sie sich müde oder abgespannt fühlte, sah sie zu dem Bild auf und träumte sich für einen Augenblick in diese ferne sommerliche Welt. Irgendwo am Mittelmeer muss es sein. In der Provence. Sie sah wogende Weizenfelder. Die Pferde in der Camargue. Ein kleines Bistro, in dem sie Cafe au Lait trank. Und weiße Segel, die hinter dem Land über das Meer glitten.

Einige Tage später war das Gemälde verschwunden. An seiner Stelle hing nun eine Südseeszene von Gaugin. Auch nicht schlecht, dachte Lea, als sie ihr Bild hinter ihrem Schreibtisch an die Wand gelehnt fand. Südsee gefällt mir auch. Sie kramte Hammer und Nägel hervor und befestigte ihr Bild erneut. Nun auf ›ihrer‹ Seite.

Weil es langsam Herbst wurde, dekorierte sie ihren Schreibtisch mit getrockneten Blumen, stellte ein Körbchen mit kleinen bunten Kürbissen auf und fügte eine Tonfigur hinzu, in die sie ein Teelicht stellen konnte. Von Zeit zu Zeit, wenn schlechtes Wetter war und es im Büro dunkler wurde, zündete sie es an und beobachtete, wie die Schatten über die Schreibtischoberfläche flackerten. Am Bildschirm hatte sie eine Fingerfarbenzeichnung ihres Patenkindes befestigt, auf dem es sie portraitiert hatte. Ziemlich gut getroffen, dachte Lea. OK, könnte auch ein kleiner struppiger Hund sein. Neben dem Telefon fand sich nun eine kleine Katze aus China. Sie konnte mit dem Arm winken. Bringt Glück, hatte der Onkel gesagt, der sie ihr mitgebracht hatte. Außerdem erinnert sie mich daran, dass ich so eine bald in Natura besitzen werden. Zum Renner im Büro entwickelte sich das Glas mit den Fruchtgummis, das sie vor einiger Zeit aufgestellt hatte und immer wieder nachfüllte. Jeder, der das Büro betrat, steuerte zunächst einmal ihren Schreibtisch an, wechselte ein paar Worte mit ihr und machte fette Beute. Leas Schreibtisch, oder vielmehr das Gummiglas, wurde in kürzester Zeit der beliebteste Aufenthalts- und Plauderort auf der gesamten Etage.

Viel gesprochen wurde nicht über die Veränderung rund um Lea, kaum ein Kommentar fiel, nur selten entfuhr einer Besucherin ein »Oh, schon wieder etwas Neues.« Und doch entfalteten die bunten Farben auf ihrem Schreibtisch eine wundersame Wirkung. Wie die Samen einer Blume, die von ihrer Blüte in den Raum hinein geweht wurden, sorgten sie für eine magische Vermehrung von Formen und Schattierungen, von Kunstwerken und Spielzeugen quer durch den Raum. Bunte Blumensträuße erblühten in vielen Vasen, der Wald der Topfpflanzen auf den Fensterbänken verdichtete sich zu einem Dschungel, Gemälde und Graphiken, Plakate und Selbstgemaltes füllten die Wände. Ein Ferrarifan stellte seine Sammlung an roten Rennern zur Schau und forderten die Präsentation von kleinen Plastikbuggies mit Schwungrädern auf der gegenüberliegenden Schreibtischseite heraus. Man konnte sie aufziehen und über den Schreibtischrand hinausflitzen lassen. Manchmal fanden in der Mittagspause Meisterschaften statt, die der gewann, der sein Auto am weitesten hüpfen lassen konnte. Sammlungen von kleinen Porzellantierchen entstanden, Trophäen von Kegelwettbewerben tauchten auf und als sich der Martinstag näherte, standen eines Morgens viele kleine Laternen mit Kerzen darin auf dem Schreibtisch einer Kollegin.

Erst unmerklich nur, dann immer deutlicher bemerkte Lea eine Veränderung der Atmosphäre im Raum. Die Menschen sprachen mehr miteinander. Sie erzählten viel mehr von den Dingen, die sie gerne hatten und noch lieber taten. Sie wurden offener und aufgeschlossener und innerhalb weniger Wochen erfuhr sie mehr von den Leben und Vorlieben der Menschen um sie herum als in den vorhergehenden Jahren zusammen. Waren sie vor nicht allzu langer Zeit noch eine Ansammlung von Einzelkämpfern gewesen, so hatte Lea nun das Gefühl, dass eine Gemeinschaft entstand, die Menschen in der Abteilung sich mehr für einander interessierten und öfter aus sich herausgingen, ihre Kollegen entdeckten und sich entdecken ließen. Durch die Wolkendecke der Gleichgültigkeit und Teilnahmslosigkeit bahnten sich immer öfter Sonnenstrahlen des Interesses, der Lebhaftigkeit und Lockerheit ihren Weg.

Kurze Zeit später kam Lea zu dem Schluss, dass mehr Farbe auch ihr ganz persönlich gut zu Gesicht stehen würde. Beim Friseur ließ sie sich eine neue Frisur machen. Etwas ganz anderes, hatte sie zu der Frau gesagt, die sie bediente. Diese strich ihr die langen Strähnen zurück, hielt sie hinter dem Ohr fest. »Vielleicht etwas Offeneres. Sie haben ein hübsches Gesicht. Warum verbergen Sie es hinter diesen langen Zotteln?«

Offen. Das ist genau das Richtige. Offen und mutig. Strähnchen? Mehr Farbe, dachte Lea. Warum nicht. Probieren wir es.

Immer wieder schielte sie zu der Kosmetikerin hinüber, die in einer Ecke des Salons ihre Kundinnen beriet. »Versuchen Sie es doch mal«, ermunterte sie die Friseurin, als sie fertig war. »Ich glaube, sie hat jetzt Zeit für Sie.«

Habe ich noch nie gemacht, fuhr es Lea durch den Kopf. Ich weiß gar nicht, was ich da wollen könnte. Dennoch setzte sie sich in Bewegung. »Mehr Farbe«, sagte sie auf den fragenden Blick der Kosmetikerin hin und kam sich etwas dümmlich vor ob ihrer eigenen Worte. »Kein Problem«, nickte die junge Frau und platzierte sie vor einem Spiegel. »Aber nicht zuviel. Dezent. Aber chic.« Sie zeigte Lea die Farbtöne, die zu ihr passten, legte etwas Rouge auf die Wangen, hob die Augen hervor, betonte die Lippen.

Ist das nicht alles ein bisschen viel für mich, dachte Lea, als sie sich daheim vor dem Spiegel betrachtete. Zu auffällig. Ich erkenne mich kaum wieder. Aber ich gefalle mir. Gut siehst du aus, Lea, sagte sie zu sich. Sehr gut sogar.

Zum ersten mal seit Langem schlurfte ihr Freund nicht ohne sie zu beachten zum Sofa, als er die Wohnung betrat. »Ui«, sagte er, als er sie sah. »Wie siehst du denn aus.«

»Gut?«

»Super. So kenne ich dich ja gar nicht. Steht dir ziemlich gut. Könntest du öfter haben.«

Lea war beruhigt. Die erste Hürde genommen. Der erste Test bestanden.

In den nächsten Wochen stellte sie ihre Garderobe Stück für Stück um. Hier ein Kleid, das etwas bunter war, mit gewagteren Formen. Dort eine Hose, die ein wenig enger, ein Rock, der eine Handbreit kürzer war. Betont meinen Körper. Kann ich es mir nicht leisten?

Sei mutig:
Bringe Farbe in dein Leben.

Ich sehe nicht ganz aus wie Claudia Schiffer. OK. Aber was soll's. Die sieht nicht ganz so aus wie ICH. Viel zu dürr. Viel zu große Kleiderstange. Hasenzähnchen. Und viel zu blond. Glaubt doch kein Mensch, dass das echt ist. Könnte froh sein, wenn sie so aussähe wie ich. Ich bin echt. Alles, was dran ist. Vorne echt und hinten echt. Echt was dran an der Frau. Naja, OK, hier und da ein bisschen zuviel dran. Mhm.

Selbstbewusstsein:
Du wirst nie wie ein Supermodel aussehen. Höchstens ein bisschen besser.

Ach was, vergiss es. Echt geil die Frau, oder? Klar kann ich es mir leisten.

Weitaus mehr als je zuvor fühlte sich Lea als sie selbst. Sie huschte nicht mehr geduckt durch die Gänge. Sie ging aufrecht, mit offenem Blick für alles, was geschah. Sie rutschte nicht mehr verkrampft auf ihrem Stuhl hin und her. Sie ließ sich fallen, schlug die Beine übereinander, fuchtelte mit den Armen, wenn sie sprach. Sie verhielt sich so, als sei sie der einzige Mensch auf Welt. Sie war präsent. Sie wurde wahrgenommen. Sie machte sich keine Gedanken mehr darüber, was irgendjemand über sie dachte. Ich bin. Sie straffte ihren Körper. Spannung. Energie. Das ist in mir. Hoppla, jetzt komme ich. Nein, nicht so. Aber: Ich bin da. Jawohl, ich bin da. Ich will, dass ihr mich wahrnehmt. Dass ihr mich nehmt, wie ich bin. Ich muss nicht im Mittelpunkt stehen. Aber ich will auch nicht an den Rand gedrängt werden. Das signalisiere ich euch. Das sagt mein Körper zu euch. Das bin ich.

Früher einmal floss all ihre Energie in Lea hinein. Nun ließ sie sie frei. Nun besaß Lea Ausstrahlung. Eine, die bei anderen ankam.

»Kaum wiederzuerkennen, die Kleine«, stieß einer ihrer männlichen Kollegen im Büro hervor. Ein anderer pfiff durch die Zähne als er sie sah. Diese Blicke, dachte Lea. Sie hatte sie in der Straßenbahn bemerkt. Auf der Straße. Im Gang. Und nun auch im Büro. Mit solchen Blicken hatten die Männer sie bisher nie angesehen. Hatten sie sie nie verfolgt. Ganz neue Erfahrung. Macht mich sogar ein bisschen nervös. Angenehm nervös. So kann es bleiben. Ist in Ordnung für mich. Mir geht's gut.

Nur an ihrem Chef ging die Veränderung ohne Reaktion vorüber. Vielleicht hatte er sie gar nicht bemerkt. Und wenn, ließ er es sich nicht anmerken. »Morgen«, knurrte er, als er das Büro betrat.

»Moin.«

»Moin.«

Damit war er in seinem Büro verschwunden.

Immer besser lernte Lea auf der Klaviatur ihrer Werkzeuge zu spielen. Sie lächelte. Immer öfter. Meistens, weil es ihr gut ging. Manchmal setzte sie das Lächeln auch als Waffe ein. Nein, nicht als Waffe. Zur Entwaffnung. Lachen ist eine Macht, war sie immer mehr überzeugt. Lachen ist die einzig wirkliche Macht, die die Mächtigen hilflos zurücklässt. Keine Gewalt und keine Autorität ist der Macht des Lachens gewachsen. Da bleibt nur Abrüstung. Rückzug. Menschen, die lachen, kann niemand auf der Welt zu etwas zwingen.

Immer mehr verwirrte das Lächeln auch ihren Chef. Er sah es auf ihrem Gesicht, wenn er zu seinen Wutausbrüchen ansetzte. Seinen Angriffen nahm es die Wucht, machte seine Speerspitzen stumpf. Lea lächelt. Stellte Fragen. Ließ ihn über seine Taten nachdenken. Sie löste seine Probleme, oft im Handumdrehen und bewies ihm ein ums andere mal, dass vieles, über das er sich aufregte, den Dampf nicht wert war, den er dafür ausstieß. Der Sturm erlahmte. Ihn verließ die Lust auf Lea einzustürmen. Er wurde leiser. Die Tür wurde nicht mehr aufgerissen. Er schlich zu ihr. Diskutierte mit ihr. Bat sie immer öfter in sein Büro, weil er die Auftritte vor versammelter Mannschaft mit ihr nicht mehr mochte.

Die Stimmung in der Abteilung hingegen stieg. Die Kollegen beobachteten mit Freude und Interesse, wie Lea ihren Chef erzog, aus dem Wolf ein

Schäfchen machte. Sie kamen zu ihr und beglückwünschten sie. Mit Erstaunen hörte Lea, wie sie von ihren Problemen mit dem Chef sprachen. Viele hatten weitaus größere Ängste und Sorgen als Lea. Vielen erging es weitaus schlechter. Sie erzählten ihr davon, froh, endlich jemanden gefunden zu haben, der ihnen zuhörte, der sie verstand. Sie fragten Lea um Rat und sie half ihnen so gut sie konnte.

Plötzlich wurde hinter jedem der Kollegen ein Mensch sichtbar, mit Stärken und Schwächen. Die Fassaden fielen und übrig blieben kleine Menschenkinder, die jedes für sich einzigartig und doch auf ihre Art alle gleich waren. Mir geht es gut, schloss Lea daraus. Im Vergleich zu den Problemen, die die anderen haben, geht es mir verdammt gut. Wie gut es tut, mit den anderen zu reden. Es zeigt mir, dass ich nicht alleine bin. Dass andere ganz ähnlich gelagerte Probleme haben. Dass viele sehr viel größere Probleme haben. Nein, im Vergleich zu den meisten habe ich keine Probleme. Ich beginne sie alle zu lösen. Während die Anderen nur hilflos sind. Es ist ein gutes Gefühl, zu wissen, dass ich mir selber helfen kann. Dass ich auf niemanden angewiesen bin. Dass ich niemanden brauche, um die zu sein, die ich sein will.

Sie erinnerte sich an jene Geschichte, mit der alles begonnen hatte. Die Welt in einem Dorf. Damals hatte sie sie nicht so richtig verstanden. Wohl nicht verstehen wollen. Damals hatte sie nur sich gesehen und nichts und niemanden um sich herum. Nun wusste sie, sie zu deuten. Mir geht es wirklich gut. Auch wenn ich das manchmal nicht glauben mag. Aber verglichen mit den meisten anderen Menschen, nicht nur draußen in der weiten Welt, sondern auch hier, in meiner nächsten Umgebung, geht es mir sehr, sehr gut.

Höre dir die Sorgen der anderen an. Du wirst sehen: Deine Schwierigkeiten erscheinen dir winzig dagegen.

Ihr Chef änderte seine Strategie. Er wandte sich seiner Kollegin zu, drangsalierte nun sie mit seinen Auftritten. Aber auch sie reagierte darauf. Nicht wie Lea. Sie schoss jeden Pfeil zurück, der auf sie abgefeuert wurde. Sie ließ ihn warten. Lieferte nur selten das ab, was er benötigte. Er wurde immer gereizter. Immer verzweifelter. Immer einsamer. Früher hatte er Lea, bei der er Dampf ablassen konnte, um sich besser zu fühlen. Nun hatte er niemanden mehr. Die Tür blieb immer öfter geschlossen. Er kam früher und verließ das Büro später. Selbst das »Morgen« kam ihm immer schwerer über die Lippen.

Lea hingegen fiel es immer leichter, pünktlich Feierabend zu machen. Eines Abends, als ihre Kollegin wie so oft aufsprang, ihr ihre Unterlagen hinüberschob und erklärte, sie müsse wegen ihres Kindes früher gehen, sagte sie: »Nein.« Die Kollegin war erstaunt. »Aber du hast doch heute abend bestimmt nichts anderes vor.«

Stimmt, dachte Lea. Aber ich habe vor allem keinen Bock, deine Arbeit zu machen. Ich brauche dir nicht zu begründen, warum ich das nicht will. »Ich habe einen anderen Plan für diesen Abend«, entgegnete Lea.

»Aber ich muss mich ganz dringend um mein Kind kümmern. Sei doch bitte so lieb.«

Lea hatte das erwartet. Immer die gleiche Methode. Mitleidheischen. Schlechtes Gewissen machen. Ein Appell an ihre Gutmütigkeit. »Nein«, sagte Lea erneut. »Es ist an dir, zu sehen, wie du mit deinem Leben klar kommst. Du musst wohl ein bisschen besser planen. Heute Abend: Nein.«

Die Kollegin packte ihren Aktenstapel auf Leas Schreibtisch. »Ich habe jetzt keine Zeit mehr. Ich muss wirklich ganz dringend weg.« Damit war sie aus der Tür.

Erstaunlich mit welcher Selbstverständlichkeit sie glaubt, über mich verfügen zu können. Wie dumm muss ich gewesen sein, dass ich mir das so lange habe gefallen lassen. Lea schob den Stapel zurück. Sie fragt nicht mal mehr. Sie geht davon aus, dass ich es mache. Aber ich bin kein Idiot.

Am nächsten Morgen gab es Ärger für ihre Kollegin wegen der nicht erledigten Aufgaben. Lea hatte einen schönen Abend verbracht und war bester Laune. Ihre Kollegin warf ihr giftige Blicke zu. Deine eigene Schuld, dachte Lea. Meine innere Stimme sagt, dass ich richtig gehandelt habe. Mein Gewissen? Es freut sich darüber, dass ich nicht mehr blöd bin.

Selbstbewusstsein: Lass dich nicht benutzen. Lerne NEIN zu sagen.

Immer öfter sagte Lea: Nein. Immer seltener konnte ihre Kollegin von nun an früher gehen. Sie musste ihre Arbeit erledigen. Alles eine Frage des Willens, dachte Lea. Ich habe entschieden, die Verantwortung für mein Leben zu übernehmen. Auch wenn es mal zu Konflikten kommt. Die Auseinandersetzungen sind kurz verglichen mit der langen Zeit, in der ich mich früher über mich geärgert habe. Sie muss auch die Verantwortung für ihr Leben übernehmen. Wenn sie das bis jetzt noch nicht kann, muss sie es lernen. Sie kann nicht über mein Leben verfügen. Auch sie bekommt ihre Angelegenheiten geregelt, wenn sie das will. Kostet eben etwas Mühe. Ihre Mühe. Nicht mehr meine.

Die Stimmung der Kollegin verfinsterte sich zunehmend. Gereizt reagierte sie auf alles, was um sie herum geschah. Sie, die immer selbstbewusst aufgetreten war, die Meinungsführerin im Raum gewesen war, zog sich immer mehr zurück, wurde von den anderen Mitarbeitern, die sie nur noch barsch anfuhr, gemieden. Bald verstand Lea den Grund dafür. Sie schafft ihren Job nicht. Sie ist überfordert. Die Unterlagen, die sie in der Vergangenheit zu Lea hinüber geschoben hatte, waren nicht nur die, auf die sie keine Lust hatte. Es waren vor allem die, mit denen sie nicht zurechtkam. Nun konnte sie nicht mehr die Überlegene spielen. Ihre Leistungen waren schlecht und jeder merkte es. Die Auseinandersetzungen mit dem Abteilungsleiter, aber auch mit anderen Kollegen häuften sich.

Eines Nachmittags bemerkte Lea, wie sie den Kopf in die Hände stützte. Etwas stimmte nicht mit ihr. Tränen standen in ihren Augen. Lea ging zu ihr hinüber und erkundigte sich, was los sei. »Ich schaffe das nicht. Ich kann das einfach nicht«, flüsterte die Kollegin kaum hörbar.

Lea legte ihr die Hand auf die Schulter. »Das bekommen wir schon hin.« Sie zeigte der Kollegin, was sie tun musste, erklärte ihr die Zusammenhänge, die sie nicht verstand. In den folgenden Tagen und Wochen leitete sie sie an, half ihr bei der Erledigung ihrer Aufgaben. Hilfe zur Selbsthilfe, dachte Lea. Wie sie sich immer hinter dieser glatten und überlegenen Fassade getarnt hatte. Uns alle getäuscht hat. Nicht viel übrig geblieben davon. Soll ich Mitleid mit ihr haben? Ich glaube nicht. Sie ist die, die uns allen etwas vorgemacht hat. Sie strich Lob und Anerkennung ein, die ihr nicht zustanden. Mir ist es lieber, wenn die die Früchte ernten, die auch gepflügt, gesät und das Feld gepflegt haben. Die, die ihre Hausaufgaben machen. Aber das geschieht viel zu selten. Die Überflieger und Schaumschläger, die Scheiner und Blender stehen hoch in Konjunktur. Dabei sind sie die Überflüssigsten überhaupt. Die Blassen und Stillen, die ohne großes Aufhebens die eigentliche Arbeit erledigen, die im Schatten der anderen stehen und den Betrieb am Laufen halten, bekommen viel zu selten etwas vom Ruhm ab. Die machen nicht die großen Karrieren und streichen auch nicht die dicke Kohle ein. Aber die hätten beides als erste verdient.

Zeige Souveränität.
Mache Freunde aus deinen Feinden. S. o.
Du bist großartig.

Lea half ihrer Kollegin, auch wenn diese es ihr nie dankte. Verdient hat sie es nicht. Aber das spielt keine Rolle. Wichtig ist alleine, was ich als richtig erachte. Ich sehe es als richtig an, den Menschen in meiner Umgebung zu helfen. Auch wenn ich diese Kollegin nicht mag. Selbst wenn sie mich niemals mögen wird. Freundinnen werden wir niemals werden. Kann ich nicht ändern, war sich Lea im klaren. Nicht jeder Mensch wird ein Freund. Mich mögen genügend andere. Ich werde mir die heraussuchen, mit denen ich zusammen sein will. Nur das ist wichtig. Wichtig für mich.

Lea machte sich keine unnötigen Sorgen mehr über ihre Arbeit. Sie wusste, was sie konnte und sie wusste, was sie tat. Sie hatte die Kontrolle über ihre Arbeit. Ich mache den Plan, dachte sie. Nicht die Arbeit bestimmt mich, sondern ich bestimme über meine Arbeit. Ich muss öfter an mich denken. Es macht mir Spaß anderen zu helfen. Aber ich brauche auch Zeit für mich. Ruhe für mich. Raum für mich. Ich darf nicht zulassen, dass die anderen mich auffressen. Ich muss mir die Zeit für mich nehmen. Zeit für die vielen Dinge, die ich gerne tun möchte.

Sie ließ sie die Gedanken schweifen. Es gibt viele schöne Dinge, die ich gerne tun möchte. Alle gleichzeitig geht nicht. Aber nacheinander. Eine Liste, dachte sie. Dabei musste sie lachen. Wie viele Listen ich schon gemacht habe. Aber jede hat einen Sinn. Jetzt brauche ich eine Liste für all die schönen Dinge, die ich noch tun will. Damit ich kein einziges davon verpasse.

Dies ist die Liste mit all den schönen Dingen, die Lea noch tun will (die Punkte 1 bis 9 sind schon erledigt)

1. spazieren gehen entlang des kleinen Sees, den Herbstwind spüren
2. mal wieder ›blinde Kuh‹ spielen
3. bei Kerzenlicht heißen Tee trinken
4. Olivenbrot backen
5. Videos mit meinen Lieblingsfilmen ausleihen (dazu eine Tüte Kartoffelchips)
6. das Eichhörnchen füttern, das ich im Park gesehen habe
7. am Wochenende über den Flohmarkt gehen
8. Duftöl in die Lampe gießen
9. eine Liste davon machen, was ich an schönen Dingen besitze und mich daran freuen
10. Französisch lernen
11. mit meinem Patenkind ein Bild mit Fingerfarben malen (ein ganz großes)
12. meinen Freund mal so richtig verscheißern, indem ich ihm einen dicken Bären aufbinde
13. mich mit Alpenglüher langsam schummrig trinken
14. einen Tag im Bett bleiben
15. in eine Karaoke-Bar gehen und laut falsch singen
16. ein Eis essen
17. für die Vögel im Winter Futter auf den Balkon stellen
18. Freunde zum Essen einladen
19. am Rhein sitzen und den Schiffen zusehen

20. Bowling spielen
21. einen Kürbis aushöhlen und ein schreckliches Gesicht hineinschneiden
22. eine Sandburg bauen auf dem Kinderspielplatz
23. Blätter sammeln, trocknen und zu einer Collage zusammenstellen
24. eine Schwarzwälder-Kirschtorte backen
25. mal einen ganz anderen Job machen: abends als Babysitter, am Wochenende im Büdchen aushelfen, in der Kneipe bedienen, auf einem Bauernhof mithelfen
26. Schnee spüren
27. ein Collagen-Bild aus Zeitschriftenausschnitten basteln
28. ein Kochbuch mit meinen Lieblingsrezepten zusammenstellen
29. viele Gerichte aus meinem Kochbuch kochen
30. einen Kopfstand machen (muss mir mein Freund dabei helfen)
31. in den Zoo gehen
32. Boule spielen
33. richtig laut Musik hören, dass die Wände wackeln (aber nicht zu lange, will ja meine Nachbarn nicht zu sehr schocken)
34. die Enten am Teich füttern
35. Schokopralinen selber herstellen
36. mit einem Schluck Wasser im Mund mein Lieblingslied singen
37. Grimassen vor dem Spiegel schneiden
38. nackt zu Abend essen und den ganzen Abend lang nackt auf dem Sofa sitzen
39. die Comics wieder lesen, die ich als Kind so geliebt habe
40. und das Pippi-Langstrumpf-Buch
41. auf dem Spielplatz schaukeln gehen und die Rutsche runterrutschen
42. mich von meinem Freund massieren lassen (und dann massiere ich ihn), mit richtig gut riechendem Massageöl
43. Stadt, Land, Fluss spielen
44. wir verstecken Gegenstände in der Wohnung und müssen sie mit verbundenen Augen finden
45. einen Spaziergang machen und ein Stück davon rückwärts gehen
46. eine Science-Fiction-Geschichte erfinden
47. meinem Freund sagen, was ich toll an ihm finde (er muss es mir dann auch sagen)
48. Tango tanzen lernen
49. Yellow-Press-Zeitschriften lesen und mich mal wieder auf den neuesten Stand bringen
50. Gesichter und Gestalten in den Formen der Wolken sehen und eine Geschichte dazu erfinden

51. eine Blüte auseinandernehmen und mir ansehen, was da so alles drinnen ist (hoffentlich kommen keine Viecher raus)
52. versuchen, mit den Ohren zu wackeln und mit den Nasenflügeln zu beben
53. Freunde zu einem Spieleabend einladen

Puh, schon dreiundfünfzig. Das hört ja gar nicht mehr auf. Dabei fällt mir noch viel ein. Aber ich glaube, für heute langt es.

Ich will Spaß haben, schrieb Lea unter die Liste. Viel Spaß. Noch viel mehr Spaß, als ich schon habe. Ich will zwischendurch mal wieder richtig Blödsinn machen. Mir soll es gut gehen.

Mit kleinen Schritten große Sprünge vorwärts: Forme deine Welt so, wie sie dir Spaß macht

1.

Gestalte dir die Umgebung, in der du dich wohlfühlst. Überall dort, wo du viel Zeit verbringen musst.

2.

Sei hilfsbereit. Aber lasse dich nicht benutzen. Lerne, NEIN zu sagen.

3.

Sei souverän. Zeige Größe im Umgang mit den Menschen, die sich schlecht dir gegenüber benehmen und Mäßigung, wenn du sie bezwungen hast.

4.

Lass dich nicht von unangenehmen Dingen auffressen. Mache dir bewusst, woran du Spaß hast – und tue so viel davon wie du kannst.

Zeige, was du kannst und beeindrucke alle anderen

Lea blieb länger im Büro, um eine wichtige Unterlage für ihren Chef fertig zu stellen. Die Kollegen waren längst gegangen, als sie sie ihm auf seinen Schreibtisch legte. Er sah kaum auf. Seltsam wie dieses Büro aussieht, dachte Lea, wie ein fernes, fremdes Land im Vergleich zu der heiteren Atmosphäre vor der Tür. Ein grauer Fleck auf der Landkarte inmitten üppig wuchernden Grüns. Sie nahm eine kleine Vase aus dem Schrank und zog ein paar Blüten aus dem Blumenstrauß auf ihrem Schreibtisch.

»Ist noch was«, fragte ihr Chef, als sie noch einmal klopfte.

»Ich dachte, Sie könnten etwas Grün hier drinnen gebrauchen. Etwas Lebendiges. Nur als Erinnerung, dass es da draußen noch etwas anderes gibt als Arbeit.«

Erstaunt, etwas verwirrt, so als erwachte er aus einem langen Schlaf, sah der Abteilungsleiter auf, als sie die Vase auf seinen Schreibtisch stellte. »Blumen von Ihnen?« Er setzte sich aufrecht in seinen Sessel und lehnte sich zurück. Unschlüssig, was sie tun oder sagen sollte, stand Lea im Raum – bis sie eine Überraschung erlebte.

»Ich habe ein paar Blumen nicht gepflückt, um dir ihr Leben mitzubringen.« Gedankenversonnen starrte ihr Chef die Blumen an. »Ist von Christian Morgenstern. Ich habe früher Gedichte von ihm gelesen.« Er stützte sich mit den Ellenbogen auf den Schreibtisch. »Lange her«, fügte er nach einer Weile hinzu.

Sollte selbst im grauesten Anzug Leben sein, fragte sich Lea. Doch schnell wurde sie aus ihren Gedanken herausgerissen.

»Wollen Sie mich etwa auch infizieren? So wie die da draußen?« Der Ton war deutlich kühler geworden. »Wenn ich all die Spielzeuge nur sehe. Hält die Leute noch mehr vom Arbeiten ab.«

»Keineswegs«, entgegnete Lea. »Sie motivieren sie. Sie leben jetzt lieber hier. Besser – und schöner.«

»Etwas mehr Motivation könnte tatsächlich nicht schaden. Wenn sie nur auf die wirklich wichtigen Dinge gelenkt würde.« Verächtlich wischte er mit der Hand zur Seite. »Schöner Leben. Als ob es darum ginge.«

»Um was geht es denn dann?«

Wieder sah er sie eine Weile schweigend an. »Sie machen so, als ob das alles hier ein Spiel wäre. Aber Sie haben keine Vorstellung von dem Druck, der in diesem Unternehmen herrscht. Woher sollten Sie auch. Ich nehme Ihnen und der Abteilung den gesamten Druck ab. Aber warten Sie nur ab. Lange wird das nicht mehr so weitergehen.«

»Was meinen Sie damit?«

»Kann ich Ihnen nicht sagen.«

Typisches Herrschaftswissen. Immer alles streng geheim. »Sagen Sie es mir doch einfach. Vielleicht weicht dann der Druck ein wenig.«

»Schön wär's.« Er sank wieder in seinen Sessel hinein, faltete die Hände vor dem Bauch. Sah sie prüfend an. Nach einer Weile zuckte er mit den Schultern. »Erinnern Sie sich an den Unternehmensberater, der vor einigen Wochen hier war?«

Was für eine Frage. Natürlich erinnerte sie sich.

»Das Ganze ist noch nicht ausgestanden. Die Unternehmensleitung diskutiert gerade darüber, wie die Effizienz gesteigert und die Kosten weiter gesenkt werden können. Sie hat auch schon eine Idee. Zwei der fünf Auftragsabwicklungs-Abteilungen sollen über die Klinge springen. Wie die viele Arbeit dann erledigt werden soll, weiß niemand. Interessiert auch niemanden. Fest steht nur, dass wir ganz unten in der Tabelle stehen. Ganz oben auf der Abschussliste. Was glauben Sie, wie wir da wegkommen? Mit Blumen auf den Schreibtischen?« Er legte eine Pause ein. »Hier gehen bald die Lichter aus. Und meine Mitarbeiter beschäftigen sich mit Spielzeugautos.«

Lea benötigte eine Weile, um zu verstehen, was sie da gerade gehört hatte. Um es zu erfassen und zu verarbeiten. »Ich denke, es gibt eine Möglichkeit, etwas zu tun«, hob sie zögerlich an. »Nutzen Sie, was Ihre Mitarbeiter können. Die haben viele Ideen. Die reden eigentlich ständig darüber, was nicht gut läuft und was verbessert werden kann. Aber Sie vergraben sich in Ihrer Höhle. Sagen Sie der Abteilung, was Sie mir gerade gesagt haben. Sie werden staunen, was alles in den Köpfen der Mitarbeiter schlummert. Wieviele ungenutzte Fähigkeiten. Sie müssen sie nur einbeziehen. Und ernst nehmen.«

»Kann ich mir eigentlich nicht vorstellen, dass aus diesem lahmen Haufen etwas herauszuholen sein sollte.«

»Haben Sie es versucht? Haben Sie jemals einen von ihnen gefragt? Haben Sie ihnen je offen gesagt, was vor sich geht? Wissen Sie, was die da draußen wirklich können? Haben Sie ihnen je die Chance gegeben, es zu zeigen? Wann haben Sie sie aufgemuntert, motiviert, gelobt? Haben Sie schon einmal wirklich mit Ihrer Abteilung zusammengearbeitet? Kennen Sie diese Menschen überhaupt?«

So etwas wie ein Lächeln huschte über das Gesicht des Abteilungsleiters. »Sie legen sich ja mächtig ins Zeug. Wenn Sie sich nur nicht irren. Große Hoffnungen habe ich nicht.«

»Versuchen Sie es.«

»Wie stellen Sie sich das vor?«

»Berufen Sie eine Abteilungsversammlung ein. Gleich morgen. Informieren Sie die Mitarbeiter. Sammeln Sie Ihre Ideen.« Lea dachte nach. »Wir sollten ein Projektteam aufstellen. Die Ideen strukturieren und ausarbeiten. Dann für die Umsetzung sorgen.«

Wieder zögerte der Abteilungsleiter. »Viel verspreche ich mir nicht davon. Aber gut. Schreiben Sie ein Konzept. Zwei Seiten. Legen Sie es mir morgen auf den Schreibtisch. Wenn es gut ist, können wir es versuchen.«

Am darauffolgenden Abend rief er sie in sein Büro. »Klingt plausibel. Probieren wir es aus. Laden Sie die Abteilung für morgen früh in mein Büro ein. Arbeiten Sie mir eine kurze Rede aus. Mit allen wichtigen Informationen und Eckpunkten.«

Lea strahlte. »Stellen Sie sich das nicht zu einfach vor«, bremste er sie. »Große Hoffnungen würde ich mir nicht machen.«

Mit einem Schlag war Bewegung im Büro, als Lea die Email mit der Einladung verschickt hatte. Nach und nach versammelten sich die Mitarbeiter um ihren Schreibtisch. »Was ist da los?« »Was will er denn?«

Lea verwies auf den nächsten Morgen. »Abwarten. Wird er euch alles selbst sagen. Er will mit euch reden. Er braucht eure Hilfe.«

Ungläubig sahen die Kollegen sie an. »Glaubst du doch selbst nicht.« »Wäre das erste Mal.« »Was soll das nun wieder.« Und der größte Skeptiker der Truppe: »Das bringt doch sowieso nichts. So ein Quatsch.«

Nicht nur die Mitarbeiter der Abteilung waren aufgeregt, als sie sich versammelten. Deutlich war auch dem Abteilungsleiter seine Nervosität anzumerken. Er räusperte sich, begann zögerlich, fast stotternd zu sprechen. Dann gab er sich einen Ruck und erzählte seinen Mitarbeitern die ganze Wahrheit.

Schweigen. Fassungslosigkeit. Jedem war bewusst, was das eben Erfahrene bedeutete. Lea hauchte der Versammlung neues Leben ein. »Noch haben wir eine Chance. Die sollten wir nutzen. Besinnen wir uns auf das, was wir können. Wir können viel mehr, als wir bisher gezeigt haben.« Sie wandte sich an einen der Kollegen. »Ein paar Ideen haben wir schon. Wiederhole mal, was du mir vor einigen Tagen gesagt hast. Das ist der erste Ansatz. Wer noch einen hat, kann den hier jetzt loswerden.«

Sie war selbst überrascht, wieviele Ideen durch den Raum zu schwirren begannen. Einer riss ein Thema an, ein anderer setzte den Gedanken fort. Ziemlich schnell realisierbar, ergänzte ein Dritter. Die Vorschläge häuften sich. Aber natürlich brauchen wir Geld für die Umsetzung, waren sich alle einig.

»Geld haben wir keines. Unsere Etats sind am Anschlag«, mischte sich der Abteilungsleiter ein.

»Da seht ihr's«, sah der Skeptiker seine Gelegenheit gekommen. »Ist doch alles sinnlos. Kaum kommt was von uns, blockt er schon alles ab.«

»Lasst uns erst einmal sammeln, was wir haben. Dann sehen wir weiter.« Lea merkte, dass sie etwas tun musste, damit die Stimmung nicht kippte. »Ich erkläre mich bereit, die Vorschläge aufzunehmen. Dann müssen wir sie bewerten. In einem Projektteam.« Sie wies auf zwei Mitarbeiter, die allgemein anerkannt waren. »Ihr beide vielleicht, der Abteilungsleiter und ich. Und dann einen Umsetzungsplan erarbeiten.«

»So könnten wir es versuchen«, pflichtete ihr der Abteilungsleiter bei. Sie vereinbarten einen Zeitplan, dann war die Versammlung beendet.

Innerhalb einer Woche hatte Lea einen ganzen Stapel guter Ideen zusammen. Sie strukturierte sie, fasste sie zusammen. Zur Projektsitzung rief sie den Skeptiker hinzu. Sie wusste, wenn er zu überzeugen war, würden auch alle anderen mitziehen. Sie arbeiteten die Ideen aus, die den größten Erfolg versprachen, und trotzten dem Abteilungsleiter die nötigen finanziellen Mittel ab. Tags darauf traf sich die Abteilung erneut. Viele kleine Umsetzungsteams wurden bestimmt. Der Skeptiker bekam das wichtigste von allen. Zum Erstaunen aller war er es, der die Kollegen anspornte. Nun zogen sie alle mit. »Lea soll die Projektkoordination übernehmen. Bei ihr laufen alle Fäden zusammen«, bestimmte der Abteilungsleiter. »Sie muss dafür sorgen, dass der Zeitplan eingehalten wird.« Er erhob sich. »Ach ja, äh, und ich danke Ihnen für Ihre vielen Ideen. Und für Ihr Engagement«, kam es unsicher über seine Lippen.

Das üben wir nochmal, dachte Lea. Aber für den Anfang war es schon gar nicht schlecht.

Die nächsten Tage vergingen wie im Flug. Lea führte die Projektlisten, erkundigte sich nach dem Umsetzungsstand, half weiter, wo es stockte, leitete an, wo es an Know-how mangelte. Sie machte Vorschläge, erarbeitete mit den Kollegen Lösungen, wenn Schwierigkeiten auftauchten. Immer wieder verschickte sie Emails, die den Projektfortschritt dokumentierten. Sie informierte, wenn Projekte abgeschlossen waren, rief zur Ideenfindung auf, wenn es gar nicht weiter ging.

Wo früher träge Schläfrigkeit herrschte, war nun rege Betriebsamkeit eingekehrt. Manche Mitarbeiter blühten geradezu auf. Deutlich war ihnen anzumerken, wie gut es ihnen tat, gebraucht zu werden. Sich einbringen zu können. Zu zeigen, was sie konnten. Am überraschtesten war Lea. Was in diesen Köpfen steckt. Was diese Leute für Fähigkeiten haben. Es übertraf ihre kühnsten Erwartungen. Alles kommt heraus, wenn man sie einfach machen lässt. Ihnen vertraut. Ihnen etwas zutraut. Sie sind gut. Sie wissen am besten, wo es hakt, wo Dinge verbessert werden können, wo die größten Erfolge zu erzielen sind. Wie die Lösungen aussehen. Das ist alles in den Köpfen der Mitarbeiter vorhanden. Sie haben nur auf ihre Chance gewartet, es rauszulassen.

Genauso erstaunlich war die Veränderung, die mit dem Abteilungsleiter vor sich ging. Er verließ nun öfter sein Büro, ging zu einzelnen Mitarbeitern, ließ sich ihre Projekte erklären, interessierte sich für Details. Er nimmt uns wahr, bemerkten die Mitarbeiter. Er nimmt uns ernst. Er nimmt aktiv am Abteilungsgeschehen teil. Vor allem ist er bereit, unsere Leistung anzuerkennen. Er nahm sich die Zeit, die Fragen der Mitarbeiter zu beantworten, ging offener mit ihnen um, versorgte sie mit Neuigkeiten von der Unternehmensleitung und versuchte sich hier und da sogar daran, einen Witz zu machen. Langsam beginnt er in der Kategorie Mensch zu denken, befand Lea. Nicht mehr nur in der Kategorie Monatszahlen.

Zwölf Wochen später war die entscheidende Sitzung des Unternehmensbereiches. Alle Abteilungsleiter mussten antreten. Das Damoklesschwert der Quartalszahlen hing über jedem einzelnen. Sie wussten es alle. Nun würde sich zeigen, ob sich ihr Einsatz gelohnt hatte. Sie warteten. Aber die Sitzung ging bis spät in die Nacht hinein. Einer nach dem anderen verließen sie das Büro.

Am nächsten Morgen fanden sie ein schwarzes Brett an einer der Wände vor. Abteilungs-Mitteilungen stand als Titel darüber. In seiner Mitte hing ein einzelnes Blatt Papier. Es zeigte die Leistungen der fünf Auftragsabwicklungs-Abteilungen im Vergleich. Vor vier Monaten hatten sie ganz unten gestanden. Dann wurden ihre Zahlen von Monat zu Monat besser. Eine Steigerung um 10 Prozent, dann um 25, schließlich um 40. Sie hatten die Tabellenspitze erklommen. Ganz knapp zwar, aber sie lagen in Führung. Sie waren die Abteilung mit den deutlich besten Zuwachsraten. Die, in der sich am auffallendsten etwas bewegte.

Was bedeutete das nun, fragten sich die Mitarbeiter. Hatten sie es geschafft? Die Antwort kam drei Tage später in Form einer offiziellen Unternehmensmitteilung. Eine Restrukturierung wurde angekündigt. Zwei Auftragsabwicklungen wurden aufgelöst. Deren Mitarbeiter standen vor der

Entlassung. Mit dem Betriebsrat war ein Sozialplan ausgehandelt worden. Am Nachmittag lud der Chef die ganze Truppe in sein Büro. »Wir haben es geschafft«, sagte er. »Wir haben es aus eigener Kraft geschafft. Sie haben es geschafft. Mit Ihrem Wissen, Ihren Fähigkeiten und Ihrem Engagement.« Sektflaschen wurden geöffnet. »Sie sind eine gute Abteilung. Sehr gute Mitarbeiter.« Noch immer fiel es ihm schwer, so etwas zu sagen. Dennoch ging es jedem Einzelnen runter wie Öl.

Von nun an war das schwarze Brett immer gefüllt. Die Mitarbeiter der Abteilung wussten Bescheid, was im Unternehmen vor sich ging. Sie richteten eine Projektgruppe für kontinuierliche Verbesserung ein und schafften es, die Spitze zu halten. Regelmäßig unternahmen sie etwas zusammen. Sie verabredeten sich zum Bowling, sahen sich ein Theaterstück an, trafen sich in einer netten Kneipe. Die Stimmung wuchs kontinuierlich. Wir leisten viel mehr als früher, grübelte Lea. Und doch sind alle so gut drauf wie nie zuvor. Jeder ist hochmotiviert. Ausschlaggebend ist nicht, wie viel man tun muss. Entscheidend ist alleine, wie man es tut. Wie man es tun kann und darf.

Tage später brachte ihr Chef Blumen mit ins Büro. Er bat Lea, die kleinen Sträuße auf den Tischen zu verteilen. Einen großen behielt er in der Hand. »Den nicht«, sagte er. »Der ist für meine Frau. Ich habe sie in den letzten Wochen viel zu sehr vernachlässigt. Eine kleine Widergutmachung ist nun angebracht.«

Da gibt es noch andere, bei denen Sie etwas gut machen könnten, dachte Lea. Sie war noch immer in Gedanken versunken, als sich die Tür zum Chefbüro erneut öffnete. »Die hier sind für Sie.« Der Abteilungsleiter streckte ihr zwei Karten für die Oper entgegen. »Machen Sie sich einen schönen Abend mit ihrem Freund.«

> **Wenn ein Riese mit dir kämpfen will, sei ohne Furcht. Betrachte zuerst den Stand der Sonne: Vielleicht ist der Riese nur der Schatten eines Zwerges.**
> CHINESISCHES SPRICHWORT

Auch er ist nur ein Mensch. Lea war zufrieden. Gerade er ist nur ein Mensch. Ein viel schwächerer wie viele andere. Mit viel größeren Ängsten. Einer der viel mehr Hilfe nötig hat. Ist er mir sympathischer geworden? Ich weiß nicht. Geschrumpft ist er. Er spielt eine Rolle, die viel zu groß für ihn ist. Er würde das niemals zugeben. Er lebt in seiner Fassadenwelt. Ich kann ihn nicht retten. Sollte ich denn? Nein. Ich kann mich nicht um jeden kümmern. Aber um die, die mir wichtig sind, dafür um so mehr. Dabei dachte sie an ihr Patenkind. Das nächste Wochenende werde ich mit ihr verbringen. Wir gehen in den Zoo. Essen Eis. Bauen eine Sandburg. Ich werde ihr Comics vorlesen. Um sie werde ich mich gerne kümmern.

Lea wurde zum Coach ihres Chefs. Sie beriet ihn, wenn es Entscheidungen zu treffen gab, stellte die Aktivitätenpläne für die Zukunft auf. Er diskutierte mit ihr Lösungen, die es zu finden gab, Strategien, die verwirklicht werden sollten. Sie führte ein System der offenen Kommunikation ein, achtete darauf, dass die Mitarbeiter regelmäßig gelobt und ihre Leistungen anerkannt wurden. Sie sorgte dafür, dass jeder die Weiterbildungsmaßnahmen bekam, die er benötigte. Sie spürte, dass er begann, ihr zu vertrauen. »Vielleicht sollten Sie die Abteilung führen. Sie können das viel besser als ich«, sagte er einmal im Scherz zu ihr.

Mittlerweile glaube ich das auch, zog Lea ihr eigenes Fazit. Eigentlich führe ich die Abteilung bereits in vielen Situationen. Die Kollegen mochten sie. Hörten auf ihren fachlichen Rat. Sie erkannten sie als natürliche Autorität an. Lea brauchte keine disziplinarische Gewalt über sie. Lea war ein Vorbild. Sie machte ihre Arbeit gut und half anderen. Sie gab ein Beispiel. Danach zogen alle anderen mit. Ich brauche keine Macht, um akzeptiert zu werden, war sich Lea sicher. Die Menschen folgen mir, weil sie das wollen, weil sie gut finden, was ich mache. Das ist viel besser. Sie sollen mich mögen, für das, was ich bin. Mich anerkennen, für das, was ich kann. Ich kann viel. Das habe ich gezeigt. Den anderen und vor allem auch mir. Ich weiß wer ich bin. Ich bin gut in meinem Job. Besser als mein Chef. Ich kann entschieden mehr. Warum sollte ich nicht auch mehr wollen? Ich sollte mir mehr wert sein. Und den anderen auch. Unter Wert werde ich mich nie wieder verkaufen.

Am nächsten Tag fragte sie nach einer Gehaltserhöhung. Das hatte sie noch nie im Leben getan. Obwohl sie es oft gewollt hatte. Sie hatte sich nur noch nie getraut. »Die Spielräume sind eng begrenzt«, sagte ihr Chef. »Sie wissen ja, die Umstrukturierung. Dem Unternehmen geht es nicht gut.«

Erkenne deinen Wert. Fordere den Gegenwert für deine Leistung ein.

»Ich weiß«, erwiderte Lea. »Die vielen Unternehmensberater verschlingen das Geld. Für die Mitarbeiter, die sich reinhängen, bleibt nichts übrig. Kein Wunder, wenn die keine Lust verspüren, so einen Kraftakt wie in den vergangenen Wochen noch einmal zu bewältigen.«

Ihr Chef hatte verstanden, was sie ihm sagen wollte. 100 Euro mehr fanden sich auf ihrer nächsten Gehaltsabrechnung. Brutto. Wenn alle Abzüge runter sind, kann ich dafür nicht mal mehr mit meinem Freund essen gehen, rechnete sie nach. Immerhin, spottete Lea. Für das Jahresende versprach ihr Chef eine Prämie. Wenn die bis dahin nicht gestrichen werden. Aber auch hier gilt: Sie können es mit mir machen, weil ich es mir gefallen lasse. Ich bin mir mehr wert. Ich werde in Zukunft besser mit mir umgehen.

Das Wellness-Wochenende wartete. Diese Belohnung habe ich mir verdient. Frank, ihr Freund, hatte keine Lust gehabt. Ayurveda-Anwendungen. In die Sauna. Massieren lassen. Eine Gesichtsmaske. Maniküre. Aromabad. Ein Fünf-Gänge-Menü am Abend. Nichts für mich, hatte er gesagt. Viel zu langweilig. Früher hätte sie darauf verzichtet, wenn er nicht mitging. Heute nicht mehr. Ihre Freundin Susanne war begeistert gewesen, als sie ihr davon erzählt hatte. Es gibt viele verschiedene Wege und Möglichkeiten, das zu bekommen, was ich will. Aber ich muss die Initiative ergreifen. Sie griff zum Telefon und rief sie an. Sich gemeinsam auf etwas zu freuen, steigert die Vorfreude ungemein. Sie hatten sich so viel zu erzählen. Die nächste Stunde verging wie im Flug.

Du kannst. Traue es dir zu!

Ergreife die Initiative!

Handle aktiv!

Fühle dich richtig gut dabei.

Sei dir selbst wert, was du leistest

Vollkommen entspannt kehrte Lea von dem Wochenende zurück. Sie hatte viel Zeit zum Nachdenken gehabt. Die Gehaltserhöhung war ein erster Schritt gewesen. Wenn das Ergebnis so bescheiden ausfiel, musste sie einen anderen Weg gehen. Mein Chef ist ein Fassadenmensch. Einer, dessen Denkmal nur deshalb noch steht, weil ich sie vor dem Einstürzen bewahrt habe. Ist er es wert? Keine Ahnung. Aber ich bin es wert. Freiwillig werden sie mir nichts zukommen lassen. Auf ein Angebot kann ich lange warten. Ich muss aktiv werden. Auf die nächste freie Abteilungsleiterstelle werde ich mich bewerben. Wenn ich vorankommen will, muss ich etwas dafür tun. Was habe ich nicht alles in den letzten Wochen für meinen Chef und die Abteilung getan? Nun bin ich dran. Ich will auf dem Feld ernten, auf dem ich schufte. Das Unternehmen wird eine sehr gute Abteilungsleiterin erhalten. Eine, die es wirklich kann. Eine feste Burg. Nicht nur eine Fassade.

Die Gelegenheit ließ nicht lange auf sich warten. Wenige Wochen später wurde genau die Stelle frei, die Lea sich vorstellte. Sie sprach mit der Personalabteilung, reichte ihre Unterlagen ein und hatte ein gutes Gefühl.

»Weil ich eine ehrliche Haut bin, habe ich meinen Chef informiert und ihn gebeten, die Bewerbung zu unterstützen. Kurze Zeit darauf bekam ein junger Mann aus einem anderen Bereich den Job. Er war vor weniger als einem Jahr aus einem anderen Unternehmen gekommen«, berichtete mir Lea enttäuscht, als wir uns zum Boulespielen im Park trafen. »Später erfuhr ich von einer Bekannten, die in der Personalbteilung arbeitet, dass ihr Chef mit meinem gesprochen hatte. Mein Abteilungsleiter hatte mich zwar als qualifiziert dargestellt, gleichzeitig aber betont, dass ich noch nicht so weit sei, eine Abteilung zu leiten. Das war es dann. Das Leben ist manchmal ein Haifischteich. Mein Chef ist eine linke Ratte, nicht wahr?« Sie schleuderte eine ihrer Kugeln in Richtung der Holzmaus und verfehlte sie weit.

»Eine sehr linke Ratte. Aber lass dich dadurch nicht entmutigen«, baute ich sie wieder auf. »Das Unternehmensspiel ist eine subtile Angelegenheit. Jeder sucht nach seinem eigenen Vorteil. Dass du abgelehnt wurdest, heißt nicht, dass du die schlechtere Bewerberin warst. Dass dein Chef sagt, du seiest noch nicht so weit, heißt nicht, dass er das tatsächlich glaubt. Sehr viel mehr vermute ich, das er genau weiß, was er an dir hat und dich deshalb nicht gehen lassen will, weil du die Kastanien für ihn aus dem Feuer holst. In großen Unternehmen werden nicht immer die befördert, die die beste Leistung erbringen. Oft eher die, die man los sein will. Überleg mal selbst, was du tun würdest, wärst du der Chef: Du hast zwei Mitarbeiter. Einer der in jeder Hinsicht einen guten Job macht und wesentlich zum Abteilungserfolg beiträgt. Und einen von diesen Scheinern und Blendern, der querschießt und ansonsten zu nichts zu gebrauchen ist. Wen würdest du zur Beförderung vorschlagen? Nimmst du den ersten, hast du ein zusätzliches Problem, weil du eine große Lücke schließen musst. Nimmst du den zweiten, hast du ein Problem gelöst. Ungefähr so läuft das. Es geht selten um die Interessen des Unternehmens. Es geht meistens um die ganz persönlichen Interessen einzelner Akteure.«

Unternehmen sind ein Spiegel persönlicher Interessen, keiner von persönlichen Leistungen.

»Muss wohl so sein. Aber ist das nicht schrecklich? So komme ich in meinem Unternehmen nie voran.«

»Es gibt nicht nur dein Unternehmen auf der Welt. Sieh dich um, es gibt so viele, die Jobs zu vergeben haben, die du gerne haben möchtest. Du musst nicht nur auf dein jetziges Unternehmen setzen.«

»Ja, aber ich habe dort meine Lehre gemacht. Ich bin immer nur da gewesen. Es war meine erste Anstellung und ist bis heute meine einzige. Wegzugehen, wird ein gewaltiger Schritt für mich sein.«

»Dass du da deine Lehre gemacht hast, könnte sich als das Problem erweisen«, bewertete ich ihre Worte nachdenklich. »Oft zählen die, die im Unternehmen ausgebildet wurden, nicht viel. In ihnen sehen alle immer nur den Auszubildenden. Man vertraut lieber auf die Neuen von außen. Die sind in den Augen aller schon jemand. Der ehemalige Lehrling muss erst noch jemand werden. Das ist ein Risiko. Umgekehrt ergibt sich daraus der Vorteil, den du hast, wenn du dich in einem anderen Unternehmen bewirbst. Dort kannst du entschieden mehr fordern als in deinem alten Betrieb und wirst lange nicht so misstrauisch beäugt. Die Frage, ob du es wirklich bringst, stellt sich nicht.«

Lea spielte unkonzentriert. Schon nach kurzer Zeit lag ich vier zu null vorne. Sie war mit ihren Gedanken abwesend. »Aber es wird sehr viel Kraft kosten. Die Bewerbungen. Und die Vorstellungsgespräche. Ich weiß gar nicht, wie man so etwas macht.«

»Mit der Energie ist das so eine Sache. Erinnere dich, wie viel Kraft es dich gekostet hat, all die Veränderungen in deiner Abteilung zu bewirken. Einfach ist das nicht gewesen. Wie viel leichter wäre es dir gefallen, wenn du der Chef gewesen wärst? Letztendlich gilt: Versuche alles. Aber teile deine Energie ein. Sie ist nur begrenzt. Setze dir Limits. Bewerbe dich in deinem Unternehmen, sieh das aber nicht als das einzige Pferd an, auf dem du reiten kannst. Wenn sie dich erneut ablehnen, verwende keine weiteren Gedanken mehr auf dieses Projekt. Du hast dann genug Energie in dein altes Unternehmen investiert. Dann sind sie dich nicht wert. Sei du dir mehr wert.«

Teile deine Energie ein. Sei kein Don Quichote. Verbrauche nicht deine gesamte Kraft, um gegen eine einzige Windmühle anzurennen.

Ich baute meinen Vorsprung im Boulespiel stetig aus. Die innere Unzufriedenheit bewirkte, dass Lea ihre Kugeln viel zu weit über das Ziel hinauswarf. Sie reagierte sich ab, konzentrierte sich nicht auf das Ziel. »Dich bewerben ist nicht so schwer wie du denkst. Es ist eine Frage deiner Einstellung. Sei gelassen und geduldig. Wenn du dich bei einem Unternehmen mit dem Gedanken vorstellst, dass es unbedingt klappen muss, setzt du dich unter Druck. Sieh es als Spiel an. Gehe zu den Vorstellungsgesprächen und sei locker, plaudere mit deinen Gesprächspartnern und finde heraus, was sie hören wollen. Wenn sie dich nehmen ist es gut. Wenn nicht: Was hast du verloren? Bewerbe dich auf viele Stellen. Auch auf die, die du eigentlich gar nicht haben willst. Übe. Du kannst jeden neuen Job annehmen. Es steht dir auch frei, sie alle abzulehnen. Du agiert. Du entscheidest. Hier wie überall sonst. Das ist eine Frage der Sichtweise: Gehst du zu einem Bewerbungsgespräch als Bettler, der in die warme Stube gelassen werden möchte? Oder gehst du als Königin dahin, der seine Gegenüber beweisen müssen, dass sie es wert sind, dich zu bekommen? Es gibt nichts zu verlieren. Aber jede Menge zu gewinnen.«

Bewerbungen: Trete auf wie ein König, nicht wie ein Bettler.

»Wahrscheinlich hast du recht. Aber man weiß nie, was kommt, wenn man woanders hingeht.«

»Natürlich kannst du das nie genau wissen. Aber eine absolute Sicherheit gibt es bei nichts im Leben. Weißt du, was in deinem jetzigen Unternehmen noch geschehen wird? Vielleicht machen sie deine Abteilung in ein paar Monaten trotzdem zu, obwohl du dich so sehr engagiert hast. Es liegt im Menschen selbst begründet, dass er lieber an dem festhält, was er kennt, als zu neuen Ufern aufzubrechen. Da unterscheidest du dich nicht von allen anderen. Aber wenn du erst einmal losmarschiert bist, wirst du feststellen, dass die Menschen hier und anderswo sehr gleichartig sind. Und die Unternehmen auch. Freue dich daran, wie sich dein Horizont weitet. Wie deine Welt wächst. Freue dich auf die neuen Menschen, die du kennenlernen wirst. Sei offen für sie. Aufgeschlossen. Tolerant und vorurteilslos. Akzeptiere und respektiere sie. Dann wirst du deine Freude an ihnen haben.«

Schweigsam gingen die nächsten Spiele dahin. Lea setzte ihre Kugeln nun sanfter ein. Zielte, fand den Schwung, den sie benötigte. Nachdem sie das erste Spiel gewonnen hatte, setzte sie das Gespräch fort. »Meine Energie einteilen. Ich glaube das ist der Schlüssel. Bisher habe ich viel zu oft lediglich in eine Richtung gesehen. Dabei gibt es viele andere. Ich kann alles versuchen. Mir alles vornehmen. Aber wenn ich meine ganze Energie dafür aufwende, laugt es mich aus, macht mich kraft- und mutlos. Ich gewinne nicht immer. Wenn ich es dennoch will, renne ich nur mit dem Kopf gegen Wände. Ich werde nicht nur die Kraft einteilen, die ich auf eine Sache verwende, ich werde mir auch ein Zeitlimit setzen. Eine bestimmte Zeit werde ich es in meinem jetzigen Unternehmen versuchen. Gleichzeit werde ich Bewerbungen schreiben. Wenn es dort nichts wird, wo ich jetzt bin, werde ich mich auf die Bewerbungen konzentrieren. Ich werde mich nicht unter Druck setzen. Vielleicht gelingt es nicht auf Anhieb. Aber gelingen wird es auf jeden Fall. Ich bin eben nicht alleine auf der Welt. Bei manchen Bewerbungen wird einer dabei sein, der als besser angesehen wird. Bei anderen werde ich die Beste sein.«

Lea hatte ihre Entscheidung getroffen. »So, und nun werde ich das richtige Maß an Energie auf dieses Spiel lenken. Wie weit liegst du vorne? Macht nichts. Ich werde dich noch ein- und überholen.«

Am nächsten Wochenende suchte sie sich drei Stellenanzeigen aus der Zeitung aus. Ich half ihr, ihre Bewerbungsmappe zusammenzustellen. Gemeinsam texteten wir einen Brief, der ihre besonderen Fähigkeiten und Vorzüge hervorhob. Zwei der drei Unternehmen luden sie ein. »War nichts«, fasste Lea zusammen. »Die einen waren total dröge, die anderen haben zu wenig Geld geboten.« Überrascht war sie, dass beide sie einstellen wollten. Sie erwog zu wechseln. Aber nicht lange. Ist schön, begehrt zu sein. Ist besonders schön, die Wahl zu haben. Auswählen, annehmen und ablehnen zu können. Aber wenn ich mich verändere, will ich hingehen, wo es mir wirklich gefällt. In ein Unternehmen, dem ich das wert bin, was ich mir wert bin. Also kommen diese beiden nicht in Frage. Ich agiere. Ich entscheide. Ich werde weitersuchen. Bis ich finde, was optimal für mich ist. Ich will nicht nur irgendeinen Job. Ich will Freude daran haben. Ich werde Freude finden.

So, und eine Belohnung habe ich mir nun redlich verdient. Sie blätterte in ihrer Liste. Kann mich gar nicht entscheiden. Probleme habe ich, dachte sie. Ich hätte nie gedacht, dass ich so schöne Probleme haben könnte.

Wenige Tage später veranstaltete Lea ein Familienfest. Sie lud ihre Eltern ein, Onkel und Tanten, Cousinen und Cousins mit Anhang und Kindern und jeden der sonst noch zur Herde dazugehörte. Alle saßen an einem großen Tisch, schwatzten durcheinander, aßen und tranken, was ein jeder vertragen konnte. Die einen rissen Witze, die andere gar nicht witzig fanden, andere erklärten die allgemeine Weltlage, was heftigen Widerspruch hervorrief. Die kleinen Kinder sprangen zwischen ihren Beinen herum, die größeren zogen sich gelangweilt in eine Ecke zurück. Die meisten waren fröhlich und vergnügt und natürlich benahm sich zu vorgerückter Stunde einer heftig daneben. So habe ich mir das vorgestellt, dachte Lea, die wie die Königin am Kopf der Tafel saß. So fühle ich mich wohl. Als der Geräuschpegel langsam abebbten, die Esser satt und die Trinker müde wurden, die Gespräche zerflossen, zog sich Lea ein wenig zurück, hielt innere Einkehr.

Mal gewinne ich und mal verliere ich. So ist das Leben. Nicht nur meines. Ich glaube, das Leben aller ist so. Nur gehen alle unterschiedlich damit um. Viele Menschen können nicht verlieren. Sie würden es niemals zugeben. Arme Menschen. Ich freue mich an meinen Siegen. Und bin bereit, meine Niederlagen zu akzeptieren. Ich gehe mit Freude durch das Leben. Ich freue mich an meinen Erfolgen. Ich kann mich auch an den Erfolgen der anderen erfreuen. Natürlich bin ich ehrgeizig. Aber nicht um jeden Preis. Ich kann andere neben mir gelten lassen. Es ist genug für alle da. Ich will meinen Teil. Den habe ich verdient. Ich gönne den anderen den ihren. Ich bin nicht neidisch auf sie. Zufrieden zu sein, tut mir gut. Zufrieden mit mir. Ich muss nicht alles haben. Ich fühle mich gut dabei, keinen Neid zu fühlen. Jawohl, ich fühle mich gut. Das ist das Beste, was ich im Leben erreichen kann.

Akzeptiere deine Niederlagen. Sie gehören zum Leben und zum Erfolg dazu. Niemand gewinnt immer.

Nach wie vor gelingt mir nicht alles. Aber ich probiere Dinge aus. Ich habe keine Angst mehr vor dem Versagen und lerne das Siegen. Indem ich Neues probiere, erfahre ich, was ich kann, aber auch, was ich nicht kann. Wenn ich einen Strich darunter ziehe, ist beides in Ordnung. Ich kann viel

Siegen lernen heißt, die Angst vor dem Versagen zu überwinden.

mehr, als ich geglaubt habe. Ich kann viel weniger nicht, als ich gedacht habe. Einiges muss ich auch gar nicht können. Ich will mich nicht übernehmen. Ich will tun und können, was mir Spaß macht. Davon gibt es genug. Ich kann viel. Ich bin viel. Ich bin viel wert. Vor allem mir selbst. Aber auch immer mehr allen anderen.

Was habe ich erreicht? Nicht jeder ist mein Freund geworden. Nicht jeder mag jeden. So ist die Welt. Mich mag nicht jeder. Ich mag auch nicht jeden. Ich nehme mir das Recht zu entscheiden. Die auszuwählen, die ich mögen will. Und es die spüren zu lassen, die ich nicht mag. Ich brauche mich nicht zu verstellen. Will ich auch nicht. So viele mögen mich. Viele sind dazugekommen. Ich kann die akzeptieren, die mich nicht mögen. Auch die, die ich nicht mag. Das ist gut so. Ich kann mit allen Menschen in Frieden leben. Ich will Frieden. Ich muss mit meinem Kopf nicht durch jede Wand. Ich kann andere neben mir gelten lassen. Was sie sind und was sie denken. Ich habe meine Meinung. Alle anderen haben ihre. Ich muss sie nicht teilen. Ich kann akzeptieren, dass es nicht nur das gibt, was ich für gut und richtig erachte. Ich fühle mich wohl in einer Welt der Toleranz und Aufgeschlossenheit. Das Leben ist vielfältig. Es ist gut, dass es das alles gibt. Auch wenn ich nicht mit allem etwas anfangen kann.

Ich hatte immer meinen Platz im Leben. Aber ich war mir oft nicht sicher, dass es der richtige war. Heute weiß ich, dass ich einen guten Platz im Leben habe. Vielleicht noch nicht den, den ich will. Aber ich bin auf dem Weg. Ich habe die Initiative ergriffen. Einen guten Weg eingeschlagen. Ich werde dorthin kommen, wo ich hin will. Schon bald.

Wie viel Raum mein Beruf in meinem Leben einnimmt. Viel zu viel. Ich will noch viele andere Dinge. Ich verdiene nicht schlecht. Ich will noch mehr. Ein bisschen. Ich muss nicht alles haben. Ich kann mir jetzt schon eine ganze Menge leisten. Nicht alles, das es auf der Welt gibt. Aber doch das Meiste. Viel mehr brauche ich nicht. Die materiellen Dinge machen mir Spaß. Aber sie sind nicht der tiefere Grund für meine Glück. Zufriedenheit macht mich glücklich. Gesundheit, Wohlbefinden. Gute Gefühle. Das ist das wahre Glück. Morgens aufstehen und mich über einen neuen Tag freuen. Innen drinnen spüren, dass es mir gut geht. Dass macht mich glücklich.

Wer alles will, wird nie zufrieden sein. Wer Freude empfindet an dem, was er hat, ist glücklich.

Wie bin ich in den letzten Wochen gewachsen! Früher fühlte ich mich unterlegen. Jetzt stehe ich neben ihnen. Neben allen. Ich kann allen in die Augen sehen. Ich fürchte mich vor niemandem mehr. Ich weiß, wer ich bin.

Das habe ich vielen anderen voraus. Wieviele täuschen sich selbst. Machen sich kaputt. Ich nicht. Nicht Stellung zählt. Sein.

Ich habe mein Leben unter Kontrolle. Ich agiere. Ich mache den Plan und führe ihn aus. Vielleicht werde ich demnächst den Arbeitsplatz wechseln. Vielleicht auch nicht. Ist schön mit meinen jetzigen Kollegen. Ich gehe gerne zu ihnen. Jeden Morgen wieder. Darauf kommt es an. Was immer ich auch tun werde: Ich alleine werde darüber entscheiden. So wie ich es für richtig halte. Dann, wenn ich es für richtig halte. Ich habe die Wahl. Weil ich mir die Wahlfreiheit geschaffen habe.

Ich gestalte mein Leben. Ich übernehme die Verantwortung für mich. Ich fühle mich frei. So frei, wie ich sein kann in einer Welt, in der ich mit anderen zusammenlebe. Ich lebe bewusst. Jetzt. Genau hier. Ich nehme alles wahr, was um mich herum ist. Und blicke nicht immer nur in mich selbst hinein.

Ich genieße jeden neuen Tag. Meines kleinen, unbedeutenden Lebens. Quatsch. Meines großen, bedeutenden Lebens. Ich bin mir selbst bewusst. Ich bin mir selbst Wert. Ich vertraue mir selbst. Voll auf mich. Das ist das Wichtigste. Ich bestimme meine Richtung. Und gehe den Weg, den ich mir wähle.

Meine Welt ist voller geworden. Bunter, lebendiger und heller. Viel größer. Und schöner. Die Luft, die ich atme, ist klarer. Der Himmel über mir blauer. Die Sonne scheint häufiger. Öfter mal nach den Sternen sehen. Jawohl. Eine ganz neue Welt und doch immer noch die gleiche. Ich bin eine andere in dieser Welt. Ich war wie ein kleines, verlorenes Sandkorn. Hinausgeschleudert in ein kaltes Universum. Orientierungslos im Schatten, irgendwo auf der dunklen Seite des Mondes. Ein Sandkorn bin ich noch immer. Aber nun schreite ich durch diese Welt und stelle mir manchmal vor, wie sie um mich kreist. Ich bin eine Sonne. Eine die anderen Wärme gibt. Ein strahlender Mittelpunkt. Wenn ich will. Eine schöne Vorstellung. Manchmal ist sie Wirklichkeit.

Ich lebe. Jawohl, ich lebe. Ich genieße einen jeden neuen Tag dieses wunderbaren, meines einzigartigen, kleinen Lebens.

Nicht an den Angstmenschen verschleißen:

1.

Unternehmen funktionieren nach den heimlichen Spielregeln der Angstmenschen. Sei souveräner als sie. Hebe dich über sie und von ihnen hinweg.

2.

Erfolg in Unternehmen ist eine Kombination aus Leistung, Glück und den richtigen Fürsprechern. Mangelt es dir an letzteren, suche dir ein neues Unternehmen. Eines, das dich wert ist.

3.

Bewerbungen: Du hast nichts zu verlieren, nur alles zu gewinnen. Trete so auf, dass du nicht sie überzeugen musst, dich zu nehmen, sondern dass sie dich überzeugen wollen, zu ihnen zu kommen. Bitte nicht um die Anstellung, lass sie zeigen, dass sie es wert sind, dich zu bekommen. Mache dir bewusst, dass auch sie Angstmenschen sind.

4.

Teile deine Kräfte ein. Sie sind nicht unbegrenzt. Verfolge deine Ziele konsequent, aber nicht stur. Setze dir für alles ein Limit. Erreichst du dein Ziel bis dahin nicht, suche nach Alternativen. Reib dich nicht an ignoranten Angstmenschen auf. Für dich gibt es viele Wege.

5.

Wer alles will, wird nie zufrieden sein. Dein Glück hängt nicht davon ab, wie viel du hast, sondern wie viel Freude du daran hast. Setze dir realistische Ziele, die du erreichen kannst, ohne dich für sie kaputt zu machen. Stelle die Freude an den Dingen, die du tust und erreichen willst, in den Mittelpunkt.

Gelassen und aufgeschlossen in eine gute Partnerschaft

Lea ging es gut. Sie hätte sich nun zurücklehnen können. Ihr neues Selbstbewusstsein genießen. Aber das wollte sie nicht. Sie war mit sich selbst zufrieden. Aber sie wollte sich nicht mehr zufrieden geben.

Sie hatte sich ein Glas Rotwein eingegossen. Ihr Freund war mit einigen Bekannten Squash-Spielen gegangen. Sie saß alleine zu Hause. Lea schlenderte in die Welt hinaus. Ihr Geist erhob sich, begann zu laufen, nahm Fahrt auf und ehe sie sich versah, stieg er auf, um davon zu fliegen. Tausend Gedanken schossen durch ihren Kopf. Wenn ich es einmal geschafft habe, kann ich es immer wieder schaffen. Im Beruf und bei allen anderen Dingen auch. Warum soll ich mich mit dem Spatz in der Hand zufrieden geben? Ich weiß, dass ich auch die Taube vom Dach holen kann. Es macht Spaß, erfolgreich zu sein. Erfolg zu fühlen. Zu genießen. Ich möchte mehr davon. Genug, um ein richtig schönes Leben zu haben. Das will ich.

Der Beruf nahm lange nicht mehr den Raum in ihrem Leben ein wie früher. Es gibt da noch viel anderes, stellte sie fest. Wieso habe ich mich bisher so gefangen nehmen lassen von meiner Arbeit? Nicht nur, dass ich jeden Tag dort hingehe. Ich habe den Job auch mit nach Hause genommen. In meinem Kopf. Wie oft habe ich mit meinem Freund darüber gesprochen. War es die viele Zeit wert, die ich darauf verwendet habe? Die vielen Gefühle, die ich hinein investiert habe? Wie oft habe ich mich schlecht gefühlt. Es war zu nichts nutze. Es hat mir nichts gebracht außer schlechter Laune. Schön, dass ich das jetzt aus einer gewissen Distanz sehen kann. Mir kommt es vor, als hätte ich eine unsichtbare Grenze überschritten. Der Job ist mein Job, ist mein Job. Nicht mehr und nicht weniger. Er beginnt, wenn ich morgens die Bürotür durchschreite und endet, wenn ich abends wieder hinausgehe. Wie viel Zeit ich auf einmal habe. Wie viel Raum in meinem Kopf für viele wunderbare Gedanken.

Was für eine eigenartige Welt, in der wir leben. Jeder glaubt, er muss um irgendetwas kämpfen. Sich durchsetzen. Andere ausstechen. Wieviele sinnlose Kriege. Wieviele sinnlose und überflüssige Kämpfe, die wir jeden Tag ausfechten. Wie voller Neid und Missgunst wir sind. Dabei geht es uns doch gut. Materiell gesehen geht es uns wunderbar. Niemand muss frieren. Niemand muss hungern. Können wir nicht einfach gut zueinender sein? Nett, höflich. Mit Respekt und Achtung? Auch einmal geben, statt immer nur nehmen zu wollen?

Innen drinnen geht es uns nicht gut. Wir sind genervt. Wütend. Enttäuscht. Unzufrieden. Und wissen oft gar nicht warum. Wir stehen nicht da, wo wir stehen wollen. Wir tun nicht das, was wir tun wollen. Wir tun uns schwer damit, herauszufinden, was wir eigentlich wollen. Weil wir draußen in der Welt nach den Dingen suchen, die uns gut tun sollen. Wie alle anderen bin ich bisher jeder neuen Mode hinterhergelaufen. Nur um immer wieder festzustellen, dass ich einem bunten Luftballon hinterhergerannt bin, der ebenso schnell zerplatzt, wie er aufgeblasen wurde.

Für das, was ich wirklich suche, brauche ich nirgends hinzulaufen. Es ist schon da. In mir. Nur habe ich an diesem Ort bisher nie gesucht. Tief innen drinnen, weiß ich, was gut für mich ist. Ich bewahre dort einen Schatz auf. Ich war bis jetzt nur vollkommen unfähig, ihn zu heben.

Wärme, Geborgenheit. Mit Menschen zusammensein, die ich mag. Das sind die Dinge, nach denen ich mich sehne. Jeder von uns fühlt sich doch irgendwie alleine. Verloren. Ohne Orientierung in einer kalten Welt.

Was ist der Sinn? Was ist das Ziel? Wenn ich immer höher in der Hierarchie steige, immer reicher werde, wird mich das glücklich und zufrieden machen? Ich glaube nicht. Glücklich und zufrieden machen die inneren Werte. Die guten Gefühle.

Lieben. Und geliebt werden. Freunde haben. Denen ich vertrauen kann. Die mir vertrauen. Vertrautheit. Mich mit Menschen wohl fühlen. Gut aufgehoben sein. Mich Zuhause fühlen. Freude empfinden. Über viele kleine Dinge, die mir Tag für Tag widerfahren. Lachen. Die Freude bei anderen Menschen sehen. Ich muss gar nicht groß, reich, berühmt und bedeutend sein. Ich will mein Leben führen, in dem ich mich wohlfühle. Ist das nicht etwas unglaublich Großes, ein Leben zu haben, in dem ich mich rundum wohl fühle?

Ich will. Ich kann. Ich habe es so lange zu mir gesagt, bis ich es selbst geglaubt habe. Eigenartig, wie lange ich benötigt habe, um mich zu überzeugen. Die anderen haben schnell daran geglaubt, als sie merkten, dass ich selbst davon überzeugt war.

Ich will. Ich kann. Mein Leben aktiv gestalten.

Ich bin. Mir viel wert.

Ich habe viele Vorzüge. Und Fähigkeiten. Ich kann mit Menschen umgehen. Sie führen. Gut zu ihnen sein. Dinge gestalten, ohne meine Ellbogen einsetzen zu müssen. Ganz natürlich. Ohne Angst zu haben und ohne Angst zu verbreiten. Ich will, dass die Menschen gut zueinander sind. Gut miteinander umgehen. Ich will das Vorbild dafür sein.

Ich bringe meine Vorzüge nur noch nicht genug zur Geltung. Nun ja, ich will mich auch nicht immer in den Vordergrund spielen. Dafür gibt es genügend andere. Mir geht es nicht um scheinen. Mir geht es um sein. Ich will für das stehen, was ich kann. Ich will nichts spielen. Ich bin. Und für das, was ich bin, will ich genommen werden.

Ich kann Ziele erreichen. Mich kann man brauchen. Nein. Brauchen lassen will ich mich nicht mehr. Ich kann Dinge bewirken. Wirklichkeit werden lassen. Ich kann alles tun, was ich will. Fast alles. Ich kann es mit meinen Fähigkeiten, ganz alleine aus mir heraus tun.

Ich will viel vom Leben. Ich habe es verdient, mehr zu bekommen. Aber ich werde mich nicht mehr quälen. Ich werde nicht nur das tun, was ich will, sondern vor allem nur noch das, was ich kann. Alles andere wird mich nur belasten. Nervös machen. Ich werde von mir nur das abfordern, was ich mit Freude tun kann. Ich werde keine Energie mehr verschwenden.

Von nun an werde ich bewusster leben. Selbst bewusster leben. Nicht nur mir selbst viel mehr wert sein. Nein, auch alle anderen sollen mich anerkennen. Ich will ein guter Mensch sein. Ein guter Mensch zwischen anderen. Aber keiner mehr, der benutzt wird. Geben und Nehmen. Ich werde geben. Aber ich werde mich nicht mehr bedingungslos verschenken. Geschenke gibt es für die, denen ich schenken will. Ich trete allen anderen ebenbürtig gegenüber. Wer von mir nimmt, der soll mir auch geben. Ich werde mehr an mich denken. An das, was gut für mich ist. Ich will viel mehr von dem erleben, was gut für mich ist. Ein gutes Leben haben. Der Job war erst der Anfang. Mein Lea-Land hat noch viele andere Orte. Plätze, die ich gestalten will. Landschaften, die ich zum Blühen bringen will. Ich will noch mehr erreichen. Ich kann noch viel mehr erreichen.

Sie breitete ihre Lea-Land-Karte vor sich auf dem Tisch aus und lächelte still in sich hinein, als sie das Kaninchen sah, dass seine Nase in die Luft reckte. Von einem Garten bin ich noch weit entfernt, dachte sie. Aber manchmal lege ich Nüsse auf meinem Balkon aus und beobachte ein Eichhörnchen, das sie sich holen kommt. Ein Großstadt-Eichhörnchen. Es schnuppert an allem herum, sieht in jedem Blumentopf nach, gräbt darin herum. Es greift nach einer Nuss, dreht sie in seinen Händchen, begutachtet sie von allen Seiten und wenn es sie für gut befindet, klemmt es sie in den Mund und huscht davon. Ich will das Eichhörnchen noch oft auf meinem Balkon sehen. Ich werde immer Nüsse in der Wohnung haben. Aber das Haus muss noch warten.

Wir. Wir!

Das muss das Nächste sein. Das Wir. Eine wirklich gute Beziehung. Ein Mann, mit dem ich leben, von dem ich geliebt werden möchte. Mit dem zusammen ich schöne Dinge erleben möchte.

Jawohl, ich bin liebenswert. Und ich will lieben. Aus vollem Herzen. Genauso möchte ich geliebt werden. Tief und fest. Ich möchte einen Mann haben, der mich aus der Tiefe seines Herzens heraus liebt. Liebe. Und eine wirklich gute Beziehung.

Nun schweiften Leas Gedanken ab. Ist meine Beziehung gut? Ist die Liebe wirklich? Sie war es. Am Anfang. Bestimmt. Aber wie lange ist das her? So lange, dass ich mich kaum mehr erinnern kann. Heute ist meine Beziehung etwas, was einfach da ist. Schon immer da war. Etwas, an das ich gewöhnt bin. Zwei Menschen, die unter einem Dach leben. Und die Liebe? Lange her, dass ich zuletzt geglaubt habe, die Liebe zu spüren. Lange her, dass Frank mir gesagt hat, dass er mich liebt. Dabei sehne ich mich sehr danach. Dass er es mich spüren lässt. Dann fühle ich mich geborgen. Und dass er es mir sagt. Dann fühle ich mich sicher.

Leben wir noch miteinander? Oder eher nebeneinander? Sind wir ein Liebespaar? Oder eher eine Wohngemeinschaft? Bin ich glücklich? Oder träume ich nicht vielmehr nur von einem Glück, das da sein könnte, wenn vieles anders wäre? Ist er der richtige Mann für mich? Oder stelle ich mir nur vor, dass er der Richtige wäre, wenn er anders mit mir umgehen würde, andere Dinge tun und sagen würde?

Sollte eine Beziehung nicht etwas Aufregendes besitzen? Schöne Überraschungen bereithalten? Einen Kick, etwas Besonderes darstellen? Jede Beziehung hat ihre Tiefen. Natürlich. Das liegt in der Natur der Sache. Aber sollten hinter den Tiefen nicht auch Höhen kommen? Meine Beziehung gleitet dahin, wie ein ruhiger Fluss. Manchmal kommt sie mir wie ein stehendes Gewässer vor. Nichts bewegt sich mehr.

Es geht. Das ist, denke ich, die richtige Beschreibung meiner Beziehung. Es geht. Manchmal ärgere ich mich. Viel zu selten freue ich mich. Ich kann es aushalten. Nichts ist zu schlimm. Aber auch nichts ist richtig gut.

Aber will ich eine Beziehung, die nur geht? Ich will meine Beziehung nicht nur aushalten können. Ich will sie genießen. Ich will große, gute Gefühle. Aber ich befinde mich in einem gefühlsmäßigen Vakuum. Die negativen Emotionen halten sich in Grenzen, von den guten träume ich. Natürlich halte ich etwas in den Armen. Aber es gibt nach bei jedem Druck. Es, nein, er wärmt nicht. Da fließt kein Strom mehr. Nicht mehr oft zumindestens. Meine Beziehung soll Inhalte haben und Erfüllung sein. Oft kommt es mir vor, als ob ich nicht viel mehr als eine leere Hülle in Armen halte. Eine leergegessene Chipstüte. Nichts mehr drin, was knistern könnte. Nur noch etwas zum Zusammenknüllen.

Lea faltete ihren Ich-Land-Plan zusammen. Hier braucht es eine Detailkarte, dachte sie. Eine Lea-Beziehungsland-Karte. Ich muss etwas dafür tun, dass meine Beziehung eine gute wird. Aber zunächst muss ich mir klar darüber werden, was eine gute Beziehung für mich wirklich ist. Sie griff zum Telefonhörer.

Wenige Tage später traf Lea sich mit ihrer Freundin Susanne. Sie kramte eine alte Kuschelrock-CD aus ihrem CD-Schrank, bereitete Capuccino (mit einem Gläschen Baileys als Nachtisch) und beide machten es sich auf ihrem Sofa bequem.

»Kuschelrock?« Leas Freundin ließ sich neben ihr in die Kissen fallen. »Als Basis für deine Beziehungs-Karte?«

Lea nickte lächelnd.

»Dann solltest du damit auch beginnen, stimmts?«

Leas Beziehungs-Landkarte – etwas unübersichtlich (Kann schon mal vorkommen, wenn Gefühle im Spiel sind)

Kuscheln!....??
Wohl mehr ein Wort für Sehnsucht

Sehnsucht!
Nach: in den Arm genommen zu werden.
Nach: die Augen schließen und mich fallen lassen zu Können.
Nach: mich ganz und gar geborgen zu fühlen.
Nach: mich ganz gut aufgehoben zu fühlen

Was will ich denn eigentlich??

Wir
WIR
WIR
Eigentlich mehr ich. Und du.
Ich möchte Ich sein. Und bleiben.
Und du sollst du sein. Das Wir soll stark sein. Aber nie das ich und das du auffressen.

Gefühle
Unsere Liebe soll nie vergehen. Sie soll immer so sein, wie am ersten Tag. Oder so wie ein paar Tage später.
Ich möchte Sehnsucht nach dir haben und du sollst welche nach mir haben.
Keine Angst. Nicht um unsere Beziehung.
Wir machen uns oft eine Freude.
Wir sind lieb zueinander.
Wir zeigen uns unsere Gefühle oft.
Viele Gefühle, gute Gefühle, große Gefühle

Wie meine Beziehung sein soll:
Jeder muss den anderen richtig Kennen lernen wollen.
Jeder muss dem anderen an den Augen ablesen Können, wie er sich fühlt.
Und: er muss darauf reagieren: Trösten, miteinander lachen, Zorn mildern, Enttäuschung abfedern, wieder aufrichten, Freude teilen, etc.
Jeder muss für den anderen da sein, wenn er es braucht.
Aber: Jeder muss erwachsen sein. Meistens zumindestens. Dann, wenn es darauf ankommt. Sich so benehmen.
Verspielt darf es auch sein. Jeder darf viele Gesichter haben: Kind, Mann, Frau, Mutter, Vater, Freund, Freundin, Führer, Geführter.

Manchmal möchte ich wenigstens so behandelt werden.

Ich
Bin eine Prinzessin. Ich möchte auf Händen getragen werden. Möchte gebraucht werden. Für Dinge, die du alleine nicht

Ich glaube, ich möchte geheiratet werden. Irgendwann mal.

Und gut aussehen wär' auch nicht schlecht

Und schmatzt nicht beim Essen. Kann

Du
Sollst ein starker Mann sein.
Sollst ein intelligente Mann sein.
Aber auch nicht zu intelligent.

überhaupt nicht kannst.
Bin viel wert und kann viel.
Genauso möchte ich behandelt werden.
Bin eine schöne Frau (Und möchte das manchmal auch gesagt bekommen.)

Liebe machen
Wir erleben intensive körperliche Gefühle miteinander.
Manchmal brauche ich es, dann will ich es auch.
Du verwöhnst mich (mit Streicheln zum Beispiel und Zärtlichkeit).
Wir haben Phantasie. Damit der Sex nie langweilig wird.
Wenn ich nicht will, dann ist's auch gut.

Love me tender,
love me sweet…

Wir
Jeder muss bereit sein, Kompromisse zu schließen.
Harmonie
Wir müssen uns sehr nahe sein, damit wir uns auch gut fühlen, wenn wir weit voneinander entfernt sind.
Jeder soll seine Freiheit haben. Festhalten ist gut.
Loslassen können auch.
Wir sind einander sehr vertaut. Und aus der Vertrautheit entsteht Vertrauen.
Wir lieben uns so sehr, dass wir keine Angst vor dem Alter spüren.
Wir haben gemeinsame Ziele.
Wir sind uns einig in den großen Dingen des Lebens (Vielleicht ganz unterschiedlich in den Kleinen. Das macht das Leben bunt. Lässt uns Neues entdecken.)
Wir sind aufgeschlossen für alles Neue, das der andere in die Beziehung einbringt.
Wir erleben viele schöne und aufregende Dinge miteinander (Und lassen uns immer wieder etwas einfallen, dass die Beziehung aufregend bleibt.)

Kinder
Wir zeugen Kinder der Liebe.
Wir geben unseren Kindern, was wir zu geben in der Lage sind.
Wir erziehen unsere Kinder zu intelligenten, aufrecht gehenden Menschen.
Wir geben unseren Kindern die Chance, der Mensch zu sein, der sie sein wollen.
Jawohl, ich möchte ein Kind haben.

Oder zwei oder drei.

Liebe Kinder. Die immer machen, was ich sage.

Sollst mich um Rat fragen.
Sollst mir meine Wünsche von den Augen ablesen. Sollst mich ~~manchmal~~ oft wie eine Prinzessin behandeln.
Gibst mir Sicherheit. Ich fühle mich nie alleine, wenn du bei mir bist.
Bist sehr aufmerksam. Nimmst mich immer wahr. Nimmst mich immer so, wie ich bin.
Kümmerst dich um mich, wenn ich krank bin.

Naja, hier geht es jetzt ein bisschen mit mir durch. Aber schön wär's schon.

Miteinander reden
Wir müssen gut miteinander reden können. Uns alles sagen können.
Wir hören einander zu.
Wir verstehen uns.
Wir sind immer offen zueinander.
Immer ehrlich.
Du sagst mir oft, dass du mich liebst.

Du langweilst mich nicht. Bringst mich dafür öfter mal zum Lachen.

Werte
Wir vertrauen uns. Bedingungslos.
Wir stehen zueinander. Immer und in jeder Situation.
Wir geben uns Kraft. Und Mut. Und Zuversicht
Die Beziehung ist immer das Wichtigste. Wichtiger als Beruf, Häuser, Autos und der ganze andere Kram.

»Eine Beziehung ist doch einiges mehr als Kuscheln«, stellte Susanne beim Betrachten der fertigen Beziehungs-Landkarte fest.

»Aber dennoch, Romantik muss sein«, warf Lea ein.

»Muss sein. Fehlt hier aber.«

Nachdenklich untersuchte Lea ihre Beziehungskarte noch einmal eingehend. »Mhm. Das ist wahr. Darf aber nicht wahr sein. Schwärmen, fühlen, träumen. Das ist auch Leben. Gutes Leben. Muss noch dazu. Ganz groß.«

Sie nahm einen dicken schwarzen Filzstift und schrieb Romantik dazu. Dick und fett.

Romantik

»Jetzt ist die Karte fertig, stimmts?«

Leas Freundin nickte. »Jetzt fehlt nur noch der Prinz, mit dem du dieses Märchen wahr machen kannst.«

»Einen Frosch habe ich immerhin schon. Eigentlich möchte ich den ganz gerne aus dem tiefen Brunnen unserer Beziehung ans Licht holen.«

»Dann sieh mal zu, dass du ihn in die richtige Richtung geküsst bekommst.«

Zwei Seelen begannen in Leas Brust zu schlagen, als sie mit ihrer Beziehungs-Landkarte alleine war. Wird nicht leicht sein, die eingefahrenen Gleise zu verlassen. Wie wird mein Freund reagieren? Andererseits: Ich habe Lust darauf, eine bessere Beziehung als bisher zu haben. Sie stellte sich vor, wie es sein würde, wenn sie all die Dinge verändert hätte, die sie nun angehen wollte. Eine schöne Vorstellung. Ein schönes Leben wird am Ende meiner Umgestaltungen stehen. Ein neuer Anfang. Ein Land, dass ich pflügen muss, dann eggen, auf dem ich neu säen muss, um schließlich reichlich zu ernten. Der Traum ist zu ernten, fasste sie ihre Gedanken zusammen. Aber zunächst kommt da mal das Pflügen und Eggen. Wieder bemerkte sie ein leichtes Drücken in der Magengegend. Aber sie ließ es nicht zur Entfaltung kommen. Ich will. Ich kann. Keine Angst vor dem Verlieren. Ich freue mich auf das Gewinnen. Da muss ich jetzt durch.

Lea legte sich einen Plan zurecht. Es muss genauso gehen, wie bei meinem Chef. Wenn mich mein Freund das nächste Mal anmacht, schlage ich zurück. Ich lasse mir nichts mehr gefallen. Ich nehme ihm den Wind aus den Segeln und lenke unsere Beziehung Schritt für Schritt in die Richtung, in die ich gehen möchte. Ein einfacher Plan. Das Einfache ist immer das Beste.

Nicht lange danach schlenderte sie nach der Arbeit durch die Straßen. In einem Dekorations-Geschäft erstand sie ein paar kleine Laternen, in die Teelichter gestellt werden konnten. Das gibt ein warmes, buntes Licht, war sie sich sicher. Im Blumengeschäft kaufte sie einen Strauß Rosen, mit marmorierten Blüten, rote, orange, gelbe Töne, die ineinander liefen. Ich möchte ein schönes Zuhause haben, dachte sie sich. Ein Heim zum Wohlfühlen mit zufriedenen Menschen darin.

Hier muss dringend aufgeräumt werden, entschied Lea, als sie zuhause angekommen war. Sie stellte das Geschirr in die Spülmaschine, suchte eine Vase für die Blumen aus und dekorierte die Wohnung. Im Schlafzimmer entdeckte sie die Bügelwäsche. Wenn ich schon dabei bin ..., dachte sie mit einem Achselzucken.

Frank ist nicht gut drauf. Sie hörte es bereits an der Art und Weise, wie er seine Tasche unter die Garderobe warf. Wie gut ich ihn kenne, wurde sich Lea bewusst. Schon die Geräusche, die er macht, sagen mir, wie er sich fühlt.

»Hallo Schatz«, knurrte Frank, sah, dass sie mit dem Bügelbrett den direkten Weg zum Sofa verstellte, machte kehrt, holte sich in der Küche ein Glas Bier, kam zurück, zögerte und zwängte sich an ihr vorbei. »Musst du eigentlich immer mitten im Zimmer stehen mit dem Bügelbrett? Kannst du das nicht woanders machen?«

Lea überlegte kurz. Das ist wie immer. Aber jetzt habe ich keine Lust mehr darauf. Früher hätte ich mich still ein wenig geärgert. Vielleicht sogar das Bügelbrett und den Wäschekorb zur Seite geschoben. Aber diese Zeiten sind vorbei, sagte ihre innere Stimme zu ihr.

»Bügeln gehört auch zu unserem Leben«, sagte sie leise aber deutlich. »Aber mit einem hast du recht. Ich muss nicht immer alleine mit dem Bügelbrett im Zimmer stehen. Es wäre schön, wenn du mir helfen würdest.«

Frank machte eine wegwerfende Bewegung. »Jetzt nicht.«

»Gut, ich bin bald fertig mit meinem Teil der Wäsche. Ich stelle dir deinen dahin. Kannst ihn dir dann später vornehmen.«

»Na bitte. Ist mir doch egal. Mach ich dann eben.«

Sie holte den Staubsauger hervor. Erstaunlich wie viel Staub sich innerhalb kürzester Zeit im Schlafzimmer ansammelt. Als sie die Wohnzimmertür aufmachte und den Stecker in die Dose schob, warf Frank ihr einen bösen Blick zu. Als die Maschine aufheulte, brüllte er sie an. »Musst du immer so nerven. Kann ich hier nie meine Ruhe haben?«

Lea stellte den Staubsauger ab. »Ich empfinde es als schön, eine gepflegtes Zuhause zu haben. Ich möchte etwas dafür tun. Kannst du dir auch vorstellen, etwas dafür zu tun?«

»Ich arbeite den ganzen Tag. Jetzt bin ich müde. Ich will einfach nur meine Ruhe. Was ist daran so schwer zu verstehen?«

»Ich arbeite auch«, erwiderte Lea. »Aber ich kümmere mich auch um die Wohnung. Das gehört alles zu unserem Leben. Zu unser beider Leben.«

»Du kannst saugen, wenn ich nicht da bin.«

»Ja, aber ich bin hier nicht die Putzfrau. Heißt Beziehung nicht auch, sich gemeinsam um Haus und Hof zu kümmern? Wir können das alles gemeinsam tun. Wir sollten das in Zukunft auch. Was denkst du darüber?« Ist genau wie im Büro, dachte sie. Ich mache den Dreck der Anderen weg. Vorbei. Ab heute nicht mehr.

»Was ist denn heute mit dir los? Hast du heute deinen Nerv- und Nörgeltag?« Frank wurde ungehalten. »Immer das gleiche Theater. Nie kann ich meine Ruhe haben.«

»IMMER. Natürlich immer. NIE lasse ich dich in Ruhe. Na klar. Immer. Nie.«

»Willst du dich jetzt an einem Wort aufhängen? Was bist du heute so streitsüchtig? Wir könnten es so nett hier haben. Streite doch mit wem du willst. Aber nicht mit mir.«

Lea spürte, wie die Erregung in ihr wuchs. »Ich streite überhaupt nicht. Aber du bist absolut gleichgültig. Schmeißt dich immer nur auf das Sofa. Was anderes tust du denn hier als auf dem Sofa zu sitzen?«

Frank sprang auf. »Blöde alte Zicke. Sieh dich doch mal um. Siehst du ein Paar in unserem Bekanntenkreis, das immer so rumstreitet? Die leben gut zusammen. Wir haben immer nur Theater. Nur weil du mit dir unzufrieden bist. Wie wäre es, wenn du mal mit dir ins Reine kämst?«

»Wie meinst du das denn jetzt?«

Frank warf Lea einen finsteren Blick zu. »Wenn du so weitermachst, haust du unsere Beziehung noch kurz und klein. Kannst du überhaupt mit anderen zusammenleben? Nichts passt dir. Nichts ist dir recht. An allem etwas auszusetzen. Du ziehst deinen ewigen Egotrip durch. Von mir verstehst du überhaupt nichts. Interessiert dich auch nicht. Nur immer du. Du bist schuld, wenn alles in die Brüche geht. Du ganz alleine.«

Lea fühlte sich tief getroffen. So eine Ungerechtigkeit, schoss es ihr durch den Kopf, während ihre Wut sich ein Ventil suchte. »Ich. Ich also. Immer bin ich es. Du bist ja vollkommen. Du brauchst nie über etwas nachzudenken. Ich warte schon lange darauf, dass du mal die Initiative ergreifst. Mal etwas anderes zu unserer Beziehung beiträgst als Sesselpupen. Aber du tust einfach nichts. Heb doch mal den Hintern. Würde mir gut gefallen.«

»Jetzt habe ich aber die Schnauze voll. Reagiere deine Launen ab, an wem du willst. Aber nicht an mir. Die ganze Welt ist ja immer gegen dich. Was bildest du dir eigentlich ein? Ist ja nicht zum Aushalten.« Frank stürzt an ihr vorbei. Er warf die Tür hinter sich zu. Sekunden später schlug auch die Wohnungstür.

Lea ließ sich in einen Sessel fallen. Jetzt läuft er zu seinen Kumpels, grollte sie. Wilde Gedanken schossen durch ihren Kopf. Sie sprang auf. Sie griff wieder zum Staubsauger, wischte danach noch die Böden feucht nach. Sie riss ein paar verblühte Pflänzchen aus einem Blumentopf, die sie auf dem Fenstersims entdeckt hatte. Langsam legte sich ihre Erregung. Die Wut wich.

Hat mich das vorangebracht? So habe ich das nicht gewollt. So geht es nicht, lautete ihre nüchterne Analyse. Immerhin eine Erkenntnis. Aber wie dann? Ist vollkommen aus dem Ruder gelaufen. Ich habe viel zu schnell die Richtung verloren. Vielleicht hatte ich auch nie eine.

An diesem Abend hatte Lea viel Zeit, um die Gedanken schweifen zu lassen. Bisher habe ich nur darüber nachgedacht, was ich gerne hätte, war ihre erste Erkenntnis. Viel zu wenig über das, was ich habe. Über der Euphorie ein Ziel verwirklichen zu wollen, habe ich glatt den Weg vergessen, den ich bis dahin zu gehen habe.

Frank ist ein netter Kerl. Manchmal zumindestens. Manchmal benimmt er sich wie ein Arschloch. Immer öfter sogar. Es hat ziemlich gut begonnen mit uns beiden. Ich fand ihn gleich sympathisch. Irgendwie faszinierend. Dieser große Mann mit dem gewinnenden Lächeln. Hat mir schwer imponiert, seine Selbstsicherheit. Wie er mit anderen umgegangen ist. Eine imposante Erscheinung. Mit Ausstrahlung. War nicht schwer für ihn, mich um den Finger zu wickeln. Charme hatte er auch. Aber wenn ich jetzt zurückblicke: Der Inhalt hat bei Weitem nicht das gehalten, was die Verpackung versprochen hat. Ist er ein toller Mann? Nach außen hin vielleicht. Aber in unseren vier Wänden hat er alle Überlegenheit, alle Größe verloren.

Warum funktioniert unsere Beziehung? Weil ich mache, dass sie lebt. Ich bin das ausgleichende Element, das die Wogen glättet. Wenn wir Streit haben, bin ich es, die den ersten Schritt tut. Planen wir etwas für uns zusammen? Ich plane für uns beide. Sein Interesse an sich ist riesengroß. Sein Interesse an uns ist nur vorhanden, wenn es ihm nutzt. Das ist hart. Sehr hart sogar. Aber allzu oft trifft es zu. Dass wir schon so lange zusammen sind, verdanken wir alleine meiner Geduld. Meiner Geduld mit ihm. Ich stecke ein. Zurück. Bin verständnisvoll. Ertrage. Seine Launen. Alles, was er von außen in die Beziehung trägt. Alles, unter dem sie leidet. Die Beziehung ist bei Weitem nicht das Wichtigste für ihn. Sie ist der Blitzableiter. Die, die alles auffängt. Die, die ihm hilft, sich besser zu fühlen.

Aber in Wirklichkeit ist der Blitzableiter nicht die Beziehung. Ich bin das. Er verfügt über mich. Ich habe da zu sein. Ich bin auch immer da. Wie ein Teil des Inventars. Fühle ich mich besser dabei? Ist für mich auch etwas dabei? Manchmal. Selten. Immer weniger. Schwere Selbsterkenntnis. Gar kein gutes Resümee. Soll ich mir das eingestehen? Muss ich wohl. Genug verdrängt. Genug mir selbst etwas vorgemacht.

Gefühle. Früher einmal hatte ich große Gefühle. Gute Gefühle. Aber wo sind sie hin. Zwischen Fernsehzeitschriften und Supermarkteinkäufen verschwunden.

Gefühle. Habe ich immer noch. Aber mehr Wut. Enttäuschung. Verzweiflung? Nein, noch nicht. Ich fange etwas Neues an. Damit es nicht zur Verzweiflung kommt. Aber immer öfter ist da Leere, wo Gefühle sein sollten. Ich brauche gute Gefühle. Sie machen, dass ich lebe. Dass mein Leben blüht. Ohne gute Gefühle verdorre ich wie ein Strauch ohne Wasser und Licht. Ich muss dafür sorgen, dass wieder gute Gefühle in mir sind. Tage ohne gute Gefühle sind wie nicht gelebtes Leben.

Das Leben ist zu kurz, um es mit trüben Gedanken zu vergeuden. Um in Niedergeschlagenheit zu verkümmern. Ich lebe von den wenigen schönen Augenblicken, die wir haben. Ich stelle sie mir immer wieder vor. Rufe sie mir immer wieder ins Gedächtnis zurück. Sie halten mich am Leben. Sie überdecken die unendlichen Weiten der Leere, die zwischen ihnen liegen. Ich lebe in einer Welt der Vorstellungen von Dingen, die sein könnten, die ich mir wünsche, die aber nicht wirklich werden. Ich wandle mehr durch einen Traum von dem Leben, das ich führen möchte, als das ich wirklich lebe.

Will ich einen anderen Mann? Ich glaube nicht. Ich bin an ihn gewöhnt. Kenne seine Eigenarten. Wer weiß, was nachkommt. Ich will ihn gar nicht verlassen. Ich will mit ihm glücklich sein. Aber gerade dieses ›gewöhnt sein‹, macht unser Leben träge. Wir erstarren in täglicher Routine. Aufstehen, Frühstück, zur Arbeit gehen, Abendessen, zu Bett gehen. Keine Tiefen. Ja. Aber auch keine Höhen. Keine Tiefen? Nicht wirklich. Manchmal bittere Tiefen. Keine Höhen. Das, ja. Alles immer im gleichen Trott. Es geht. Ja. Es ist OK. Ja.

Viel zu oft bin ich alleine. Ich möchte gerne mit Frank zusammen sein. Mehr mit ihm unternehmen. Will er das auch? Ich weiß es nicht. Immer weniger glaube ich es. Seine Kumpels. Ich kann sie immer weniger ertragen. Meine Freundin Susanne. Das ist etwas Gutes. Aber auch etwas anderes. Etwas ganz anderes, das zu meinem Leben gehört. Ein Fluchtpunkt. Aber kein Ersatz. Was bleibt, sind zwei Menschen, die sich Abend für Abend unter dem gleichen Dach treffen, weil sie es so gewohnt sind. Mehr nicht. Leider. Vielmehr nicht.

Dabei ist nicht die Frage wichtig, was ich ertragen kann. Ertragen kann ich vieles. Die entscheidende Frage ist, was ich ertragen will. Was ich will, wird mir immer klarer. Ertragen zu müssen, gehört nicht dazu. Ertragen. Aushalten. Erleben. Genießen. Glücklich sein. Dahin will ich kommen.

Ich komme da hin. Ich arbeite daran. Ich will. Ich kann.

»Ich liebe Schnee«, sagte Lea, als ich sie im Stadtpark traf. Über Nacht war der erste Schnee gefallen, noch ehe es Winter geworden war.

»Ungewöhnlich früh dieses Jahr«, erwiderte ich.

»Aber schön«, fuhr Lea fort. Wir gingen an einem kleinen Bach entlang. Überall tropfte und gluckste es. Feuchte Schneeklümpchen klatschten mit fettem Schmatzen von den Zweigen der Bäume zur Erde. »Weiß ist schön. In dieser grauen Welt. Ich bin viel besserer Stimmung, wenn ich Schnee sehe. Diese Helligkeit, dieses wunderbar gleißende Licht, wenn die Sonne darauf scheint.«

Wie ein kleines Mädchen sprang Lea in einen kleinen Schneehaufen. Links und rechts spritzte der feuchte Schmodder in hohem Bogen davon. Ich merkte, dass sie etwas bedrückte. Ich sah aber auch, dass sie sich dadurch nicht nach unten ziehen ließ. Sie suchte eine Lösung. Sie war bereit, anzugehen, was immer es auch war. Lea war immer noch die leise, zurückhaltende junge Frau, die ich kannte. Aber sie wirkte leichter. Ihre Wirkung hatte sich gewandelt. Hier war Ausstrahlung. Etwas wurde von ihr gesendet und kam bei anderen an. Eine Knospe, die sich öffnete. Ein wunderbarer Mensch.

»Das Leben wird ruhiger, wenn es schneit.« Lea strich mit der Hand an einem Strauch entlang, der sich daraufhin von seiner Schneelast befreite und seine Äste nach oben schnellen ließ. »Leiser. Und langsamer. Die Menschen sind ganz anders. Wie aufgewacht. Offener. Als ob sie wieder zu Kindern werden. Ich glaube, ich bin nicht die Einzige, der Schnee Spaß macht.«

So einfach ist das, dachte ich. Sich an den kleinen Dingen des Lebens erfreuen. An ein paar weißen Flocken, die vom Himmel fallen. Lea hat die richtige Einstellung zum Leben gefunden. Sich freuen. Froh sein. Das zuerst. Der Rest wird dann schon werden.

Lea erzählte mir von ihrer Beziehung. Von ihrem Gespräch mit Frank. »Ich dachte, wenn ich es genauso anfange wie im Büro, wird es mir gelingen, meine Beziehung Schritt für Schritt zu verbessern. Aber ich habe nichts erreicht außer einem heftigen Streit. Nun habe ich Zweifel, ob das der richtige Weg ist. Weißt du, ich möchte, dass mir diese Beziehung Kraft gibt. Aber nun empfinde ich sie als furchtbar schwer. Es kommt mir vor, als ob sie alle meine Energie aus mir heraussaugt. Manchmal bleibt dann von mir nichts mehr übrig.«

»Willst du dich von Frank trennen?«

»Wir sind schon lange zusammen. Wir haben viel Schönes miteinander erlebt. Ich möchte das nicht einfach dahingehen lassen. Manchmal frage ich mich, ob es noch das Richtige für mich ist. Manchmal möchte ich meine Sachen packen und gehen. Aber eigentlich möchte ich, dass diese, meine Beziehung gut ist und mir all das gibt, was ich will. Eigentlich möchte ich mit diesem Mann leben. Ich weiß nicht, ob es das Letzte sein wird, was ich im Leben tue. Ich weiß nicht, ob er der Mann ist, mit dem ich alt werden will. Aber jetzt möchte ich mit ihm zusammenbleiben und alles tun, damit meine Beziehung besser wird. Vielleicht wird sich das irgendwann ändern. Aber nicht jetzt.«

»Das ist gut. Du hast abgewogen, was das Beste für dich ist. Du hast eine Entscheidung getroffen. Du hast dir ein Ziel gesetzt. Aber eines gegen das du nicht blindlings anrennen willst. Der Anfang war schon wunderbar.«

Lea fasste meine Hand, während sie versuchte, einen leicht abschüssigen Weg hinunterzuschlittern. »Aber die Ausführung war mangelhaft.«

»Nicht wirklich«, gab ich zu bedenken. »Nur lassen sich Beziehungen nicht managen wie Unternehmen. Das Handwerkszeug ist theoretisch auch anwendbar. Praktisch stellt sich die Grundsituationen jedoch anders dar. Im Beruf kommt es darauf an, seine Gefühle zu beherrschen, möglichst e-motionslos die Sachverhalte mit dem Verstand zu beurteilen und zu regeln. Im Beziehungsleben ist das Gegenteil der Fall. Hier spielen die Gefühle die zentrale Rolle. Wenn du deine Gefühle gegenüber deinem Partner beherrschen kannst, ihn gar nüchtern und sachlich in die Richtung dirigieren kannst, in die du ihn haben willst, fürchte ich, hast du überhaupt keine Gefühle mehr für ihn. Warum solltest du auf diese Beziehung überhaupt noch Energie verschwenden? Um ihm deine Überlegenheit zu zeigen? Ihn zu beherrschen? Das sind nur kurzfristige Erfolgserlebnisse. Ersatzerlebnisse. Wie auf dünnem Eis zu wandern und sich noch ein bisschen oben zu halten, bevor es bricht. Weit kommst du damit nicht. Der Einbruch wird schnell folgen. Du wirst jämmerlich erfrieren in einer Beziehung voller schlechter Gefühle. Beziehungen wollen gelebt werden. Nicht ausgerechnet und gemanaged. Partnerschaften wollen eine Basis aus Vertrauen und gegenseitiger Hochachtung haben. Den Partner ausspielen, ihm den Wind aus den Segeln nehmen, hilft dir nicht. Wo es Gewinner gibt, sind auch Verlierer. Für eine Partnerschaft ist das tödlich. Es geht nicht darum, Macht zu zeigen, einen anderen zu beherrschen. Es geht darum, gleichwertig nebeneinander zu stehen. Sich ebenbürtig zu sein. Wenn zwei solche Menschen aufeinander treffen, können sie eine Beziehung begründen, die nichts erschüttern kann.«

»Ich verstehe«, dachte Lea laut nach. »Die Grundvoraussetzung ist, dass die Menschen zueinander passen. Die gleiche Wellenlänge haben. Wenn das nicht gegeben ist, hat alles andere keinen Sinn.«

»Ja. Lebendige Beziehungen bestehen aus Kompromissen, aus Übereinkünften, aus Verständnis und Verständigungen. Nicht aus Durchsetzen, sondern aus Nachgeben. Von beiden Seiten. Ein fortwährendes Geben und Nehmen.«

»Ein fortwährendes Beschenken und beschenkt werden. Wünsche erfüllen und erfüllt bekommen.«

»Wenn ihr das beide so sehen könnt, wird eure Partnerschaft zu einem Märchen werden«, lächelte ich sie an.

»Schön wäre es«, gab Lea leise zurück. »Was muss ich tun, um es zu erreichen?«

»Zunächst musst du bei dir selbst anfangen. Frage nicht zuerst danach, was du am anderen auszusetzen hast. Frage dich selbst, ob du mit dir im Einklang lebst. Wenn ihr Probleme mit einander bekommt, kann es daran liegen, dass Franks Verhalten unerträglich ist. Es kann aber auch daran liegen, dass du mit dir im Unreinen bist und deine innere Unzufriedenheit auf ihn überträgst. Du suchst dir ein Ventil für deinen Unmut und findest es in den Lebensäußerungen des Menschen, der dir am nächsten steht. Dann ist nicht er es, der nervt, sondern du bist es.

Bevor du etwas beanstandest, prüfe zuerst, ob das Verhalten des anderen wirklich so unerträglich ist. Kannst du nicht auch Verständnis für die Position des anderen aufbringen? Denke darüber nach, ob sein Standpunkt nicht auch akzeptabel ist. Vielleicht sogar mindestens so gut wie deiner. Oder gar besser. Partnerschaften benötigen nicht nur Kompromissbereitschaft. Sie benötigen auch Offenheit, Aufgeschlossenheit und Aufnahmebereitschaft. Wenn du dich mit den Positionen deines Partners auseinandersetzt, erscheinen sie dir nachvollziehbar, verständlich, annehmbar oder richtig gut. Wie oft regst du dich über Dinge auf, die den Atem nicht wert sind, den du dafür verströmst. Frage dich, ob das, was gerade geschieht, wirklich so schlimm ist oder ob du damit leben kannst. Übe dich in Gelassenheit. Sei gelassen deinem Leben und deinem Freund gegenüber. Nimm dich ein wenig zurück und nicht so wichtig. Schnell wirst du sehen, wie wenig du dich noch aufregen musst. Du wirst dir neue Sichtweisen eröffnen, die du einzunehmen bisher nie erwogen hast.«

»Gelassenheit.« Lea bekam einen schwärmerischen Gesichtsausdruck. »Gerne wäre ich gelassener. Ein bisschen ruhiger. Gerne würde ich mich nicht immer gleich so aufregen. Das ist wahr. Meine Gefühle gehen schnell mit mir durch. Aber wie soll ich gelassener werden?«

Wir verließen den Park und steuerten auf ein kleines Cafe zu, in dem wir uns aufwärmen wollten. »Gelassenheit ist eine Frage der Einstellung. Wenn es dir gelingt, die Menschen, all die Dinge, die geschehen und vor allem dich selbst nicht mehr so ernst und so furchtbar wichtig zu nehmen, wirst du automatisch gelassener sein. Ein bisschen Abstand halten. Zu Worten, zu Sachverhalten, zu Meinungen. Den Menschen zuhören, sie ausreden lassen. Das kann schon helfen.« Wir flüchteten vor einem Schneematschregen, den eine leichte Briese von einem Baum wehte.

Übe dich in Gelassenheit: Nimm nicht alles so furchtbar ernst. Vor allem nicht dich selbst.

»Gelassenheit kannst du üben. Du kannst dir Mechanismen aneignen, die dir helfen, gelassen zu sein. Die dir den Abstand verschaffen, der alleine meist ausreicht, um die Dinge weitaus ruhiger betrachten zu können.«

»Übungen?« Lea sah mich misstrauisch an. »Was kommt da wieder auf mich zu? Durch die Fußgängerzone brüllen. Ojeoje.«

Wir suchten uns einen Platz in der hintersten Ecke des Cafes und legten die Mäntel auf einen der freien Stühle am Tisch. Lea bestellte Cappuccino, ich einen heißen Tee, an dem ich meine Hände wärmen konnte. »Ganz so schlimm wird es nicht werden«, beruhigte ich sie lachend. »Nennen wir es nicht Übungen. Sprechen wir lieber von Vorsichtsmaßnahmen.«

»Zum Beispiel?«

»Du kannst dir vornehmen, Abstand zu halten und dich nicht so ernst zu nehmen. Aber bei alledem bleibst du doch immer du selbst. Überbordende Gefühle haben auch gelassene Menschen. Sie zeigen sie nur nicht. Und müssen deshalb nicht die Folgen tragen, die schnelle, unbedachte Gefühlsausbrüche mit sich bringen. Die erste Vorsichtsmaßnahme ist, hochkochende Gefühle zunächst einmal abkühlen zu lassen. Lerne, dich zu beruhigen.«

»Das Thema hatten wir schon mal.«

»So ähnlich ist es auch. Nur waren es dort Gefühle, die dich niedergedrückt haben. Hier geht es um die, die dich aufbrausen lassen. Stell dir einen Dampfkessel vor, der ein Ventil braucht, damit er nicht platzt.«

»Einen Sandsack, auf den man einschlagen kann.«

»Gar keine schlechte Idee. Oft reicht es schon, aufzustehen, einmal, zweimal um den Block zu gehen, um überschüssige Energie abzubauen. Das Gute daran ist, dass dabei Zeit vergeht. Zeit in der sich der grollende Donner in deinem Kopf beruhigen wird. Du wirst ruhiger, du gewinnst Abstand, der Sachverhalt schrumpft und du kannst besser mit ihm umgehen. Viel mehr ist Gelassenheit nicht.«

»Aber nicht immer kann ich einfach aus dem Haus laufen«, gab Lea zu bedenken.

»Das ist wahr. Für diese Fälle wäre es gut, dir ein paar Sätze einzuprägen, die du abarbeiten kannst, um Körper und Geist zu beruhigen.«

»Ohmm, ohmm.« Lea gab einen tiefen Ton wie einen Glockenschlag von sich und faltete die Hände vor der Brust.

»Auch nicht schlecht. Wenn dir das hilft, ist das schon in Ordnung.«

»Und wenn nicht?«

»Dann helfen Entspannungsübungen.«

»Also doch Übungen.«

»Mensch Lea.«

»Naja, ich fange schon an, die Dinge nicht so ernst zu nehmen.«

Ich runzelte die Stirn. »Manchmal lernst du mir ein bisschen zu schnell.« Wir mussten beide lachen. Sie gab mir ein Zeichen fortzufahren.

»Es spielt keine Rolle, ob du stehst, sitzt oder liegst, auch nicht wo du dich gerade befindest. Entscheidend ist, dass du dich in einer körperlich bequemen Position befindest. Ohne körperliche Bequemlichkeit keine geistige Entspannung. Dann schließt du die Augen und lässt an deinem geistigen Auge den Satz ›Ich bin ganz ruhig‹ vorüberziehen. ›Ich bin ganz ruhig.‹ ›Ich bin ganz gelassen.‹ ›Ich bin ganz gelöst.‹ Sage dir die Sätze nicht nur vor. Konzentriere dich ganz darauf. Sieh sie dir an. Buchstabe für Buchstabe. Wort für Wort. Lass sie immer wieder an dir vorübergleiten. Nimm nur den Satz wahr. Nichts sonst, was um dich herum geschieht. Keine Geräusche, keine anderen Sinneseindrücke. Je öfter du solche Übungen machst, desto schneller wird die Wirkung eintreten. Vielleicht schon nach einigen Sekunden, nach wenigen Minuten bestimmt.«

Lea schloss die Augen. »Könnte gehen«, murmelte sie nach einiger Zeit.

Ich klatschte in die Hände. Augenblicklich öffnete sie die Augen. »Das war nicht nett. Gerade habe ich begonnen, mich entspannt zu fühlen«, murrte sie.

»Das gehört aber auch dazu. Wieder zurückkommen. Dich wieder ins Leben eingliedern. Wieder Spannung aufbauen. Um jetzt beruhigt die Dinge anzugehen, wegen der du dich beruhigen wolltest.«

»Gut, und wenn das nicht reicht?«

»Dann die Schwereübung. Die geht im Prinzip genauso, ist nur ein wenig ausführlicher. Am besten setzt oder legst du dich ganz bequem hin. Dann lässt du wieder Sätze an dir vorüber gleiten:

Ich bin ganz ruhig und gelassen.
Mein rechter Arm ist – schwer – ganz schwer – schwer.
Mein rechter Arm ist – ganz schwer – schwer.
Ich bin ganz ruhig und gelassen.
Mein rechter Arm ist – ganz schwer – schwer.
Mein rechter Arm ist – ganz schwer – schwer.
Ich bin ganz ruhig und gelassen.
Mein rechter Arm ist – ganz schwer – schwer.
Mein rechter Arm ist – ganz schwer – schwer.
Ich bin ganz ruhig und gelassen.

Lasse die Sätze ganz langsam an dir vorübergleiten. Lege eine Pause nach jedem ›gelassen‹ ein. Setze die Sätze für den linken Arm, das rechte und linke Bein fort. Wiederhole das ganze fünf, sechs mal. So lange, bis du die Schwere spürst. Beende die Übung damit, dass du dich zurückholst. Sprich den Satz ›Ich kehre zurück und bin wieder ganz da, im hier und jetzt.‹«

Lea probierte die Übung umgehend aus. »Das funktioniert ja wirklich. Meine Arme werden wirklich schwer. Meine Beine nicht so.«

Nachdem sie befand, genug geübt zu haben, setzten wir unser Gespräch fort. »Der zweite Teil der Vorbereitung ist: Stelle dir ein paar Fragen: War das, worüber ich mich gerade aufgeregt habe, tatsächlich so schlimm? Was ist den wirklich geschehen? War es wert, dass ich mich darüber aufgeregt habe? Ist es meine Gedanken wert? Was ist mein Anteil an dieser Aufregung? Was bringe ich darin ein? Sollte ich die Dinge nicht laufen lassen, wie sie gerade sind? Muss ich eingreifen? Wenn du auf diese Fragen Antworten hast, kannst du entscheiden, ob du ein Gespräch beginnen, einen Konflikt austragen oder die Dinge auf sich beruhen lassen willst. Nachdem du dich entspannt hast, entspanne auch die Situation. Versuche Humor zu zeigen: ›Was kann ich tun, um deine Nerven zu schonen?‹ ›Ach mein Schatz, ich bin immer wieder froh, deine süße Stimme zu hören.‹ Du verstehst, nicht wahr, Lea? Wenn die Spannung gewichen ist, beginne das Gespräch und sage, was du zu sagen hast.«

Partnergespräche I: Suche die Antworten zuerst bei dir selbst.

»Dann kommt es also nicht nur darauf an, was ich sage, sondern auch in was für einer Situation ich zu sprechen beginne?«

»Genau, Lea. Die konkrete Situation, die Stimmung, in der ihr beide euch befindet ist von entscheidender Bedeutung. Solange es Spannungen zwischen euch gibt, ist es für jeden Menschen schwer, Positionen einzunehmen, die zu einer Übereinkunft führen. Besser ist es, zu warten, bis sich die Spannungen gelegt haben. Noch besser ist es, Problem- oder Kritik-Diskussionen nicht an einer konkreten Situation aufzuhängen, sondern sie in entspannter, neutraler Atmosphäre zu beginnen, vollkommen losgelöst von einem aktuellen Ereignis. Spreche die Dinge aktiv an, bevor sie aus dem Ruder laufen. Das ist besser als passiv darauf zu warten, dass etwas schief läuft, um dann das Falsche zum falschen Zeitpunkt zu sagen.«

Partnergespräche II: Beginne erst, wenn die Spannungen gewichen sind.

»Leuchtet mir ein«, fasste Lea zusammen. »Streit von vorne herein vermeiden ist viel besser, als Streit schlichten zu müssen. Ich fühle mich sowieso nicht gut, wenn ich mit Frank streite. Erlebe ich gar nicht gerne.«

Partnergespräche III: Streit vermeiden ist besser als Streit zu schlichten.

»Denk immer daran: Es geht um Partnerschaft. Kein oben und unten. Nicht einmal um Siegen und Verlieren. Euch euer Zusammensein gemeinsam zu erarbeiten ist etwas Wunderbares. Übereinkünfte zu erzielen. Festzustellen, dass ihr auf der gleichen Wellenlänge funkt. Zwei die nebeneinander stehen. Gleich sind. Sich verstehen.«

»Eine gute Atmosphäre schaffen, wird mir gelingen«, warf Lea die nächste Thema auf. »Aber trotzdem weiß ich oft nicht, was ich sagen soll. Manchmal glaube ich fast, dass Männer und Frauen zu unterschiedlich sind, um sich zu verstehen.«

»Männer und Frauen sind unterschiedlich. Wenn du allerdings verstehst, wie und warum Männer und Frauen abweichende Denk- und Handlungsmuster besitzen, weißt du auch, wie Frau Mann und Mann Frau behandeln muss, damit gute Gespräche und eine hoher Grad an Übereinstimmung erzielt werden können. Ich empfinde es so: Frauen sind etwas Wunderbares. Männer sind auch etwas Wunderbares. Beide auf ihre Art. Die Unterschiede zwischen Ihnen sind die Gewürze in der Suppe des Lebens, die ihm Feuer und Vielfalt, Liebreiz und Süße verleihen.«

»Ich würde Frank gerne besser verstehen.«

»Hast du Lust auf ein gutes Abendessen?«

»Immer.«

»Dann werden wir in den nächsten Tagen zwei Freunde von mir besuchen. Ein Paar, das, glaube ich, eine ganz ähnliche Entwicklung durchgemacht hat, wie die, die du und Frank nun beginnen. Ich bin überzeugt davon, dass sie dir weiterhelfen werden.«

Von der Beziehung zur Partnerschaft:

1.

Zeichne eine Beziehungs-Ich-Land-Karte: Mache dir bewusst, wie die ideale Partnerschaft für dich aussieht.

2.

Stelle zunächst du dir die Fragen, die du an deinen Partner hast. Setze dich mit ihm, mit dir und mit deiner Beziehung auseinander. Ermittle deine Anteile genauso wie seine.

3.

Führe Partnergespräche nur in entspannter Atmosphäre. Führe sie mit beruhigten Gefühlen. Vermeide, dass Streit entsteht.

4.

Übe dich in Gelassenheit.

Geben und Bekommen als Basis für Beziehungs-Harmonie

Männer und Frauen wollen das Gleiche – nur anders

Sieht alles ziemlich gleich aus hier«, stellte Lea fest, als wir von der Ausfallstraße in einen jener Vorortstadtteile abbogen, die wie die Blätter einer Margerite das Zentrum der Großstadt umgaben. Tatsächlich ähnelte eine der Fassaden der Reihenhäuser der anderen, die sich einer Perlenschnur gleich mal vordrängend, dann wieder zurückweichend an der Straße entlang wanden. Kleine schmale Häuschen, Erdgeschoss und Obergeschoss, mit einem noch kleineren Vorgarten, mehr oder minder kreativ mit Sträuchern und Büschen, Blumen und Stauden oder mit Rasen bepflanzt. Daneben eine Garage, vor der hin und wieder ein Kleinwagen auf der Einfahrt stand. Wir hielten vor einem Haus, das sich, obwohl es genauso wie die anderen gebaut war, dennoch von diesen abhob. Die Fassade wich vom uniformen weiß der anderen Häuser ab, Fenster- und Türrahmen hatten einen zweiten, wärmeren Farbton erhalten. Die Pflanzen im Vorgarten strahlten selbst in dieser grauen Jahreszeit bunte Vielfalt aus und aus den mit Blumengestecken geschmückten Fenstern drang ein warmes, einladendes Licht.

»Ein richtig schönes Nest hast du dir hier gebaut«, stellte Lea anerkennend fest, als Anne, unsere Gastgeberin, sie herumgeführt hatte. Im Laufe der Jahre hatte sie stilvolle Möbel angeschafft, tausend Kleinigkeiten in den Zimmern verteilt, auf abgestimmte Farben und passende Dekoration geachtet. Robert, ihr Mann, sah aus der Küchentür. »Essen ist fertig.«

Auf einem üppig gedeckten Tisch verteilte er Teller mit Lachstartar. »Das Rezept habe ich in einer von Annes Zeitschriften gefunden. Mal sehen, wie es schmeckt.«

»Schmeckt gut«, lobte Lea nach den ersten Bissen. Ich schilderte den beiden meine Gespräche mit Lea und sah, wie sie beide nickten.

»Auch um unsere Beziehung war es nicht immer zum Besten bestellt«, antwortete Anne. »Wir hatten uns nach Jahren des alltäglichen Einerlei verloren. Wir stritten uns oft, gingen uns auf die Nerven, verloren einfach die Lust aneinander.«

»Und aufeinander«, ergänzte Robert. »Eines Tages hatten wir einen heftigen Streit. Wir versöhnten uns zwar wieder, kamen aber beide zu dem Schluss, dass es so nicht weiter gehen konnte mit uns beiden.«

»Wir kamen überein, dass wir etwas Grundlegendes in unserer Beziehung ändern oder uns eingestehen mussten, dass wir nicht mehr miteinander weitermachen konnten.« Anne nahm einen herzhaften Bissen von ihrem Lachstartar. »Was für mich folgte, war eine lange Nacht, in der ich wenig geschlafen habe. Am Morgen stand für mich fest: Ich will keine Trennung. Ich will, dass diese, meine Beziehung gut wird. Ich muss etwas dafür unternehmen.«

»Einige Tage später saßen wir vor dem Fernseher und zappten herum«, fuhr Robert fort. »Wir schalteten das Gerät aus und saßen uns gelangweilt gegenüber.«

»Irgendwann habe ich einfach begonnen zu reden. Ich habe erzählt wie ich unsere Beziehung sehe. Und Robert hat gesagt, wie er sie sieht. Wir erkannten, dass wir an einigen Stellen sehr unterschiedlicher Meinung waren. Viele Dinge sahen wir ganz verschieden, beurteilten sie unterschiedlich, nahmen sie anders wahr.«

»Als wir uns genügend damit beschäftigt hatten, wie wir die Situation einschätzten, fragten wir uns, wie wir sie verbessern konnten.«

»Wir tauschten unsere Wünsche aus, unsere Erwartungen, unsere Träume und Hoffnungen.«

»Wir lernten dabei viel über uns selbst. Was wir in uns unterdrückt hatten, was wir gerne wollten und wofür wir doch bisher nicht allzu viel getan hatten, um es zu erreichen.«

»Wir sprachen nahezu die ganze Nacht miteinander. Es tat gut, zu erzählen. Es kam mir vor, wie ein lang aufgestauter Fluss, der sich endlich ein Bett suchen konnte, um zu Tal zu fließen.«

»Wir fanden in dieser Nacht keine Lösungen.« Robert schenkte die Gläser nach. »Aber wir befreiten uns von all den Dingen, die in uns gärten, uns bis zum Bersten ausfüllten, uns zu vergiften drohten.«

Auch wenn ihr nicht gleich eine Lösung findet: Reden befreit.

»Es tat gut, zu sprechen. Alles herauszulassen. Zu erkennen, wie viel wir uns noch zu sagen hatten. Wie viel Gemeinsames es immer noch gab.«

»Am Ende dieser Nacht nahmen wir uns gegenseitig ein Versprechen ab. Wir wollten versuchen, uns neu kennen zulernen. Genauer hinzusehen. Mehr darüber zu erfahren, wie der andere war, wie er dachte und fühlte. Wir wollten mehr davon verstehen, was uns gut tat, vor allem aber auch, was jeden von uns auf die Palme trieb, woran wir uns aufrieben. Wir wollten die Klippen entdecken, die es zu umschiffen gab.«

»Wir verabredeten, eine Liste zu führen. Jeder für sich.«

»Auf die wir alles aufschrieben, was uns störte, was uns nervte, was wir uns anders wünschten.«

»Und natürlich auch, was uns gut gefiel, wovon wir uns mehr wünschten.«

»So trugen wir unsere Streiterein nicht mehr aus, wenn wir Wut oder Enttäuschung für den anderen empfanden, sondern wir vertagten diese Situationen auf Abende, an denen wir entspannt zusammensaßen.«

Die Aufregerliste I: Rede entspannt über anspannende Themen.

»Jeder gab dem anderen seine Liste. So konnte ich zunächst einmal lesen, über die Dinge nachdenken, die geschehen waren, mir in Ruhe überlegen, wie ich sie sah.«

Die Aufregerliste II: Nimm dir Zeit. Denke nach. Deine erste spontane Regung ist selten die beste.

»Dann sprachen wir über die Liste. Punkt für Punkt.«

»Ganz entspannt.«

»Ohne uns anzugreifen und zu verletzen.«

»Alleine das ist schon eine Kunst, fürchte ich«, warf Lea ein.

»Keine Kunst«, antwortete Robert. »Wenn zwei Menschen übereinkommen, sich miteinander beschäftigen zu wollen, sich miteinander gut fühlen zu wollen und wenn diese beiden Menschen bereit sind, sich selbst ein wenig zurückzunehmen, das Du zu akzeptieren und zu respektieren, dafür das Ich ein wenig in die Schranken zu verweisen, ist es einfach. Das Wollen ist entscheidend. Das ist die Grundvoraussetzung. Wenn das Wollen nicht bei Beiden vorhanden ist, hat es keinen Sinn. Dann hast du den Punkt erreicht, wo eine Trennung weitaus besser ist, als immer wieder Versuche zu unternehmen, die zum Scheitern verurteilt sind. Aber wenn ihr beide wollt, euch eurer selbst bewusst werdet, euch eingesteht, dass ihr beide über Stärken und Schwächen verfügt, wird es euch leicht fallen.«

»Du musst natürlich bereit sein, dir deine eigenen Unzulänglichkeiten einzugestehen. Du musst auch dich selbst neu erlernen. Erkennen, wo du deinen ganz persönlichen Knall hast. Nicht immer nur die Schuld bei deinem Partner suchen wollen.«

»Letztendlich tragen beide ihren Teil zu einer Partnerschaft bei. Im Guten wie im Schlechten. Das ist die erste und grundlegende Erkenntnis. Es gibt Ursachen, die liegen in mir, ...«

»Und es gibt Ursachen, die liegen in dir«, setzte Anne den Satz fort.

»Äh«, Robert war aus dem Konzept gebracht. Wir mussten alle vier lachen.

»Und Wirkungen, von denen ihr beide etwas habt«, brachte ich den Gedanken zu Ende.

»Gut gerettet«, rief Lea. »Aber es ist wahr. Manchmal ist es schwer, bei sich selbst anzufangen. Die ganze Schuld beim anderen zu sehen, ist viel einfacher.« Ich bemerkte jenen nachdenklichen, in sie selbst hineingerichteten Blick, in ihrem Gesicht. »Dann bedeutet, sich eine gute Partnerschaft zu schaffen, nicht nur sich mit dem anderen zu beschäftigen, ihn zu verstehen, sondern auch, sich mit sich selbst auseinander zu setzen, sein eigenes Verhalten kritisch zu hinterfragen und sich auch die eine oder andere eigene Unvollkommenheit einzugestehen.«

Niemand ist vollkommen. Du nicht und dein Partner nicht. Habe Verständnis für beide.

»Besser kann man es nicht ausdrücken.« Wir stießen miteinander an.

Ich half Anne beim Tischabräumen, während Robert den Hauptgang aus dem Backofen holte. »Ist etwas Elsässisches«, erklärte er, als er einen großen Tontopf auf den Tisch stellte. »Kann man leicht vorbereiten, muss man nicht die ganze Zeit in der Küche stehen.« Er löste den Deckel.

Lea spähte in den dampfenden Topf. Fleisch, Kartoffeln und Gemüse befanden sich darin. »Was ist das?«

»Baeckaoffa«, Anne griff zur Kelle und begann zu verteilen. »Auf dem Weg zur Fabrik brachten die Arbeiterinnen früher ihren Topf zum Bäcker und stellen ihn in den noch heißen Backofen. Wenn sie abends heimgingen, nahmen sie das fertig gegarte Essen wieder mit.«

»Lecker«, stellte Lea fest und nahm den Gesprächsfaden wieder auf. »Und in wie fern hat sich eure Beziehung verändert?«

»Naja, es fing mit einer Belanglosigkeit an.« Anne legte die Kelle aus der Hand.

»Mit etwas, was Anne nun als Belanglosigkeit ansieht«, ergänzte Robert. »Damals war es das nicht.«

»Damals war es das nicht. Damals war es etwas, was mich fürchterlich aufgeregt hat.«

»Am Kamin war die Klappe kaputt gegangen, durch die der Schornsteinfeger seine Gerätschaften einführt. Sowas gibt es eben mal. Ich beauftragte einen Handwerker damit, sich darum zu kümmern.«

»Eben. Er beauftragte einen Handwerker. Und kümmerte sich kein bisschen darum. Hat mich total aufgeregt. Alles einfach so laufen zu lassen.«

»Anne war der Meinung, dass ich es hätte ausmessen müssen. Damit der Handwerker die richtige Klappe mitbrachte. Aber die sind heutzutage genormt. Braucht man nicht.«

»Dann kam der Handwerker und natürlich hat die mitgebrachte Klappe nicht gepasst. Von wegen Norm.«

»Unsere Klappe war schon etwas älter. War aber auch egal. Der Handwerker kam noch einmal mit der richtigen und alles war in Ordnung. Keine große Sache.«

»Aber wenn du dich gekümmert hättest, hätte er nur einmal kommen müssen.«

»Vielleicht. Vielleicht auch nicht. Auf jeden Fall wurde die Klappe repariert. Das war alles. Aber für Anne war es ein Anlass, einen riesigen Streit zu beginnen. Mich anzupflaumen. Sich super aufzuregen.«

»Er hat sich ja auch einfach nicht darum gekümmert. Aber OK. Ich habe es auf die Liste geschrieben. Auch wenn es mir in dem Fall schwergefallen ist.« Anne nahm einen großen Schluck aus ihrem Weinglas. »Einige Tage später haben wir uns die Liste angesehen.«

»Und uns gefragt, was da eigentlich passiert war.«

»War es eine Schornsteinklappe wirklich wert, dass wir miteinander stritten? Und warum regte es mich so auf? Objektiv betrachtet musste nicht mehr geschehen, als geschehen ist. Aber dennoch geht in solchen Fällen etwas in mir vor. Wenn nicht immer alles gleich perfekt geregelt wird, erzeugt das in mir Unruhe. Ich will, dass etwas geschieht. Auch wenn ich oft selbst nicht weiß, was eigentlich geschehen soll. Ich kann es nicht ertragen, wenn der nicht vollkommene Zustand anhält. Das war in diesem Fall mein Aha-Erlebnis. Ich regte mich über Belanglosigkeiten fürchterlich auf. Ohne Grund. Manchmal muss man Dinge einfach ihren Gang gehen lassen können. Ein bisschen Geduld. Wird dann schon. Vor allem war nicht Robert der Schuldige. Es gab keinen Grund ihn anzuschnauzen. Ich habe gelernt, dass ich viele Dinge gelassener sehen muss.«

Bei diesem Wort musste Lea lachen. »Das habe ich schon einmal irgendwo gehört«, sagte sie mit einem Augenzwinkern.

»Aber auch wenn es eigentlich nicht um mich geht, kann ich dennoch etwas tun, um Situationen wie diese zu entschärfen«, ergänzte Robert. »Ich kann Anne beruhigen, ihr das Gefühl geben, dass alles getan wird. Oft genügen ein, zwei Sätze und alles ist gut. Es geht dabei nicht darum, ob ich wirklich alles tue oder nicht. Es geht darum, das Wohlbefinden von Anne zu steigern. Wenn sie sich gut fühlt, haben wir keinen Streit. Das war das Ergebnis unseres ›Listengespräches‹.«

Jeder trage zum Wohlbefinden des anderen bei.

»Hat noch jemand Hunger?« rief Anne in die entstandene Pause. Sie hatte die Kelle schon wieder in der Hand und blickte erwartungsvoll in die Runde. Alle riefen Ja.

»Kleine Ursache, große Wirkung. Jeder hat solche kleinen Unzufriedenheiten, die das Zusammenleben belasten. Bei mir ging es um das Geldausgeben«, begann nun Robert seine Geschichte. »Anne kam oft nach Hause und hatte vielen kleinen Schnickschnack eingekauft. Kerzen, Dekoration, auch Blumen. Alles Dinge, die ich als vollkommen überflüssig ansah. Unnötige Geldausgaben. Musste nun wirklich nicht sein. Ich musste meine Bemerkungen dazu loswerden. Mit ihr schimpfen, wenn ich der Meinung war, dass es zu viel Geld war. Schon war der nächste Streit programmiert.«

»Zumal ich nicht einsehen konnte, um was es ging. So viel Geld hatte ich doch gar nicht ausgegeben. Für schöne Dinge, die unsere Wohnung lebenswerter machten.«

»Auch das diskutierten wir in einer ruhigen Minute aus. Ich gebe zu, dass ich nicht den richtigen Sinn für all diese Schönheiten habe. Aber ich sollte an diesen Stellen nicht so knauserig sein. Es geht nicht darum, ob diese kleinen Neuerwerbungen einen Nutzen haben oder nicht. Diese Dinge machen Anne Spaß. Sie freut sich darüber. Sie machen ihr Leben reicher.«

Jeder trage zur Freude des anderen bei.

»Und deshalb müssen sie sein. Es gefällt mir einfach, unsere Wohnung schön zu dekorieren.«

»Und wenn ich ehrlich bin, gibt es auch viele Dinge, für die ich Geld ausgebe, die auch nicht nötig sind. Die neue Digitalkamera zum Beispiel. Wollt ihr sie sehen«, fragte Robert mit leuchtenden Augen. »OK, ein andermal. Diese Kamera wollte ich haben. Weil sie mir Spaß macht. Weil es mir eine Freude bereitet, so etwas zu besitzen.«

»Was wir daran erkannten, war: Wir können uns über diese Ausgaben streiten oder wir können uns mit dem anderen über die Dinge freuen, die ihm Spaß machen. Das erfordert natürlich, dass wir uns selbst ein wenig zurücknehmen und den anderen nehmen, wie er ist.«

»Eigentlich ist es ja auch ganz nett, eine schöne Wohnung zu haben«, ergänzte Robert. »Auch wenn es Geld kostet. Nachdem wir diese Dinge erkannt hatten, wuchs die Freude zwischen uns.«

»Es kam zu entschieden weniger Streitereien.«

Ich sah wie Anne erneut zur Kelle griff. »Lass gut sein«, rief ich und strich mir über den Bauch. »Da geht nichts mehr rein. Lass uns eine Pause machen.«

»Ihr müsst essen, Kinder, damit was aus euch wird.«

»Das hat meine Oma auch immer gesagt. Also habe ich gegessen. Und sieh, was aus mir geworden ist.« Ein Lächeln zog über das Gesicht der anderen.

»Nach und nach haben wir immer mehr Dinge herausgefunden«, nahm Robert den Gesprächsfaden wieder auf. »Zum Beispiel haben wir uns oft beim Autofahren gestritten, wenn ich fuhr und Anne den Weg auf der Karte nicht finden konnte. Mein Schlüsselerlebnis dazu hatte ich auf einer Fahrt im Urlaub in Kreta. Wir kamen in ein Dorf, in dem sich die Straße gleich mehrfach gabelte. Natürlich war Anne nicht in der Lage herauszufinden, ob wir richtig gefahren waren oder nicht.«

»Natürlich.«

»Hinter einer Kurve hielten wir an, damit ich mir die Karte ansehen konnte. Zuvor waren wir an drei anderen Touristenautos vorbeigefahren. In ihnen saßen drei Paare. Drei Frauen hatten Landkarten auf dem Schoß. Drei Männer beugten sich zu ihnen hinüber. Vier jetzt. Es muss ein grundsätzliches Problem sein, dachte ich. Einige Zeit später las ich einen Beitrag, dass die Gehirne von Frauen und Männern unterschiedlich funktionieren. Die rechten und linken Gehirnhälften sind anders verlinkt.«

»Ist egal, woran es liegt. So ziemlich alle Paare, die wir darauf angesprochen haben, bestätigten uns, dass sie auch diese Probleme haben.«

»Also ist es an uns, uns darauf einzustellen. Ich erwarte nicht mehr, dass Anne Wege auf Karten findet. Wenn wir nicht mehr weiter wissen, halten wir an und ich sehe selbst nach. Oder Anne fährt und ich suche den Weg.«

»Seitdem ist das Autofahren im Urlaub weitaus entspannter. Ein Streitgrund ist weggefallen.«

»Weil wir uns mit dem anderen beschäftigen. Vorhandene Fähigkeiten und Verhaltensweisen, die nicht veränderbar sind, akzeptieren.«

»So haben wir viele Dinge in unserem Verhalten hinterfragt und geändert, um unser Zusammensein schöner zu gestalten.« Anne drehte ihr Weinglas in der Hand. »Männer und Frauen haben, glaube ich, oft ganz unterschiedliche Themen, über die sie reden wollen. Robert wollte mir zum Beispiel ganz genau erklären, wie seine neue Digitalkamera funktioniert. Interessiert mich kein bisschen. Früher hätte ich ihn da abgeblockt, hätte abgeschaltet. Heute höre ich ihm zu. Weil ich weiß, dass ihm das gefällt. Dass er sich gut fühlt, wenn er mir etwas erklären kann. Ich stelle hin und wieder eine Frage. Und sehe das Glänzen in seinen Augen, wenn er sie mir beantwortet. Immer, wenn er etwas getan, repariert, geregelt hat, kommt er zu mir, um zu erklären, wie er es gemacht hat. Will ich gar nicht wissen. Mir ist nur wichtig, dass es geht. Dennoch höre ich ihm zu. Er braucht das. Dann geht es ihm gut. Deshalb geht es uns beiden gut.«

»Anne hingegen will mir abends immer erzählen, was sie tagsüber erlebt hat. Ist für mich ein steter Quell sanften Geblubbers, der an meinen Ohren vorüberströmt. Aber ich weiß, dass sie das braucht. Dass ihr das gut tut. Deshalb höre ich zu. Zeige mein Interesse und meine Anteilnahme. Viel dazu sagen muss ich nicht. Will sie auch nicht. Sie will reden. Ist in Ordnung. Ihr geht es gut.«

Interessiere dich für die Themen des anderen. Auch wenn sie dich nicht interessieren. Es tut euch beiden gut.

»Es ist ein ständiges Geben uns Nehmen. Robert hört mir bei meinen Themen zu und ich ihm bei seinen. Natürlich ist klar, dass diese Gespräche nicht endlos dauern dürfen. Auf Detailerklärungen muss er verzichten.«

»Anne neigt dazu, mir alles zwei-, dreimal zu erzählen. Da bremse ich sie dann.«

»Miteinander reden ist schön. Das tun wir nun viel öfter. Und mit entschieden größerer Befriedigung für beide Seiten. Ich muss mich zurücknehmen können, um dafür um so mehr von dem zu erhalten, was ich gerne haben möchte. Das ist, glaube ich, das Grundprinzip.«

Männer wollen bewundert werden. Bewundere sie.

Anne zögerte. »Dann gibt es da noch ein paar Kleinigkeiten. Robert möchte für das gelobt werden, was er tut. Fällt mir manchmal ganz schön schwer. Aber ich tue es. Und werde mit einem strahlenden Lächeln dafür belohnt. Ist gar nicht schlimm, ihn mal zu loben.«

Frauen wollen hören, dass sie geliebt werden. Sage es ihnen.

»Anne möchte öfter hören, dass ich sie liebe. Das fällt mir schwer. Ich denke, sie sieht doch tagtäglich, dass ich sie liebe. Sie müsste es doch spüren. Dennoch will sie es immer wieder hören. Finde ich überflüssig. Dennoch sage ich es ab und zu. Weil sie es möchte. Ist gar nicht schlimm, hin und wieder ›ich liebe dich‹ zu sagen.«

Wir räumten den Tisch ab. Nun verschwand Anne in der Küche. »Nachtisch ist ihr Job«, kommentierte Robert. »Das Süße ist nicht so meins.«

»So haben wir unsere Regeln für das Reden«, sagte Anne, als sie mit vier Gläsern zurückkam. In ihnen befand sich geschmolzene Schokolade mit Sahne und Orangenlikör. »Prima Sauzeug«, kommentierte Lea.

»Jeder hört dem anderen zu und beschäftigt sich mit dessen Themen. Jeder achtet aber auch darauf, dass er den anderen nicht langweilt. Keine Erzählung gleitet ins Uferlose ab. Manchmal machen wir vorher ab, wie lange ein Gespräch dauern soll. Besonders dann, wenn es um Probleme geht. So kann jeder sagen, was er will, ohne dass es quälend wird. Manchmal kann eine Lösung nicht sofort gefunden werden. Ein paar Tage später, wenn sich alles gesetzt hat, findet sie sich oft von alleine.«

»Oder wir kommen zu dem Schluss, dass alles gar nicht so schlimm war.«

»Natürlich will ich ab und zu einfach in Ruhe gelassen werden«, schnitt Robert den nächsten Punkt an. »Manchmal habe ich keine Lust zu reden.«

»Früher dachte ich, Robert bedrückt etwas, wenn er schweigsam wurde. Heute ist mir klar, dass er das braucht. Wenn es vorbei ist, kommt er zurück zu mir. Es hat nichts mit uns zu tun. Nur mit ihm. Ich muss ihn auch mal loslassen können.«

»Ja, loslassen können ist in einer Beziehung genauso wichtig wie festhalten. Wir dürfen uns nicht gegenseitig einengen. Jeder muss Luft zum Atmen haben. Es gibt nicht nur Ich und Wir. Es gibt auch ein Du, dass mit beiden nichts zu tun hat. Wenn sich das eigene Ich in einer Beziehung nicht mehr entfalten kann, erstickt es in Unzufriedenheit.«

Gib dem Ich und dem Du Raum zur Entfaltung.

»Daran geht die Beziehung zugrunde.«

»Männer und Frauen sind unterschiedlich«, wandte ich mich an Lea. »Aber eigentlich auch wieder nicht. Im Grunde wollen sie das Gleiche. Sie laufen am gleichen Punkt los. Und treffen sich am Ziel wieder. Wohlbefinden und Zufriedenheit ist für beide wichtig. Aber der Weg, den sie in der Zwischenzeit zurücklegen, kann sehr unterschiedlich sein.«

»Männer denken. Und Frauen fühlen«, sagte Anne.

»Frauen denken auch. Und Männer fühlen auch«, ergänzte Robert.

»Der Unterschied ist nur, dass bei den Frauen Fühlen und Denken ineinander fließen. Männer hingegen verbergen die Gefühle. Sie versuchen sie aus ihrem Denken zu verbannen. Für Frauen sind die Gefühle das Bestimmende. Männer lassen das nicht zu.«

»Selbst das stimmt nicht ganz. Nur sind die Gefühle, von denen Männer bestimmt werden, oft gänzlich andere als die, die Frauen antreiben.«

»Du siehst Lea, es ist ganz einfach«, lachte ich.

»Und ganz kompliziert«, fügte Lea etwas resigniert hinzu.

Anne schüttelte den Kopf. »Nein. Wenn zwei Menschen sich zurücknehmen können, sich Gedanken machen, wenn sie miteinander leben wollen, ist es einfach. Wir müssen Verständnis für den anderen haben. Ihn und die Dinge, die er tut, anerkennen. Aufmerksam gegenüber ihm sein. Ihm zeigen, dass wir ihn verstehen. Kleine Geschenke. Gute Worte. Es ist ganz einfach, wenn du liebst.«

»Aber es gehören immer zwei dazu. Beide müssen geben. Und beide müssen erhalten. Wenn du merkst, dass das nicht geht, musst du dir darüber klar werden, ob etwas mit der Liebe nicht stimmt. Oder mit der Liebe deines Partners.«

»Langsam begreife ich«, sagte Lea leise. »Eine Beziehung lebt nicht einfach aus sich selbst heraus. Ich muss etwas für sie tun. Frank muss auch etwas für sie tun. Eine gute Beziehung muss aktiv gestaltet werden. Sie muss Regeln haben, an die wir uns beide halten wollen. Wir müssen viel Verständnis für unsere Partner aufbringen. Viel Liebe. Wo keine wirkliche Liebe ist, nützt alle Strategie und Taktik nichts.«

Sie schob ihr Schokoladenglas zur Seite. »Vor allem wird mir klar, dass eine Partnerschaft dann gut funktioniert, wenn beide Partner sie gleichermaßen aktiv gestalten. Wenn ich mich nur alleine darum bemühe und Frank nicht darauf eingeht, werde ich nichts erreichen. Den Anstoß kann ich alleine geben. Dass die Kugel rollt, können wir nur gemeinsam bewirken.«

»Richtig«, pflichtete Anne ihr bei. »In einer Beziehung kannst du nichts erzwingen. Alles muss natürlich gelingen. Wenn es nicht einfach, im Einverständnis und auf natürliche Weise geschieht, dann geht es überhaupt nicht.«

»Niemand muss sich verbiegen müssen«, ergänzte Robert. »Beide müssen es innen drinnen spüren. Du kannst niemanden dazu bringen, so zu sein, wie du es willst, wenn es ihm widerstrebt. Menschen finden einfach zusammen. Ob die Übereinstimmung zwischen ihnen groß genug ist, zeigt sich nicht gleich.«

»Aber sehr schnell. Ich brauchte nicht lange, um zu wissen, dass Robert und ich zusammengehören. Ich habe auch bei meinen früheren Beziehungen sehr schnell gefühlt, dass etwas nicht stimmte. Aber ich wollte das nie wahrhaben. Ich habe immer viel zulange an nicht glücklichen Beziehungen festgehalten. Einfach, weil ich wollte, dass alles gut war. Aber ich habe mich selbst belogen. Viel zu viel Kraft vergeudet. Mich gequält. Meine damaligen Partner wohl auch. Heute weiß ich gar nicht mehr, warum ich das eigentlich getan habe. Ich habe an etwas festgehalten, das nicht gut für mich war, und mir so alle Chancen verbaut, das zu erlangen, was mir hätte gut tun können. Es ist ein schrecklicher Gedanke, dass mein Beharrungsvermögen fast dazu geführt hätte, dass ich mich heute immer noch quäle, dass ich Robert nie kennengelernt und diese wunderbare Partnerschaft nie begonnen hätte.«

»Wir Menschen streben immer nach vollkommener Sicherheit«, fügte ich hinzu. »Das hindert uns, neue Wege zu beschreiten und Chancen zu nutzen. Wir halten an dem Altbekannten fest, weil wir nicht wissen, was danach kommt. So sperren wir unsere Seele in ein Gefängnis. Aber wenn du spürst, dass deine Seele verkümmert, öffne den Käfig, Lea, lass sie davonfliegen. Sicherheit kann auch bedeuten, sein Leben selbst in die Hand zu nehmen. Das ist besser, als die Sicherheit vergeblich bei einem anderen zu suchen. Manchmal verwechselt man die Hoffnung auf Sicherheit mit der Sicherheit selbst.«

»Das sagt ihr jetzt so.« Lea wurde nachdenklich. »Der Gedanke, meine Arme viel zu stark um etwas geschlungen zu haben, das ich schon lange nicht mehr festhalten sollte, ist mir auch schon gekommen. Ich habe die Botschaft gehört, die ihr mir zukommen lassen wolltet. Aber zunächst möchte ich das Andere probieren. Zusammen mit Frank eine neue, schönere Beziehung bauen. Das ist, was ich in diesem Augenblick wirklich will.«

»Schön, dann lasst uns jetzt zum unangenehmen Teil des Abends übergehen«, rief Robert in die Runde.

»Oh nein«, hörte ich Anne aus dem Hintergrund rufen.

Wir sahen sie fragend an. »Robert hat sich von einem Bekannten ein Karaoke-Gerät geliehen. Jeder, der zu uns zu Besuch kommt, muss seine Gesangeskunst zum Besten geben.«

Er reichte mir das Mikrofon und ein Textbuch. Ich blätterte darin herum und fand einen alten Schlager aus den siebziger Jahren, den ich aus meiner Jugend kannte. »Das ist so ziemlich die einzige Melodie, die ich zusammenbringe, denke ich.«

Schon lief die Melodie an:

Tränen lügen nicht
MICHAEL HOLM

»Wenn du ihr sagst, alles ist vorbei,
wenn du nicht glaubst, sie ist dir nur treu,
dreh' dich einmal um, schau in ihr Gesicht
und du wirst sehn, Tränen lügen nicht.«

»OK, OK«, rief Robert. »Eine schöne Wahl. Aber du bist wirklich der erbärmlichste Sänger, den wir bisher hier hatten.«

Anne kam mit zugehaltenen Ohren hinzu. »Ist es vorbei? Ich hätte nie gedacht, dass ein Lied mir körperliche Schmerzen bereiten könnte.«

»Seine Stärken liegen eben woanders«, verteidigte mich Lea.

Anne versuchte sich an einem Beatleslied, Robert an einem von Metallica, was genauso wie meine Darbietung daneben ging. Schüchtern begann Lea als letzte.

Für mich soll's rote Rosen regnen
Hildegard Knef

»Für mich, soll's rote Rosen regnen,
mir sollten ganz neue Wunder begegnen.
Mich fern, von Altem neu entfalten,
von dem, was erwartet, das meiste halten …«

»Für dich wird es rote Rosen regnen, Lea«, sagte ich als wir das Reihenhaus verließen. »Ich bin sicher, du wirst es wahrmachen.«

»Es war schön, Anne und Robert zu beobachten.« Lea stieg in den Wagen. »Wie sie miteinander umgehen. Zusammen erzählen. Ein schönes Beispiel für mich. So kann es sein. So ist es nicht. Aber so will ich es. Ich werde das nicht vergessen. So ein schönes, kleines Glück.«

»Ein schönes, großes Glück. Die wahre Größe liegt im Kleinen. Menschen, die immer nach der eigenen Größe streben, die immer Recht haben, sich immer durchsetzen müssen, kommen nie an ein Ziel. Sie wollen immer mehr, immer weiter. Alles, was sie erreichen, müssen sie argwöhnisch gegen jeden verteidigen. Es ist ein ständiges Anrennen›gegen‹. Lieben und geliebt werden, aufeinander zugehen und sich gut verstehen macht zufrieden. ›Miteinander‹ gehen, gemeinsam. Wenn du mich fragst, ist das das Größte, das du erreichen kannst.«

Gute Partnerschaften orientieren sich an einfachen Regeln:

1.
Rede mit deinem Partner in entspannter Atmosphäre. Höre zu. Interessiere dich für seine Themen.

2.
Lobe, bewundere, sage deinem Partner die schönen Worte, die er hören möchte.

3.
Nimm dich ein wenig zurück. Suche den Ausgleich. Lasse deinem und dem Ich deines Partners genügend Freiheit.

4.
Zeige Verständnis für die Eigenarten von Männern und Frauen. Beide verfügen über Verhaltensweisen, die es für den anderen zu akzeptieren gilt.

5.
Gehe liebevoll mit deinem Partner um. Sage die Worte, freue dich an seinen Verhaltensweisen und tue die Dinge, die sein Wohlbefinden steigern. Es wird euer beider Wohlbefinden steigern.

Gute Gespräche durch gute Gefühle

Ich hatte Karten für das Theater besorgt und lud Lea ein, sich mit mir das Stück ›König Ubu‹ von Eugene Ionesco anzusehen.

»Das war witzig, aber auch ziemlich schwere Kost, so ein Durcheinander. So etwas habe ich noch nie gesehen«, sagte sie als wir nach der Vorstellung im Theatercafe zusammensaßen.

»Hast du ein solches absurdes Theater wirklich noch nicht gesehen oder kommt dir das nicht eigentlich sehr bekannt vor?«

»Was meinst du?«

»Ich finde, das Stück hatte alle Elemente von Beziehungs-Gesprächen. Menschen, die durcheinander reden, die aneinander vorbei reden. Botschaften, die gesendet werden, aber keinen Empfänger finden. Viel reden, aber wenig verstehen.«

»Nun ja, das lässt sich nicht ganz von der Hand weisen. Wenn ich es recht bedenke. Aber du willst doch auf etwas hinaus, nicht wahr?«

»Wenn du von einem anderen Menschen verstanden werden willst, musst du dafür sorgen, dass deine Botschaften bei ihm ankommen. Du bist ein Sender, der verstanden werden will, Frank ist ein Empfänger, bei dem deine Nachricht ankommen soll. Für dich ist das, was du sagst, in seiner Aussage vollkommen klar. Aber bist du dir sicher, dass es das für Frank auch ist? Wie bei allen Gesprächen, die Menschen miteinander führen, gibt es Regeln, die, wenn du sie richtig anwendest, dafür sorgen, dass eure Gespräche gute werden, dass Frank genau das erreicht, was du ihm mitteilen möchtest.«

»Dann lass mal hören.«

»Regeln Nummer eins ist, dass man nur dann miteinander reden kann, wenn beide Seiten bereit dazu sind. Erinnerst du dich daran, wie es bei Anne und Robert anfing? Sie saßen in einer guten Atmosphäre zusammen, entspannt, vollkommen ruhig und aufgeschlossen für einander. Wenn du dir nicht sicher bist, ob Frank dem Gespräch, das du führen möchtest, aufgeschlossen gegenüber steht, sorge als erstes für eine entspannte, gelöste Atmosphäre. Die Erfolgswahrscheinlichkeit wird immens wachsen.«

»Gut, ich glaube das hatte ich verstanden«, gab sich Lea wissend. »Wenn Frank seine Ruhe haben will, lasse ich ihn in Ruhe. Macht dann überhaupt keinen Sinn. Ich muss warten, bis er wieder redebereit ist. Männer darf man nicht mit zu vielen Worten und Gesprächen überfordern. Ist mir klar. Weiter.«

»Hör sie dir an, wie sie auftrumpft«, zog ich Lea auf. »OK. Regel Nummer zwei: Vermeide Vorwürfe. Vorwürfe führen zu einer Abwehrhaltung deines Gegenüber, sie zwingen ihn zur Verteidigung, zum Zurückschlagen, zum Übertrumpfen deiner Offensive. Vorwürfe verbrennen die Erde, auf der du das zarte Pflänzchen einer besseren Beziehung säen wolltest. Auch wenn du sauer bist, mache niemandem Vorwürfe. Vergiss all das, was Frank unter dem Begriff ›Rumnörgelei‹ zusammenfassen würde. Karte auch nicht lang und länger zurückliegende Ereignisse nach. Begrabe sie. Wenn Frank dir Vorwürfe macht, schlage nicht zurück, indem du mit noch größeren Vorwürfen konterst. Das ›schau dich doch mal an‹ verhärtet die Situation und bringt dich keinen Zentimeter voran. Vorwürfe sind die Totengräber einer Beziehung.«

»Aber ich lasse mir nicht gerne Vorwürfe machen. Zumal, wenn ich sie als ungerecht empfinde. Darauf muss ich reagieren.«

»Sollst du auch. Aber subtil. Lass Frank seine Vorwürfe selbst einschränken oder gar entkräften. Entschärfe zunächst die Situation. Beginne einen Satz mit ›tut mir leid‹ oder mit ›ich wollte dich nicht stören, verärgern, nerven‹. Lenke dann das Gespräch auf deine Sicht der Dingen: ›Sieh mal, ich wollte doch nur ...‹ oder ›Schau, ich habe mir gedacht, dass ...‹ oder ›Lass mich dir erklären, warum ich das getan habe‹. Aber rechtfertige dich nicht. Lege einfach nüchtern deinen Standpunkt dar. Achte dabei auf deinen Ton. Versuche ruhig zu bleiben. Vermeide Aggressivität in deiner Stimme. Lass deine Sätze nicht wie Vorwürfe klingen, wenn sie keine sein sollen. Spiele ihm den Ball zurück. Frage nach. Was stört dich daran? Könntest du mir genauer sagen, was du meinst? Warum stört es dich? Zeige Verständnis für seine Argumente: ›Ich verstehe, was du meinst‹, ›Ich kann das nachvollziehen‹. Dann könnte ein Satz folgen, der mit ›aber‹ beginnt. ›Aber meinst du nicht auch, dass diese oder jenes nötig ist, oder dass man es auch so oder so sehen kann‹. Dann lass ihn reden. Ermutige ihn, so viel zu reden, wie er möchte. Unterstütze ihn. Wenn er alles gesagt hat, was er zu sagen hatte, frage noch einmal nach: ›War es wirklich nötig, mir einen Vorwurf zu machen?‹ ›War es wirklich so schlimm?‹ Ich bin sicher, ihr werdet zu einer Übereinkunft kommen. Feststellen, dass eure Standpunkte nicht weit auseinander liegen. Mache aus einem Vorwurf den Beginn einer neuen Gemeinsamkeit. Sei du das ausgleichende Element. So lässt sich Streit vermeiden und Übereinstimmung erzielen.«

»Die Vorgehensweise erscheint mir überzeugend.« Lea klang zweifelnd. »Das mit der Nüchternheit scheint mir der schwierigste Punkt zu sein. Manchmal treffen mich Franks Vorwürfe heftig. Ob es mir in einem solchen Fall gelingen wird, Größe zu beweisen, bezweifle ich. Gut, Regel Nummer drei.«

»Sei der Moderator deiner Beziehung nicht deren Richter. Stelle an den Beginn der Gespräche nicht den unverrückbaren Felsen dessen, was du erreichen willst, sondern das Interesse an deinem Partner. Baue dich nicht vor ihm auf und schleudere Blitze, die ihn gleich durchbohren. Angriff ist ein Mittel für Kriege. Beziehungen benötigen Diplomatie. Angriffe führen im Beziehungsleben selten zu Siegen. Sie hinterlassen eher schwer Verwundete. Auf beiden Seiten. Auf jeden Angriff folgt ein Gegenangriff. Da kannst du sicher sein.«

»Was schlägst du stattdessen vor?«

»Verteidigen statt angreifen. Erzähle von deinen Empfindungen. Von deinen Ängste. Von deinen Wünschen. Zeichne für Frank das Bild dessen, was du haben möchtest, damit er es sich vorstellen kann. Anstelle von ›ich will, dass du dich mehr um mich kümmerst‹ oder ›du kümmerst dich viel zu wenig um mich‹ setze ›manchmal wünsche ich mir, öfter in den Arm genommen zu werden, wie denkst du darüber‹. Erzeuge in ihm nie das Gefühl, ihn zu etwas zu drängen. Lenke ihn. Führe ihn zur Selbsterkenntnis. Hilf ihm, zu der Überzeugung zu gelangen, dass es viel besser ist, dich öfter in den Arm zu nehmen. Lass es seine Idee werden.«

»Das ist nicht schlecht. Geschickte Formulierungen finden. Nicht versuchen, ihn zu erziehen. Sondern ihn zum Problemlöser werden lassen. Ihn sich selbst erziehen lassen. Wenn er Probleme lösen kann, fühlt er sich besonders gut. Ein sehr sanfter Weg für mich. Das gefällt mir. Kannst du mir das aufschreiben?« Lea lächelte. »Aber ganz einfach ist das nicht«, fügte sie nach einer Weile hinzu. »Wird viel Energie kosten, im richtigen Moment die richtigen Sätze zu finden.«

»Ein wenig Energie wird nötig sein«, war ich einer Meinung mit ihr. »Aber bedenke: Wie viel Zeit und Energie investiertst du in berufliche Weiterbildung? Wie viel in das Erlernen einer neuen Sprache, einer neuen Sportart? Wie lange hat es gedauert, bis du Autofahren konntest? Für diese Dinge wendest du Zeit auf. Um zu lernen, besser zu werden, mehr zu können. Danach probierst du aus, übst, wendest an. Jetzt sage mir: Wie viel Zeit hast du je darauf verwendet, Dinge zu erlernen, die deine Beziehung besser machen können? Und was die Energie angeht: Wie viel davon verbrauchst du mit Streiten, mit Grummeln, mit finsteren Gedanken, wenn wieder etwas in deiner Partnerschaft nicht so läuft, wie du es dir vorstellst. Wie viel verschwendete schlechte Energie, die du viel besser einsetzen könntest, Gutes zu bewirken?«

»Da ist was Wahres dran.«

Eine Gruppe der Schauspieler, die wir kurz zuvor in dem Theaterstück gesehen hatten, betrat lärmend das Cafe und setzt sich an einen großen Tisch in der Ecke. Lea deutete auf einen großgewachsenen, schwarzhaarigen jungen Mann. »Der sieht ziemlich gut aus. Irgendwie süß. Ist mir gleich aufgefallen. Der könnte mir gefallen.«

»Lade ihn zu einem Drink ein.«

»Meinst du? Würdest du hier auf mich warten«, lächelte sie mich an.

»Klar.«

»Aber ich kann ihn doch nicht einfach anquatschen. Was soll ich denn sagen?«

»Bitte ihn um ein Autogramm. Frag ihn, wo er das nächste Mal zu sehen ist. Da lässt sich doch die Kurve kriegen«, flachste ich.

»Was für Gedanken. Wird meinem Ziel, meine Partnerschaft zu retten, nicht gerade förderlich sein.«

»Wer weiß. Wer sich zwischendurch mal den Magen an exotischem Gemüse verdirbt, lernt die solide Hausmannskost wieder neu zu schätzen.«

»Also wirklich!« Lea war empört. »Aber ein Autogramm gehe ich mir holen. Da habe ich jetzt Lust drauf.«

Leas Wunsch sorgte für Gelächter am Tisch der Schauspieler. Eine ganze Weile unterhielt sie sich mit ihnen, immer wieder unterbrochen von lautem Lachen. »Witzige Leute«, sagte Lea. »War nicht einfach mit dem Autogramm. Niemand hatte Papier dabei.«

Sie zog den Ärmel ihres Pullovers hoch. Ich sah eine krakelige Unterschrift darauf und eine Telefonnummer daneben. »Er hat gesagt, dass es erst sein zweites Autogramm war. Vor eineinhalb Jahren hat er schon mal eines gegeben. Damals einer Zwölfjährigen«, lachte Lea.

»Und, wirst du anrufen?«

»Vielleicht«, antwortete Lea vieldeutig. »Aber erst, wenn ich alle Regeln für Gespräche mit Partnern kenne«, fügte sie mit einem Augenzwinkern hinzu.

»Bist du denn noch aufnahmefähig?«

»Ich lechze förmlich danach.«

»Gut. Noch eine letzte Regel: Sage niemals etwas, was deinen Partner zum Schuldigen macht. Streiche Sätze wie ›das ist alleine deine Schuld‹.

Verzichte auch auf versteckte Schuldzuweisungen. Die vielen kleinen Sticheleien wie ›vielen Dank, dass du mir heute so schön geholfen hast‹, wenn Frank wieder faul auf dem Sofa gelegen hat. Unterlasse es, ihm ein schlechtes Gewissen machen zu wollen. Schuld geben ist eine fiese Waffe von Unterdrückern, die Macht über einen anderen erringen wollen. Sich schuldig fühlen zu müssen, ist wie sich ein Stück seiner Seele herausreißen lassen zu müssen. Angriffe führen zu Verteidigungsbemühungen. Schuldzuweisungen jedoch zu wilder Flucht. Sie sind wie eine schleichende Krankheit für die Partnerschaft, die quälendes Siechtum nach sich zieht und baldiges Ableben. Wenn du deinen Freund aus dem Haus treiben willst, überhäufe ihn mit Schuldzuweisungen. Mit guten Gefühlen für einen anderen Menschen haben sie nichts zu tun. Lieben bedeutet, dem anderen niemals Schuld zuzuweisen.«

Lieben bedeutet, dem anderen niemals Schuld zuzuweisen.

»Ich weiß. Das weiß ich sehr gut. Manchen Menschen gelingt es sehr gut, mir Schuldgefühle zu machen. Ich weiß, wie schlecht ich mich dabei fühle. Weil es oft ungerecht ist. Aus irgend einem Grund kann ich mich nicht dagegen wehren.« Lea trank ihr Glas mit einem Schluck aus. »Lieben bedeutet, niemals um Verzeihung bitten müssen«, fügte sie leise hinzu.

Lieben bedeutet, niemals um Verzeihung bitten müssen.
Erich Segal

»Dieser Satz war mal ziemlich berühmt, nicht wahr? Muss aber schon dreißig Jahre her sein. Mit dem Verzeihen ist das so eine Sache. Einem anderen zu verzeihen, ist gut. Ihn gar nicht erst schuldig zu sprechen, noch viel besser. Wer aber zu oft verzeiht, macht sich zum Narren. Großherzigkeit ist eine wunderbare Tugend. Aber schütze dich davor, ausgenutzt zu werden.«

Wir verließen das Cafe. »Liebe ist etwas Eigenartiges«, sagte Lea zum Abschied. »Sie kann das Paradies sein oder die Hölle. Wer versucht, sie einzusperren, dem wird sie entfliehen. Und wer versucht, sie zu zwingen, der wird sie sich verweigern.«

»Liebe ist etwas Wunderbares«, antwortete ich ihr. »Du kannst sie verschenken und wirst reicher dabei. Sie lässt dich schweben ganz ohne Flügel. Sie wärmt dich in der Kälte und bringt Licht in deine Dunkelheit. Sie ist das größte Glück, das du erleben kannst.«

»Ja, so will ich das sehen. Ich will alles tun, damit es so wird.«

»Du kannst es wahr machen.«

»Ich werde es für mich wahr machen.«

Regeln für Beziehungsgespräche:

- *Beginne Beziehungsgespräche dann, wenn dein Partner bereit dazu ist.*
- *Erspare deinem Partner und dir Vorwürfe.*
- *Vermeide Angriffe. Sei diplomatisch.*
- *Verzichte auf Schuldzuweisungen.*
- *Verzeihe. Aber nicht zu oft. Einmal verzeihen ist Größe. Zu oft verzeihen ist Dummheit.*

Mache dir die Mühe, das Führen guter Beziehungsgespräche zu erlernen.

Prüfe dich selbst

Miteinander reden will gelernt sein

In einer ruhigen Minute lehnte sich Lea zurück und ließ die letzte Diskussion, die sie mit Frank geführt hatte, an ihrem inneren Auge vorüber gleiten.

> Das war nicht nett von Frank. Ein klarer Vorwurf. Ein ungerechter dazu. Ich soll sowas nicht. Und er auch nicht. Vollkommen falscher Beginn.

»Hallo Schatz«, knurrte Frank. »Musst du eigentlich immer mitten im Zimmer stehen mit dem Bügelbrett? Kannst du das nicht woanders machen?«

> Das war gar nicht schlecht. Ausgleichend. Kaum angreifend.

> Vielleicht war das doch nicht so gut. Ich hätte einfach sagen sollen: Weißt du Schatz, ich sehe dich so gerne in diesen frisch gebügelten Hemden. Macht dich so männlich. Und den Rest der Diskussion vertagen, bis bessere Stimmung ist.

Lea überlegte kurz. »Bügeln gehört zu unserem Leben«, sagte sie leise aber deutlich. »Aber mit einem hast du recht. Ich muss nicht immer alleine mit dem Bügelbrett im Zimmer stehen. Es wäre schön, wenn du mir helfen würdest.«

> Hier hätte Frank sich verständnisvoll zeigen können. Sensibel auf mich eingehen. Das ist kein Zeichen für eine gute Beziehung.

Frank machte eine wegwerfende Bewegung. »Jetzt nicht.«

> Erziehungsversuch. Wie bei einem kleinen Kind. Funktioniert bei erwachsenen Männern nie. Hätte ich mir gleich schenken können.

»Gut, ich bin bald fertig mit meinem Teil der Wäsche. Ich stelle dir deinen dahin. Kannst ihn dann später machen.«

> War so was von klar. Ist natürlich nie geschehen.

»Na bitte. Ist mir doch egal. Mach ich dann eben.«

Sie holte den Staubsauger hervor. Als die Maschine aufheulte, brüllte Frank sie an. »Musst du immer so nerven. Kann ich hier nie meine Ruhe haben?«

> Männer wollen manchmal ihre Ruhe haben. Darauf hätte ich reagieren müssen. Andererseits: Er soll mich nicht angreifen. Wer hats verbockt? 50:50 würde ich sagen. Wenn das Nervwort fällt, erübrigt sich jede weitere Diskussion. Auf bessere Stimmung warten.

Lea stellte den Staubsauger ab. »Ich empfinde es als schön, eine gepflegtes Zuhause zu haben. Ich möchte etwas dafür tun. Kannst du dir auch vorstellen, etwas dafür zu tun?«

> Gar nicht schlecht. Eine Frage mit einem W-Wort (wie, was, warum) am Anfang wäre noch besser gewesen. Zwingt ihn zu einer richtigen Antwort.

»Ich arbeite den ganzen Tag. Jetzt bin ich müde. Ich will einfach nur meine Ruhe. Was ist daran so schwer zu verstehen?«

> Hatten wir schon. Jetzt gepaart mit einem Vorwurf. Bringt uns nicht weiter

»Ich arbeite auch«, erwiderte Lea. »Aber ich kümmere mich auch um die Wohnung. Das gehört alles zu unserem Leben. Zu unser beider Leben.«

> Leicht aggressiver Tonfall. Aber noch OK.

»Du kannst saugen, wenn ich nicht da bin.«

> Total KO. Nicht die richtige Stimmung. Nicht der richtige Ansatz. Lass es sein für heute.

»Ja, aber ich bin hier nicht die Putzfrau. Heißt Beziehung nicht auch, sich gemeinsam um Haus und Hof zu kümmern? Wir können das alles gemeinsam. Wir sollten das in Zukunft auch. Was denkst du darüber?«

> Das war ziemlich gut. Wäre ziemlich gut gewesen. Zum richtigen Zeitpunkt.

»Was ist denn heute mit dir los? Hast du heute deinen Nerv- und Nörgeltag?« Frank wurde ungehalten. »Immer das gleiche Theater. Nie kann ich meine Ruhe haben.«

> IMMER, NIE. Ich hasse diese unverrückbaren Grundsatzaussagen. Nichts ist IMMER und nie ist NIE. Macht mich ganz verrückt.

»IMMER. Natürlich immer. NIE lasse ich dich in Ruhe. Na klar. Immer. Nie.«

> Sag ich doch: Unerträglich. Sollten Männer nicht sagen.

Attacke. Die Schlacht beginnt.

»Willst du dich jetzt an einem Wort aufhängen? Was bist du denn heute so streitsüchtig. Wir könnten es so nett hier haben. Streite doch mit wem du willst. Aber nicht mit mir.«

Gegenangriff. Habe ich da etwa auch IMMER gesagt?

Lea spürte, wie die Erregung in ihr wuchs. »Ich streite überhaupt nicht. Aber du bist absolut gleichgültig. Schmeißt dich immer nur auf das Sofa. Was anderes tust du denn hier als auf dem Sofa zu sitzen?«

Frontalangriff. Können wir jetzt so weiter machen. Wird aber nur die Zahl der Verwundungen erhöhen.

Frank sprang auf. »Blöde alte Zicke. Sieh dich doch mal um. Siehst du ein Paar in unserem Bekanntenkreis, das immer so rumstreitet? Die leben gut zusammen. Wir haben immer nur Theater. Nur weil du mit dir unzufrieden bist. Wie wäre es, wenn du mal mit dir ins Reine kämst?«

Diskussions-Terminator-Satz. Jetzt schrillen bei ihm alle Alarmglocken. Sehe ich an seinem Blick. Totale Panik, dass seine Stellung überrannt wird. Jetzt will er hier raus. Nur noch raus.

»Wie meinst du das denn jetzt?«

Frank warf ihr einen bösen Blick zu. »Wenn du so weitermachst, haust du unsere Beziehung nur kurz und klein. Kannst du überhaupt mit anderen zusammenleben? Nichts passt dir. Nichts ist dir recht. An allem etwas auszusetzen. Du ziehst deinen ewigen Egotrip durch. Von mir verstehst du überhaupt nichts. Interessiert dich auch nicht. Nur immer du. Du bist schuld, wenn alles in die Brüche geht. Du ganz alleine.«

Schwerer Verstoß gegen die Genfer Konvention. Er spielt die Schuldkarte. Jetzt wird der Krieg schmutzig. Volltreffer. Lazarett zu klein.

Lea fühlte sich tief getroffen. So eine Ungerechtigkeit, schoss es ihr durch den Kopf, während ihre Wut sich ein Ventil suchte. »Ich. Ich also. Immer bin ich es. Du bist ja vollkommen. Du brauchst nie über etwas nachzudenken. Ich warte schon lange darauf, dass du mal die Initiative ergreifst. Mal etwas anderes zu unserer Beziehung beiträgst als Sesselpupen. Aber du tust einfach nur nichts. Heb doch mal den Hintern. Würde mir gut gefallen.«

Jetzt kann ich nicht mehr. Kopflose Verteidigung. Gegenangriff, der uns beide zu Verlierern macht. Verzweifelter Versuch, doch noch zu gewinnen. Was gemeineres ist mir in der Erregung nicht eingefallen.

»Jetzt habe ich aber die Schnauze voll. Reagiere deine Launen doch ab, an wem du willst. Aber nicht an mir. Die ganze Welt ist ja immer gegen dich. Was bildest du dir eigentlich ein? Ist ja nicht zum Aushalten.« Frank warf die Tür hinter sich zu.

Vorwurf. Angriff. Schuldzuweisung. Alles dabei. Ich könnte heulen. Oder Frank durch die Wohnung prügeln.

Ich gebe es nicht gerne zu, aber diese Diskussion ist das beste Beispiel dafür, wie ich es nicht machen sollte. Nach allem, was ich die letzten Tage gelernt habe, weiß ich jetzt wenigstens, warum sie schief gegangen ist, dachte Lea.

Auch Partnerschaft muss ich lernen. Hätte ich nie gedacht. War gut, mir das bewusst zu machen. Zu erkennen, wie alles zusammenhängt.

Gute Gefühle. Gute Gefühle sind die grundlegende Voraussetzung für gute Gespräche mit Frank. Morgen ist der erste Tag einer richtig guten Partnerschaft.

Habe ich mir jetzt nicht eine Belohnung verdient? Klar habe ich. Lea rief sich ihre Liste zurück in die Erinnerung. So viele schöne Belohnungen. Eine davon gehört nun mir.

Partnerschaft bewusst gestalten und zu schönen Dingen lenken

Auf dem Weg von der Arbeit nach Hause beschäftigte Lea nur ein Gedanke. Atmosphäre. Eine gute Stimmung schaffen. Muss mir doch gelingen. Dürfte kein Problem für mich sein. Ein leckeres Abendessen. Damit fangen wir heute an. In einem kleinen Laden am Weg erstand sie frische Gemüse und Salat. Sie überlegte kurz: Alles andere wird sich daheim finden.

Frank war noch nicht zu Hause, als sie die Wohnung betrat. Sie packte die Gemüse aus und stellte den Herd an. Sie holte eine der bestickten Tischdecken aus dem Schrank, die sie zu besonderen Anlässen auflegte, stellte Kerzen auf den Tisch, einen Blumenstrauß, nahm das beste Besteck aus der Schublade. Als das Essen kochte, zog sie sich um. Einen etwas kürzeren Rock. Die Strümpfe mit der Naht, überlegte sie. Einen Knopf mehr offen an der Bluse. Das mag er.

Kurz darauf hörte sie die Wohnungstür. Ein Kleiderbügel klapperte, eine Tasche flog gegen die Wand. Wie ein Luftzug schwebte ein »Hallo Schatz« vorbei, dann knarrte das Sofa. Zeitungsrascheln, gefolgt vom Klicken der Fernbedienung. Abendnachrichten. Alles wie immer, grinste Lea in sich hinein. Aber heute nicht. Sie füllte zwei Gläser mit Prosecco, griff sich die Fernbedienung und stellte den Fernseher ab. Frank warf ihr einen missmutigen Blick zu. Erst jetzt nahm er die Gläser in ihrer Hand wahr. Erst jetzt nimmt er MICH wahr, stellte Lea fest.

»Prost, mein Liebster«, stieß sie mit ihm an.

»Feiern wir etwas?« Sie sah im an, dass er seine Gehirnzellen danach durchforstete, ob er wohl etwas nicht mitbekommen, einen Termin verschwitzt hatte.

»Klar feiern wir etwas.«

Sein Gesicht bildete ein großes Fragezeichen.

»Dass ich dich liebe.«

»Was ist denn mit dir los? Ist dir heute etwas zugestoßen? Irgendwas passiert«, gab er zurück.

»Einfach, weil ich will, dass wir unsere Liebe feiern.«

»OK, Lady, zieh dich aus.« Flapsiger ging es nicht. Für Sekunden verfinsterte sich der Himmel hinter Leas Stirn. So ein blöder Arsch. Ich gebe mir soviel Mühe. Und er? Keine Reaktion. Nur blöde Sprüche. Er nimmt mich immer noch nicht wahr. Er ist wie immer. Das macht überhaupt keinen Spaß. Alles gelaufen.

Doch dann durchbrach sie die Wolkendecke mit ihren Sonnenstrahlen. Ich will, dass dieser Abend schön wird. Ich werde mich nicht davon abbringen lassen. Nicht von seinen blöden Sprüchen. Kleine Widerstände überwinde ich. Daran scheitere ich nicht. Das wird ein schöner Abend. Und DU machst dabei mit.

»Später. Vielleicht«, säuselte sie zurück.

Sie führte ihn an den Tisch und zündete die Kerzen an. Sie sah seine Überraschung. Der Tisch stand zwar auf dem Weg zum Sofa, aber wahrscheinlich war er so auf die Fernbedienung fixiert gewesen, dass er auch ihn nicht wahrgenommen hatte. So sollte ich nicht denken, ermahnte sich Lea selbst. Sarkasmus bringt mich nicht weiter. Meine Beziehung auch nicht.

Sie trug das Essen auf. »Wie war dein Tag?«

Er erzählte kurz. Etwas abwesend. Noch immer hatte er die seltsame Entwicklung dieses Abends nicht ganz verarbeitet. Sie sprachen nicht viel während des Essens. Hin und wieder lächelten sie sich an.

Nach dem Essen setzten sie sich mit einem Glas Wein auf das Sofa. »Gut siehst du aus«, sagte Frank irgendwann zu ihr.

»Liebst du mich?« fragte sie ihn.

»Ja«, antwortete er zögernd.

»Dann sag' es.«

Eine Pause entstand. Dann lächelte Frank. »Ich liebe dich«, sagte er leise zu ihr.

Das habe ich lange nicht mehr gehört, dachte Lea. Dabei höre ich das gerne. Ich kann es gar nicht oft genug hören, jubilierte ihre innere Stimme. Ich weiß, dass es ihm schwer fällt, das zu sagen. Warum eigentlich? Ich will es hören. Ein bisschen öfter könnte er sich schon dazu durchringen. »War doch gar nicht so schwer, oder? Darfst mir das gerne öfter sagen. Immer, wenn dir danach ist.«

Frank nahm sie in den Arm. »Jetzt ist mir sehr danach.«

Wer hätte das gedacht? Ich habe das gedacht, korrigierte sich Lea. Natürlich habe ich das gedacht. So muss es sein.

Sie stellten die Gläser zur Seite. Er begann, sie zärtlich zu berühren. Nach einer Weile trug er sie hinüber ins Schlafzimmer.

Heute werde ich auf Händen getragen, freute sich Lea. So habe ich es mir gewünscht. Wenn er das nur öfter tun würde. Ich muss etwas dafür tun. Ich werde etwas dafür tun. Er könnte es natürlich auch von sich aus tun. Das wäre noch besser.

Langsam verwischten sich ihre Gedanken. Ich muss nicht immer nur denken. Manchmal sollte ich einfach nur fühlen. Jetzt zum Beispiel.

Lea lag noch lange wach in dieser Nacht. Sie hatten sich geliebt, waren danach noch etwas zärtlich zueinander gewesen, hatten ein paar Gedanken ausgetauscht. Danach war Frank eingeschlafen. Sie jedoch war zu aufgewühlt. Das war der beste Sex, den ich seit Monaten hatte, dachte sie. Oder seit Jahren? So richtig guten Sex hatten wir schon lange nicht mehr. Ist es mit gutem Sex vielleicht genauso wie mit der Beziehung? Muss ich mehr dafür tun, wenn ich mehr davon haben will? Ein bisschen geben, mehr dafür bekommen.

Begehren. Leidenschaft. Geht einfach unter im Alltag. Wenn ich mich an Frank reibe, mich nicht gut mit ihm verstehe, habe ich auch keine große Lust, Liebe mit ihm zu machen. Ist dann mehr die Befriedigung eines körperlichen Bedürfnisses als ein wirkliches Erlebnis. Eines ist gewiss: Der beste Sex ist der mit dem Menschen, den ich liebe. Aber die Liebe verschüttet sich schon mal. Kommt immer mal wieder abhanden. Versteckt sich hinter Geschirrspülmaschinen und Wäschetrocknern. Sie ist mir viel wichtiger als all das. Ich muss sie mehr hervorlocken. Mich öfter um sie kümmern. Sie mehr pflegen. Ihr Gelegenheit geben, sich zu entfalten. Damit die schönen Erlebnisse die Regel werden und nicht die Ausnahme bleiben.

Eigentlich wollte ich mit Frank reden. War nicht geplant, dass Liebe machen dabei rauskam. An dieser Stelle bin ich keinen Schritt weiter gekommen. Dafür muss ich mir etwas anderes überlegen. Aber für heute geht es mir gut. Genau jetzt fühle ich mich wunderbar. So soll es sein. Jetzt genieße ich erst einmal all die guten Gefühle, die meinen Körper durchfluten. Ich lebe jetzt. Genau in diesem Augenblick. Mein ganzes Leben lang gibt es nur ein Jetzt. Alles andere hat Zeit bis morgen. Habe ich nicht wieder eine Belohnung verdient? Bestimmt. Aber eigentlich habe ich schon eine bekommen.

Lebe Jetzt.
Dein ganzes Leben lang.

Am nächsten Abend saßen Lea und Frank zusammen vor dem Fernseher. Draußen begann eine kalte Winternacht. Lea hatte Kerzen angezündet, die Lampen gelöscht. Im flackernden Licht zappten sie lustlos die Programme hinauf und hinunter. Sie fanden nichts, an dem sie hängen bleiben wollten. Schließlich knipste Frank den Fernseher aus und griff zu einer Zeitschrift. »Genug blödes Gelabere für heute«, kommentierte er. Auch Lea langweilte sich. Nach einiger Zeit holte sie aus der Schublade ihres kleinen Schreibtisches ihre Ich-Land-Karte hervor. Sie setzte sich neben Frank und rief sich all die Dinge in Erinnerung, die sie erreichen wollte.

»Was ist das,« fragte Frank nach einiger Zeit.

Sie erklärte ihm die Karte und ihren Sinn. »Zeig' mal her«, forderte er sie auf.

»Ich zeige sie dir gerne. Nur weiß ich nicht, ob ich das heute schon tun sollte. Weißt du, es geht dabei nicht nur um mich. Es geht genauso um uns. Um unsere gemeinsame Zukunft. So wie ich sie mir vorstelle. So, wie ich sie mir mit dir vorstellen möchte. Deshalb würde es mich freuen, wenn du auch eine Karte entwerfen würdest. Wir könnten unsere beiden Ich-Länder nebeneinander legen und daraus ein Wir-Land machen. So erfährst du sehr viel von mir. Und ich erfahre etwas von dir.«

Frank wehrte ab. »Ich habe jetzt aber gar keine Lust, mich mit meinen Zielen und mit meiner Zukunft zu beschäftigen.«

»Muss auch nicht sofort sein.« Lea faltete ihre Karte zusammen. »Lass dir Zeit. Male deine Landkarte in aller Ruhe und wenn sie fertig ist, vergleichen wir sie mit meiner. Vielleicht habe ich auf meiner Karte etwas vergessen, was noch darauf gehört. Du könntest beurteilen, was realistisch ist und was nicht.« Lea lächelte verschmitzt in sich hinein. Das war gut. Das war sogar sehr gut. Ein Problem aufgezeigt, das gelöst werden muss. Männer wollen Probleme lösen. Dabei fühlen sie sich gut. So bekomme ich ihn dazu, mit mir über unsere Beziehung zu reden. Auch wenn ich gar keine Probleme sehe, die er lösen könnte.

Frank holte tief Luft. »Nun ja, da ist was dran. Wie wohl ich mit meiner Gegenwart recht zufrieden bin. Ich brauche gar keinen großen Zukunftsplan zu machen.«

»Und wenn ich dich lieb darum bitte?«

»Puhhft. Na gut. Aber ich muss darüber nachdenken. Das braucht seine Zeit.«

Bingo, dachte Lea. Das war ja klar. Natürlich muss er darüber zunächst nachdenken. Männer sind nicht gerade spontan. Mein Frank schon gar nicht. »Das verstehe ich. Wie wäre es mit nächster Woche? Gleicher Tag, gleiche Stunde.« Frist einräumen, Termin festsetzen. Männer halten sich an sowas. Meistens zumindestens. Wie gut ich ihn kenne. Macht richtig Spaß.

Frank wiegte seinen Kopf hin und her. »Tja, könnte sich machen lassen.« Damit wendete er sich wieder seiner Zeitschrift zu. Lea bemerkte, dass er aufhörte zu blättern. Die Bombe beginnt zu ticken, dachte sie. Jetzt wird es spannend.

Lea war mit sich zufrieden. Das habe ich gut hinbekommen. Ich habe es geschafft, dass er sich mit uns beschäftigt. Hat er sicher schon lange nicht mehr getan. Sich mit uns zu beschäftigen heißt vor allen Dingen, sich mit mir zu beschäftigen. Alles eine Frage der richtigen Taktik. Männer sind so einfach zu lenken. Warum bin ich nicht schon früher darauf gekommen?

Eine Woche später. Schon beim Abendessen bemerkte Lea, wie sie unruhig wurde. Hat er oder hat er nicht? Sie brauchte nicht lange zu warten. Geschäftig zog Frank ein Blatt Papier hervor, nachdem sie den Tisch abgeräumt hatten. Lea holte ihre Ich-Land-Karte und legte sie daneben. Sogleich fing Frank an, ihr seine Karte zu erklären. Eigentlich hatte ich gedacht, er würde mir seine Karte geben und er würde sich meine ansehen, grübelte Lea. Aber nun gut. Männer müssen uns Frauen immer erst einmal die Welt erklären. Ihre Welt erklären. Erklären liegt in ihren Genen. Ich bin gelassen. Ich höre zu.

Zufrieden stellte Lea fest, dass ihre beiden Länder gar nicht weit auseinander lagen. Auch Frank wünschte sich ein Haus mit einem Garten. Viele Freunde kamen auch auf seiner Landkarte vor. Vielleicht meint er nicht haargenau das Gleiche wie ich damit, aber die Richtung stimmt, analysierte sie. Reisen, ja. Mit seinem Job ist Frank offensichtlich nicht zufrieden. Da gibt es noch etwas zu tun für ihn. Klingt ehrgeizig, was er da aufgeschrieben hat. Noch viel mehr, was er dazu sagt. Ein bisschen Ehrgeiz ist gut. Habe ich gerade auch gelernt. Antrieb muss sein, wenn wir etwas erreichen wollen. Keine Katze. Schade.

»Wie gefällt dir das«, schloss Frank seinen Vortrag ab.

»Sehr gut. Wir haben viele Gemeinsamkeiten.«

»Muss schon einen Grund gegeben haben, warum wir beide zusammengefunden haben.« Frank war zufrieden.

»Wie siehst du denn unsere Partnerschaft?« Lea zeigte ihm, was sie über die Liebe und die Partnerschaft aufgezeichnet hatte. Frank stellte zu seinem eigenen Erstaunen fest, dass dazu auf seiner Landkarte nichts zu finden war. Er benötigte einige Minuten, um darüber nachzudenken. »Daran habe ich gar nicht gedacht. Stimmt. Hätte auch dazu gemusst.« Er begann zu erzählen. Langsam. Satz für Satz. Auch hier ergänzen wir uns prächtig, fasste Lea zusammen. Eigenartig, dass so vieles unrund zwischen uns läuft.

Franks Sätze waren der Auslöser für ein langes Gespräch, das sie bis tief in die Nacht hinein führten. Mit jedem Stichwort, über das sie sprachen, fühlte Lea, wie sie sich langsam näher kamen. Wieder näher kamen. Sie bemerkte, wie Wärme in sie hineinströmte, ihr Wohlbefinden von Minute zu Minute, von Satz zu Satz wuchs. Wie sehr ich es gebraucht habe, dass wir einmal wieder über uns reden. Warum nur haben wir das so lange nicht mehr getan? Warum habe ich mich so schwer damit getan, ein Gespräch darüber zu beginnen? Es ist einfach. Es bedurfte nur des einen richtigen Gedankens, wie es anzufangen war.

Schon lange wurmte Lea Franks Knauserigkeit. Sie ärgerte sich darüber, dass er nicht mit ihr in ein schickes neues Restaurant gehen wollte, das sie entdeckt hatte, weil ihm die an der Tür ausgehängte Speisekarte als viel zu teuer erschienen war. »Was die für die Getränke nehmen, will ich gar nicht wissen«, begründete er seine Ablehnung. Genauso strich er den Besuch eines Konzerts. »Die spinnen, was die für die Karten haben wollen.« Kein Tanzkurs. Auch nicht, als Lea Frank dazu einladen wollte. »Alles unnötige Ausgaben.«

Wenn ich ihm nicht so gut gesonnen wäre, würde ich sagen, dass er geizig ist, dachte Lea. Allerdings zum großen Teil nur bei Dingen, die mir Spaß machen. Wenn er mit seinen Kumpels in der Kneipe sitzt, spielt Geld nie eine Rolle. Jeder Versuch, über dieses Thema zu sprechen, hatte bisher in einem Streit geendet. Als Lea mit Frank in der Fußgängerzone unterwegs war, entdeckte sie das Großplakat eines Warenhauses, auf dem damit geworben wurde, dass alles dort mehr als billig war. Das ist der richtige Aufhänger, war sich Lea sofort sicher. »Wie findest du diese Kampagne?«, fragte sie Frank.

»Ziemlich blöde.«

»Warum?«

Er erklärte ihr lang und breit, wie Werbung gemacht wurde, welche niederen Instinkte beim Menschen angesprochen werden sollten, wie der ›mündige Verbraucher‹ geschickt getäuscht wurde. »Und wie stehst du zur Sparsamkeit im Allgemeinen«, fragte Lea ihn, als er damit fertig war.

Zu ihrem Erstaunen erklärte Frank ihr, dass man zwar sein Geld zusammenhalten musste, aber: »Von zuviel Knauserigkeit halte ich nichts. Man muss sich auch mal etwas gönnen.«

»Fällt es dir leicht, dir etwas zu gönnen?«

Sie gingen ein paar Schritte weiter. »Eigentlich schon. Aber manchmal tue ich mich schwer damit, Geld auszugeben. Ist ja alles hart verdient.«

Den Anderen dazu bringen, dass er seine Eigenheiten selbst anspricht! Gelungen, jubilierte Lea. »Ich würde gerne ein schickes Restaurant ausprobieren. Weil es mir Spaß macht. Auch wenn es etwas teurer ist. Einfach, weil es da schön ist. Was denkst du darüber?«

»Können wir schon tun.«

»Oder in ein Konzert gehen. Weil ich die Musik-Gruppe super finde.«

»Sollten wir mal wieder machen.«

»Manchmal habe ich den Eindruck, dass wir uns im konkreten Einzelfall schwer tun mit dem Geldausgeben, wenn wir direkt davor stehen.« Wieder eine gute Idee, beglückwünschte sich Lea. ›Wir‹ zu sagen. Damit er sich nicht angegriffen fühlt.

»Stimmt schon. Wird auch alles immer teurer. Gerade das, was nicht unbedingt nötig ist.«

Jetzt die Kurve bekommen. Lea benötigte die Strecke von vier Schaufenstern, um die Lösung zu finden. »Eine Freundin hat mir erzählt, dass sie und ihr Mann das Geld, dass sie in einem Monat übrig haben, im nächsten Monat für Dinge ausgeben, die ihnen Spaß machen.«

Frank grübelte. »Wir könnten eine bestimmte Summe ausmachen, die wir jeden Monat für Essengehen, Theater, Kino und Konzerte ausgeben. Die ist praktisch ausgebucht. Dann fällt es nicht so schwer sie auszugeben. Was hältst du davon?«

»Gute Idee«, pflichtete Lea ihm sofort bei. »Du kannst die Summe festlegen.« Ich werde nächsten Monat schick essen gehen, freute sich Lea. Und es war seine Idee. Er wird sich daran halten. Ein Mann braucht immer ein System, nach dem die Dinge funktionieren sollen. Am besten eines, das er selbst erfunden hat. Ich muss ihm lediglich etwas Hilfestellung geben, damit ihm das Richtige einfällt.

So kann es jetzt weitergehen mit der Auflösung der vielen kleinen Unzulänglichkeiten. Zugegeben, es war nicht einfach, den richtigen Dreh zu finden. Aber das Nachdenken darüber hat sich gelohnt. Wir haben eine Vereinbarung. Ganz ohne Streit. Ganz ohne Ärger. Wir haben einen Streitgrund für die Zukunft beseitigt. Wir haben ganz locker geredet. Ich habe mich zurückgenommen. Er hat die Genugtuung des Problemlösers. Damit kann ich leben. Ich habe bekommen, was ich wollte. Wir fühlen uns beide gut. Besser kann es nicht sein.

Am darauffolgenden Samstagnachmittag klingelte gegen siebzehn Uhr das Telefon. Einer von Franks Kumpels wollte sich mit ihm zu einem Basketballspiel verabreden, das am gleichen Abend stattfinden sollte. Natürlich sagte Frank zu. Wieder ein Samstagabend, den ich alleine verbringen muss. Lea saß missmutig auf dem Sofa. Gar nicht nett von ihm. Er vergnügt sich und für mich ist der Abend gelaufen.

In der Nacht schneite es. Am Morgen waren Straßen, Häuser und Vorgärten mit einer dicken weißen Zuckerschicht bedeckt. Lea war als erste wach. Sie lief zum Fenster und sah hinaus. So friedlich und still sieht man die Welt sonst nicht. Im Bett regte sich etwas. Langsam kam Frank zu sich. Sie stieg wieder unter die Decke und kuschelte sich an ihn. »Wir sollten mehr zusammen unternehmen«, flüsterte sie ihm ins Ohr. »Wir sehen viel zu viel fern.« Keine Reaktion. Frank döste vor sich hin. Einige Zeit später, nachdem er sich wachgeräkelt hatte, versuchte sie es erneut. »Mal wieder einen Ausflug machen. Ins Grüne fahren. Wie denkst du darüber?«

»Bei dem Schnee kommen wir heute nicht weit.«

»Muss nicht unbedingt heute sein. Aber ich hätte gerne, dass wir uns mehr Dinge vornehmen, die wir gemeinsam tun können.«

»Und was soll das sein?«

Vieles, dachte Lea. Was wir gerne machen. »Was würdest du gerne mal mit mir unternehmen?«

»Mhmh.«

Schweigend lagen sie nebeneinander. Eine viertel Stunde war vergangen, vielleicht auch eine halbe, als Lea aufsprang. »Ich mache mir einen Tee. Möchtest du auch einen?« Frank nickte.

Auf dem Weg in die Küche kam Lea an dem Schreibblock vorbei, auf dem sie die Besorgungen notierte. Eine Liste, schoss es ihr durch den Kopf. Wir sollten eine Liste machen. Das ist das Erste, was wir gemeinsam machen können.

Sie reichte Frank den Kugelschreiber. »Schreib auf, was wir zusammen unternehmen könnten.«

›Eine Mountainbike-Tour‹ schrieb Frank als erstes. »Darauf hätte ich Lust. Ich muss mich mehr bewegen. Mich mal wieder richtig austoben.«

Nicht unbedingt das, was mir als erstes eingefallen wäre, dachte Lea. Eine Stunde später hatten sie eine stattliche Liste zusammengetragen.

Die Liste der gemeinsamen Unternehmungen von Frank und Lea

Mountainbike-Tour	Frank
Ins Kino gehen	Lea
Ins Theater gehen	Lea
Einen Tanzkurs machen	Lea
Einen Spaziergang im Stadtpark machen	Lea

Billard-Spielen	Frank
Zum Fußball gehen	Frank
Uns ein Wochenende am Meer gönnen	Lea
Ein Spiel kaufen und zusammen spielen	Lea
Gemeinsam kochen	Lea
Den Kletterpark in der Nachbarstadt besuchen	Frank
Gemeinsam die Möbel in der Wohnung umstellen	Lea
Im Sommer ein Gartenfest veranstalten	Lea, wo? Frank
Ein Ausflug ins Freilichtmuseum	Lea
Zusammen Baden, in Duftölen	Lea
Den Streichelzoo besuchen	Lea
Einen Schrebergarten pachten und gemeinsam darin herumackern	Lea, ojeoje Frank
In die Sauna gehen	Frank
Eine Geschichte erfinden, in der sie beide die Helden sind	Lea
Den Weihnachtsmarkt besuchen	Lea, ist OK Frank
Joggen gehen	Frank
Einen Einkaufsbummel machen	Lea

Mir fällt dazu viel mehr ein als Frank, stellte Lea mit einem Blick auf das Ergebnis fest. Aber so eine Liste zu erstellen, hat Spaß gemacht. War die erste gemeinsame Unternehmung. Seine Ideen haben größtenteils mit Sport zu tun. Böse Sache. Unser Ich-Land hatte viele Übereinstimmungen. Die Liste der gemeinsamen Unternehmungen zeigt deutliche Unterschiede. Im Großen sind wir uns einig. Im Kleinen nicht wirklich. Aber vielleicht haben Männer und Frauen unterschiedliche Interessen. Vielleicht soll mir das diese Liste zeigen. Mal unternehmen wir etwas, was er gerne möchte, mal etwas, was ich will. Warum nicht mal zum Fußball gehen? Warum eigentlich nicht.

›Einen Schneemann bauen‹ schrieb Lea zum Abschluss ganz groß unter die Liste. Frank verstand nicht gleich. Sie deutete mit dem Kopf zum Fenster. Er lachte. Ungewaschen und unfrisiert sprangen sie in ihre Kleider. In einem kleinen Park in der Nähe ihres Hauses begannen sie, Schneekugeln zu rollen. »Klebt nicht richtig«, stellte Frank fest. Er hatte eine lange Spur auf der Wiese hinterlassen, seine Schneekugel war dennoch nicht einmal auf die Größe eines Fußballs angewachsen. Er nahm sie und warf sie auf Lea. Im Nu tobte eine Schneeballschlacht mit anschließendem Einseifen. Sie tollten im Schnee herum, bis ihre Kleider nass waren. Dann versuchten sie es erneut. »Sieht eher wie ein Schneezwerg aus.« Arm in Arm standen sie vor dem Ergebnis. »Ein ziemlich krummer Schneegnom.«

»Mir ist kalt«, flüsterte Lea. »Total nasse Hose. Ich will heim.«

Sie trotteten nach Hause. »Ich glaube, ich krieche gleich wieder unter die warme Decke.« Lea drängte sich näher an Frank. »Wärmst du mich?«

»Ja«, zwinkerte er zurück.

In den folgenden Wochen sprach Lea all die Themen an, die ihr am Herzen lagen. In einem Streichelzoo beobachteten sie zwei Zwergschweine, die genüsslich im Matsch wühlten. Lea brachte das Gespräch auf unappetitliche Essgewohnheiten und nahm Frank das Versprechen ab, seine abendliche Geräuschkulisse etwas zu dämpfen. Auf einer Party beobachteten sie einen Ehemann, der sich vor den anderen Partygästen fortwährend über seine Frau lustig machte. Lea hatte sich oft darüber geärgert, dass Frank vor seinen Freunden Witze über sie riss. Sie nahm das Beispiel zum Anlass, mit Frank darüber zu sprechen. Auch ihm missfiel das Verhalten des anderen Mannes. Sie versprachen sich gegenseitig, den anderen niemals vor anderen lächerlich zu machen.

Hin und wieder drehte Frank den Spieß um. Nicht so überlegt wie sie und lange nicht so diplomatisch sprach er Verhaltensweisen an, die ihn an Lea störten. »Ich hasse es, wenn du zu spät zu unseren Verabredungen kommst.« Auch die vielen Kosenamen, die sie ihm gab, gefielen ihm nicht. »Ich hasse Tiernamen. Vor allem, wenn sie mit einem -chen enden.« Er beschwerte sich darüber, dass sie immer eine viel zu lange Zeit benötigte, um sich zurecht zu machen, wenn sie ausgehen wollten.

›Nicht zu spät kommen‹ prägte sie sich ein. Er fühlt sich missachtet, wenn ich ihn warten lasse. Kann ich verstehen. Geht mir auch so. Ich werde mir Mühe geben. Keine Kosenamen. Findet er unmännlich. Passt nicht zu ihm. Kann ich überhaupt nicht verstehen. Finde ich überhaupt nicht gut. Kosenamen sind der Ausdruck meiner Zuneigung zu ihm. Muss ich akzeptieren. Diese Namen will er nicht. Muss ich vielleicht männlichere Kosenamen finden. Nicht so lange zum Zurechtmachen brauchen. Ich will gut aussehen. Mache ich doch auch für ihn. Gefallen tut es ihm schon. Nur darauf warten will er nicht. Ich glaube, da muss er durch. Schönheit braucht seine Zeit. Ich werde es mir nicht nehmen lassen, gut auszusehen. Früher anfangen? Ihn darauf vorbereiten, dass es länger dauert. Manchmal braucht er Geduld. Da muss er kompromissfähig sein.

Nicht immer begegnete Lea Franks Bemerkungen mit der Gelassenheit, die sie sich selbst auferlegt hatte. Sie spürte die Gefühle in sich aufsteigen. Meist gelang es ihr, sie zu beherrschen, mitunter jedoch brach eine heftige

Reaktion aus ihr heraus. Manchmal blieb es bei einem fernen Gewittergrollen, bisweilen schwoll eine sanfte Briese zu einem handfesten Sturm an. Doch ihre Streitereien verliefen anders als früher. Lea gab nicht mehr klein bei. Sie zog sich nicht mehr zurück, schmollte nicht, fraß keinen Ärger in sich hinein. Besser fühlte sie sich deshalb nicht. Sie wollte keinen Streit mit Frank. Sie musste sich eingestehen, dass auch er das Recht hatte, ihre Unzulänglichkeiten beim Namen zu nennen. Sie wollte, dass er sein Verhalten änderte. Auch ihm missfielen Dinge, die er sich anders wünschte. Oft nahm sie sich vor, zu verändern, was er angesprochen hatte, auch wenn sie es im Streit weit von sich gewiesen hatte. Manchmal sagte sie es ihm auch. Irgendwann, wenn die Auseinandersetzung lange vorüber war. Bekommen und dafür geben. Mitunter ist beides nicht einfach. Ich habe meine Eigenarten. Muss ich mir eingestehen. Auch wenn es mir nicht leicht fällt.

Streiten ist niemals gut. Besser ist, Streit nicht entstehen zu lassen. Aber ich bin kein Berufsdiplomat. Will ich auch nicht sein. Ich kann versuchen, meine Gefühle besser zu beherrschen. Unterdrücken werde ich sie auf keinen Fall. Ich kann mich anpassen. Verbiegen werde ich mich nicht. Vieles ist nicht wichtig. Das lässt sich ändern. Andere Dinge jedoch gehören zu mir. Sie bleiben ein Teil von mir. Nicht alles lässt sich durch einen Kompromiss regeln. Ich will ich bleiben. Ich werde ich bleiben. Nicht bei allem will ich über Strategie und Taktik nachdenken. Über einiges will ich überhaupt nicht nachdenken. Jeder besitzt seine individuelle Persönlichkeit. Jeder hat seinen ganz speziellen Knall. Für den Partner bleibt der zu akzeptieren. Nichts anderes als das. Manchmal gibt es nichts auszudiskutieren. Nicht für alles gibt es eine Lösung. Ein paar Dinge muss man ertragen. Den einen Knall und den anderen. Aber nicht mehr. Wenn es zu oft knallt, lebt einer auf Kosten des anderen. Dann ist es Zeit, sich einzugestehen, dass etwas nicht passt. Dass zwei Menschen nicht zueinander passen. Eine bittere Erkenntnis und eine gute zugleich. Vieles geht. Aber nicht alles.

Von nun an lebte Lea ihre Beziehung neu. Sie betrachtete sie bewusster. Sie nahm sich mehr Zeit, über Frank und sein Verhalten nachzudenken und es zu verstehen. Mit dem genauen Hinsehen lernte sie viel darüber, wie ihre Partnerschaft funktionierte. Sie lernte die steileren Klippen zu umgehen, an denen sie früher Schiffbruch erlitten hatten. Nicht streiten. Diplomatisch sein. Den Sturm der Gefühle sich zunächst legen lassen. Dann reden.

Auch mit sich beschäftigte sie sich anders als früher. Immer wieder spiegelte sie sich ihr eigenes Verhalten. Besonders dann, wenn Frank sie kritisierte. Hat er recht? Tue ich Dinge, die unerträglich sind? Oder liegt die Ursache für seine Kritik in seiner eigenen Unzufriedenheit, seiner eigenen Ungeduld begründet? Am Anfang kam sie meist zu dem Schluss, dass Franks Anteil an den Kritikpunkten mindestens so groß war wie ihr eigener. Mit der Zeit häuften sich die Zweifel. Manchmal bin ich wohl tatsächlich die Zicke, als die er mich darstellt. So vollkommen, wie ich immer geglaubt habe, bin ich nicht. Ich bin ein guter Mensch. Gewiss. Aber auch ich habe meine Ecken und Kanten. Sich selbst zu hinterfragen und dabei objektiv zu sein, ist weitaus schwerer, als sein Urteil über andere zu fällen. Der ungetrübte Blick nach innen dringt manchmal in Ecken, in denen ich mich nie habe herumtreiben wollen. Aber erst dann, wenn ich bereit bin, mich und meine Unvollkommenheiten als Teil meiner Beziehung zu begreifen, werde ich sie wirklich ganz verstehen und zum Besseren führen können.

Nüchterne Gelassenheit. Kann helfen, wenn der Kessel überzukochen droht. Eine Basis für eine gute Beziehung ist sie nicht. Meine Beziehung soll aus Gefühlen bestehen. Wenn ich in der Lage bin, meine Partnerschaft und die Dinge, die darin geschehen, nüchtern zu betrachten, sollte ich sie sofort beenden. Der Beruf für das Materielle. Nüchterne Gelassenheit. Die Beziehung für die Gefühle. Chaotische Ausgelassenheit. Wenn dann noch die Beziehung die materielle Sicherheit erhöht und der Beruf seinen Anteil zur gefühlsmäßigen Ausgefülltheit leistet, ist mein Leben perfekt.

Ich habe mir meine Beziehung bewusst gemacht. Nun will ich sie bewusster leben. Sie bewusst aktiv gestalten. Sie soll nicht einfach nur da sein. Irgendwie mitlaufen. Sie soll Mittelpunkt sein. Erfüllung. Die Quelle für richtig gute Gefühle. Nicht immer nur reden. Auch mal eine Pause machen. Klar muss es eine Zeit geben, in der wir uns über uns austauschen. Vor allem aber muss es eine gute Zeit geben, die wir miteinander verbringen.

Winterabende sind wunderbar, sich näher zu kommen, dachte Lea. Draußen Regen, Kälte, Nebel. Drinnen Wärme, Schutz, Geborgenheit. Sie probierte ein neues Rezept für einen Drink aus. Rum, Kirschsaft, Grenadine auf dem Herd erwärmt, darauf eine große Portion Sahne. Genüsslich schlürften sie den Inhalt ihrer Gläser. »Massierst du mir die Füße«, fragte Lea. Noch ehe Frank antworten konnte, hatte sie die Strümpfe ausgezogen. »Und jetzt die Beine«, sagte sie nach einiger Zeit. »Und jetzt ...« Sie sahen sich in die Augen. Einmal wieder ganz nah beieinander sein. Ganz still. Ohne ein Wort. Einfach nur fühlen. Sich zusammen richtig gut fühlen.

Lea hatte viele Ideen, was sie zusammen unternehmen konnten. Viele mehr als auf ihrer gemeinsamen Liste standen. Sie machten am Freitag früher Feierabend und fuhren ganz spontan in die Berge. Richtigen Schnee sehen. Lange Winterspaziergänge. Nicht nur diesen Großstadtmatsch.

Einige Tage später spielte Lea Frank ihre neueste CD-Erwerbung vor. »Das erinnert mich an etwas.« Frank kramte in seiner Sammlung und kam mit einigen alten Aufnahmen zurück. Er spielte sie ihr vor. »Klingt ganz ähnlich, nicht wahr?« Zu einer CD fiel ihm eine Geschichte ein. Eine Erinnerung aus seiner Jugend. Beide holten nun ihre Schätze aus dem CD-Regal hervor. Erzählten, warum sie sie gekauft hatten. Wo sie die Lieder zum ersten Mal gehört hatten. Was sie bedeuteten. Irgendwann gähnte Lea. »Wie spät ist es eigentlich?« »Halb Zwei.« »Oje, wie die Zeit vergeht. Jetzt aber schnell ins Bett, damit wir morgen wieder fit sind.«

Immer öfter blieb der Fernseher aus. Sie gingen ins Theater, zu Konzerten, verabredeten sich mit Freunden zum Essengehen. Sie saßen auf dem Sofa und stellten Listen auf. Die schönsten Bücher. Erzählten sich gegenseitig, warum sie sie mochten. Die schönsten Filme. Die schönsten Lieder. All die Orte, die sie noch bereisen mussten. Sie fanden heraus, wie viel sie sich zu sagen hatten, wenn immer einer sprach und der andere zuhörte. Frank berichtete davon, wie Menschen sich die Errungenschaften der Natur zunutze machten, um Neues zu erfinden. Bionik nannte er das. Sein Lieblingsthema war die Reise zum Mars, die Astronauten in nicht allzu ferner Zukunft untenehmen würden. Lea stellte ihm ihre Ideen zur Neugestaltung ihrer Wohnung vor. Wie das Umstellen der Möbel mit wenigen Handgriffen eine wohnlichere Atmosphäre schaffen würde. Am nächsten Wochenende rückten sie gemeinsam Tische, Stühle und Schränke auf neue Plätze. Gefällt mir gut, dachte Lea. Außerdem bringt ein wenig Veränderung auch Bewegung in eine stehen gebliebene Beziehung.

Frank zeigte ihr seine Spiele, die er auf dem Computer gespeichert hatte. Sie spielten gegeneinander. Lea verlor haushoch. Viel zu schnell für mich. Viel zu kompliziert. Sie nahm ihn mit in den Zoo, um die Patenschaft für ein Erdmännchen mit einem Streifen im Fell zu erwerben. Es schaut immer so traurig, begründete sie. Jetzt soll es ihm viel besser gehen. »Hast du gewusst, dass die Erdmännchenherden von Frauen geführt werden? Eine sehr fortschrittliche Gesellschaft.« Fortan besuchten sie es an Sonntagnachmittagen. Zu zweit, Lea immer öfter auch alleine. Ich glaube, ich will Kinder haben, dachte Lea. Menschen, um die ich mich kümmern möchte.

Sie erwarb zwei kleine ferngesteuerte Autos. Die Rennstrecke führte um den Tisch herum und unter dem Sofa hindurch. Die ersten Rennen gewann

Frank. Der Abstand verringerte sich jedoch immer mehr. »Revanche«, rief Frank, als er das erste Rennen verloren hatte. Es folgte eine Niederlagenserie. »Jetzt habe ich keine Lust mehr«, beendete Frank den Renntag kleinlaut. An den folgenden Tagen bemerkte Lea, dass er heimlich trainierte. Na warte, das wird dir nichts nützen, freute sie sich auf den nächsten Wohnzimmer-Grand-Prix.

Sie begleitete Frank zu einem Fußballspiel. OK, dem Spiel kann ich nicht viel abgewinnen. Aber die Atmosphäre in einem großen vollbesetzten Stadion, hat schon was. Sie überredete ihn, mit zu einer Eiskunstlauf-Gala zu gehen. »Knackige Hintern«, fiel Frank dazu ein.

Wenn sie durch die Straßen ging, erwarb sie von nun an Kleinigkeiten, die sie hier und da sah und brachte sie Frank mit. »Ich habe an dich gedacht«, antworte sie, als er sie danach fragte. Nicht lange darauf fand sie eine rote Rose auf dem Tisch liegen, als sie nach Hause kam. »Was ist das?« »Für dich.« »Warum?« »Einfach so.« Hat lange gedauert, dachte Lea. Eine rote Rose ist nicht gerade originell. Aber ich freue mich darüber. Auch er denkt an mich.

Am Sonntagmorgen wachte Lea früh auf. Sechs Uhr in der Früh und ich kann nicht schlafen. Kenne ich sonst nicht von mir. Sie richtete sich ein wenig auf, sah zu Frank hinüber. Wie friedlich er schläft. Schlaf weiter mein Prinz, ich wache über dich. So klar wie in diesem Augenblick hatte sie sich, ihre Partnerschaft, ihr ganzes Leben noch nie gesehen. Etwas hat sich verändert in den letzten Wochen, bemerkte sie. Sicherheit habe ich mir von dieser Beziehung versprochen. Einen festen Halt. Frank sollte derjenige sein, der mich hält. Und nun? Ist dieses Streben nach Sicherheit nicht auch ein anderer Begriff für Angst? Wie eigenartig sind wir Menschen. Wir haben so viel Angst vor dem Leben und all den Dingen, die darin geschehen könnten, dass wir uns verstecken, daraus flüchten und nie richtig zu leben lernen. Wir lassen es zu, dass die Angst den bestimmenden Platz in unserem Leben einnimmt und sind nicht bereit uns das einzugestehen. Aber jetzt, in diesem Augenblick fühle ich mich ohne Angst. Ich bin gewachsen. An dieser Beziehung. Ich ducke mich nicht mehr hinter Frank. Ich stehe neben ihm. Immer mehr bin ich diejenige, die bestimmt, was wir tun. Ich habe die Führung übernommen. Unmerklich. Ich bin kein Herrscher und kein General. Aber ich habe die Verantwortung für mich selbst übernommen. Ich glaube, das ist mehr, als die meisten Menschen in ihrem Leben je erreichen werden. Ja, ich bin ohne Angst. Ich fühle mich frei. Frei, alles tun zu können, was ich will. Ein ganz wunderbares Gefühl.

Wie wunderbar leicht ich alles nun empfinde. Die Lust auf Leben bestimmt mein Denken und Tun. Ich will noch viel erleben. Ich fange gerade erst damit an.

Meine Partnerschaft mit Frank? Ich will keine Prinzessin sein. Aber ganz Frau. Er braucht auch kein Prinz zu sein. Er muss mir nicht jeden Wunsch von den Augen ablesen. Das wäre keine Partnerschaft. Ich will einen richtigen Mann. Einen lebendigen Mann. Ich möchte gut von ihm behandelt werden. Schöne Dinge mit ihm erleben. Manchmal etwas Schönes von ihm hören. Komplimente tun mir gut. Ich möchte hören, dass ich geliebt werde. Er soll mir gut tun. Und ich muss ihm gut tun. Das ist alles.

Ich möchte, dass sich unsere Beziehung ändert. Dass sie wächst. Frank möchte, dass alles so bleibt, wie es ist. Mir fallen viele Dinge ein, die ich mit ihm unternehmen möchte. Er hingegen ist zu dem zurückgekehrt, wie es immer war. Unsere Beziehung ist besser geworden, viel besser. Weil ich sie verändert habe. Hat er bemerkt, dass sich etwas verändert hat? Ich glaube nicht. Mitunter habe ich das Gefühl, einen Weg zu gehen, an dessen Rand er schon lange zurückgeblieben ist.

Vergeht unsere Liebe? Ich weiß es nicht. Es gibt in meinem Leben Augenblicke großer Gefühle. Aber manchmal habe ich sie einfach verloren. Im Treppenhaus zurückgelassen. Ausgesetzt wie ein verliehenes Buch und dann vergessen, es zurückzufordern. Ich habe viel Kraft in diese Partnerschaft gesteckt. Oft mehr, als ich entbehren kann. Sollte es nicht umgekehrt sein? Sollte sie mir nicht Kraft geben? Mut und Zuversicht? Frank ist in Ordnung. Aber viel kommt von ihm nicht zurück zu mir. Könnte es nicht ein lohnenderes Ziel für mich geben? Eines, das zu erreichen weniger Kraft braucht? Eines, bei dem alles natürlich geschieht? Alles, was ich jetzt tue, kann ich auch für und mit jedem anderen tun. Hoppla, keine gute Erkenntnis. Aber was, wenn ich wirklich eines Morgens aufwache und feststelle, dass ich zwar das Geben gelernt habe, das Bekommen sich aber in verschwindend kleinen Grenzen hält?

Ich will in diesem Leben große Gefühle haben. Nicht nur die Erinnerung daran. Vor allem nicht nur Träume davon, wie sie sein könnten. Soll ich mich jetzt schon zufrieden geben? Ich bin nicht mehr ganz jung. Aber auch für nichts zu alt. Was bin ich mir wert? Mehr als das, was ich jetzt habe. Nein, ich will nicht mehr träumen. Ich will haben. Ja, auch das ist mir bewusst geworden: Die Gefühle sind nicht so groß, wie ich sie gerne hätte. Lange nicht so groß, wie ich sie mir vorstelle. Einbilde, weil ich will, dass sie da sind. Weil ich will, dass alles gut ist.

Will ich mich von Frank trennen? Halte ich zulange an etwas fest, was ich ändern sollte? Weil ich das Neue fürchte? Das Unbekannte? Ich glaube nicht. Noch will ich nicht gehen. Diese Beziehung ist in Ordnung. Keine Höhen. Keine allzu großen Tiefen. Normal eben. Sie ist bereits um einiges schöner geworden. Vieles mehr ist möglich. Ich bekomme mehr von dem, was ich möchte. Weil ich etwas dafür tue. Wenn wir es beide wollen, wenn wir uns einig sind und beide etwas dafür tun, wird diese Partnerschaft etwas Wunderbares werden.

Alles muss natürlich gehen. If it doesn't come naturally leave it. Das gilt für diese Beziehung. Aber auch für alles Neue, das da kommen könnte. Will ich diese Beziehung? Ja. Will ich diese Beziehung, wie sie jetzt ist, um jeden Preis? Nein. Vielleicht muss eines Tages etwas ganz anderes kommen. Aber nicht heute. Dann, wenn ich es will. Die Initiative liegt bei mir. Ich halte alle Fäden meines Lebens in der Hand. Ich handle. Genau dann, wenn ich es für richtig erachte.

Bau dir dein eigenes Ich-Land – so, wie es dir gefällt

Als die Zeit der Schneeglöckchen kam und die Krokusse sprießten, belegte Lea ihren ersten Malkurs. An der Tür eines kleinen Geschäftes für Malereibedarf hatte sie den Aushang einer Künstlerin entdeckt, die Seminare für Anfänger anbot. Im Geschäft erwarb sie Farben und Pinsel und fand sich eines Abends mit einer Handvoll Malneulingen in einem bescheidenen Atelier unter dem Dach eines fünfstöckigen Wohnhauses ein. Vielleicht habe ich nicht das größte Talent, überlegte sie mit Blick auf ihr erstes Werk, aber Spaß macht mir das. Sie freundete sich mit einer Frau in ihrem Alter an. Gemeinsam besuchten sie eine andere Malschule, von der diese gehört hatte. Sie lernten den Umgang mit Acrylfarben, das Aquarellieren, Zeichnen mit dem Kohlstift. Ihr Freundeskreis wuchs und schnell bildete ein Weinlokal in ihrem Viertel den Treffpunkt, in dem sie sich mit anderen hoffnungsvollen, wie sie begeisterten Jungmalerinnen traf. Untalentiert bin ich nicht, stellte sie fest, nachdem sie einige Versuche unternommen hatte. Sieht richtig gut aus, was ich zustandebringe, war ihre Überzeugung, nachdem sie einige Übung im Umgang mit Leinwand und Techniken erworben hatte.

Sie schleppte Frank zu einem Tangokurs und entschied, nachdem das Ergebnis nicht ihren Vorstellungen entsprach, mit Susanne zusammen einen zweiten Versuch zu starten. Zwei interessierte junge Männer fanden sich in der Tanzschule. ›Ein Treffer‹ war sich Lea schon nach den ersten Schritten sicher. Susanne hatte nicht so viel Glück. Bisschen ungelenkig der Junge. Seine Füße sind für meine etwas schwer. Aber das renkte sich nach einigen Übungsabenden ein. Wenn die Dinge, die ich gerne machen möchte, mit Frank nicht gelingen, muss ich eben einen Weg finden, wie ich ohne ihn tun kann, was ich tun möchte. Ich will mich selbst verwirklichen. Ausprobieren. Herausfinden, was mir gefällt, und was nicht. Ich will nicht mehr verzichten. Nichts mehr auf Morgen oder eine unbestimmte Zukunft verschieben. Ich will jetzt leben. Jetzt erleben. Erproben, was ich kann. Herausfinden, wozu ich fähig bin. Mit Lust das tun, was mir in diesem Augenblick Spaß macht.

Mit den ersten Frühlingssonnenstrahlen erwarb Lea Blumentöpfe und -kübel, schleppte eine ganze Batterie Pflänzlinge nach Hause. »Hast du das Gartencenter geplündert?«, fragte Frank, als sie sich auf dem Balkon an das Auspflanzen machte. »Och, ein bisschen habe ich noch dagelassen. Aber ich muss da unbedingt noch einmal hin.« Lea ordnete die bepflanzten Behälter rund um die Balustrade an. »Da bekommen wir keinen Liegestuhl mehr dazwischen«, monierte Frank. »Egal«, befand Lea. »Schön ist es jetzt. Fast wie ein eigener Garten. Wenn ich den nicht bekommen kann, dann will ich das hier haben.«

Am darauffolgenden Wochenende erschreckte sie Frank mit großen Farbkübeln und Rollen, die sie vor der Wohnungstür aufbaute. »Lass uns renovieren. Ein paar frische Farben schaden nichts. Nicht immer nur dieses langweilige Raufaser-Weiß.« Wiederwillig ließ sich Frank überreden, die Möbel von den Wänden zu rücken und alles mit Plastikfolie abzudecken. Lea klebte die Ecken und Leisten ab und überließ es ihm, die großen Wandflächen mit der Rolle zu bearbeiten. Ihm soll die Neugestaltung unserer Wohnung auch Spaß machen, motivierte sie sich und ihn. Er braucht Erfolgserlebnisse. Soll er haben. »Bist du begeistert«, fragte sie ihn, nachdem sie allen drei Zimmern zu einer eigenen Farbgebung verholfen hatten. »Ich finde es sieht jetzt viel gemütlicher aus. Viel wärmer. Sommerlich. Fast wie in der Toskana.« »Puh«, gab Frank zurück. »Das ganze Wochenende ist dafür drauf gegangen.« Einige Tage später gefiel es ihm schon besser. »Eigentlich ganz nett geworden, was wir da fabriziert haben.«

Lea entschied, zu ihrem Geburtstag eine große Party zu geben. »Hast du noch nie gemacht«, wandte Frank ein. »Einmal muss das erste Mal sein.« Eine ihrer Malfreundinnen stellte ihr Atelier zur Verfügung. »Vierzig, fünfzig Leute bekommen wir da rein.« Sie räumten das Zimmer leer, bauten eine Bar auf. Lea engagierte einen Bekannten, der als Discjockey fungierte. »So viele Geschenke habe ich noch nie bekommen«, stellte sie fest, als um vier Uhr morgens der letzte Gast gegangen war. »Super Party«, säuselte Susanne leicht beschwipst.

Über ein Geburtstagsgeschenk freute sich Lea besonders. In einem Umschlag steckte ein Gutschein: Die ersten drei Fahrstunden für den Motorrad-Führerschein. Mit einem geliehenen Helm ging es in der darauffolgenden Woche los. In der Fahrschule lernte sie einen Mann kennen, mit dem sie sich in ein Restaurant verabredete. »Sehr kultiviert. Und ziemlich intelligent«, berichtete sie Susanne später. »Ich habe mich richtig gut unterhalten. Sogar ein bisschen geflirtet. Wusste schon fast nicht mehr, wie das geht.« »Und?« »Ging erstaunlich gut. Sollte ich öfter machen.«

Mit Susanne zusammen besuchte Lea die Show einer Männerstrip-Gruppe. »Naja, witzig war das schon. Aber wenn ich es recht bedenke: So richtig mein Typ waren die alle nicht. Mal was Süßes zum Naschen zwischendurch. Aber das war es dann auch.« Viel besser gefiel ihr eine Reise nach Venedig, die sie mit mehreren Freundinnen zusammen unternahm. Für wenig Geld hatten sie sich einer Busreisegruppe angeschlossen. »Busreisen ist was für Rentner«, hatte Frank gesagt. »Macht nichts. Wir sind zu sechst und wer da sonst mitfährt, ist uns egal.« Sie besuchten eine Aufführung in der Oper La Fenice. »Was für eine Atmosphäre. Als wenn du dich in ein anderes Jahrhundert zurückversetzt. So viel gelacht wie auf dieser Busfahrt habe ich lange nicht mehr«, fasste sie zusammen.

Nach der Reise bemerkte sie, dass ihre T-Shirts zu spannen begannen. Ich sollte mal wieder etwas abspecken entschied sie. Sie meldete sich in einem Fitnessstudio an, aber nach wenigen Besuchen hatte sie keine Lust mehr hinzugehen. Gewichtestemmen ist blöd. Dieses Aerobic-Rumgehüpfe ist mir viel zu anstrengend. Yoga und Tai Chi waren ihr zu langweilig. Auf Joggen habe ich keine Lust. Der Ausdauertyp bin ich nicht. Und überhaupt: Ich will mich nicht quälen. Sport und ich, wir passen einfach nicht zusammen. Bleiben die Pfunde eben drauf. Ich bin wie ich bin. Nehmt mich gefälligst so. Ich finde mich OK. Ich sehe gut aus. Und wer das nicht findet, der soll es für sich behalten.

Lea verbrachte viel mehr Zeit mit sich. Mit Dingen, die sie für sich selbst tun konnte. Sie las eines jener Bücher wieder, die ihr vor Jahren besonders gut gefallen hatten. Mit Einrichten, Malen, Gartengestalten und Motorradfahren beschäftigten sich die Zeitschriften, die sie abonnierte. Sie versuchte, sich mit neuen Gedanken und Ideen vertraut zu machen. An der Volkshochschule belegte sie einen Kurs über griechische Philosophen, ließ sich in einem Esoterikzentrum in die Geheimnisse des Zen einführen. »Brauche ich alles nicht«, fasste sie ihre Erkenntnisse zusammen. »Ich benötige eine Lehre, die ich hier und jetzt gebrauchen kann. Ich will in kein Kloster, nicht auf ein Jenseits hoffen. Ich will hier in dieser Welt leben. Wenn diese Theorien dafür nichts anzubieten haben, wofür sind sie dann eigentlich von Nutzen?« Etwas Epikur blieb bei ihr hängen: Lerne dieses Leben zu leben. Ein anderes gibt es nicht. Recht hat er, pflichtete sie ihm bei.

Lea lebte. Sie machte sich keine Sorgen mehr. Warum auch. Wenn sie mich rausschmeißen, finde ich einen anderen Job. Aber niemand wird mich rausschmeißen. Wenn Frank mich verlässt, finde ich einen anderen Freund. Aber er verlässt mich nicht. Eher verlasse ich ihn. Das Leben ist einfach. Solange ich es nicht selbst kompliziert mache. Ich muss nicht jeder neuen Mode hinterherlaufen. Ich entscheide selbst, was mir gefällt. Ich muss nicht auf alles reagieren, was ich in Zeitschriften lese oder im Fernsehen sehe. Nicht jede Nachricht ist es wert, durch mein Gehirn zu strömen. Ich wähle das aus, was sich brauchen lässt. Der Rest ist mir viel zu viel. Ich handle. Stelle nicht immer alles in Frage. Ich bin ich. Nicht ein Abziehbild von dem, was ich nach Meinung anderer sein sollte. Wenn ich in den Spiegel sehe, dann ist da Lea. Das ist alles, was ich sehen will.

Ich habe gelernt, zu siegen. Mir ist klar geworden, dass Niederlagen zum Leben dazugehören. Ich habe gelernt, auch sie zu akzeptieren. Wer etwas unternimmt, hat keine Garantie dafür, immer nur zu gewinnen. Aber wer aus Angst vor dem Scheitern nie etwas tut, ist der größte Verlierer überhaupt.

Ich habe keine Angst. Nicht vor dem Verlieren. Aber auch nicht vor dem Siegen. Früher habe ich oft zurückgesteckt, weil mich der Mut zur eigenen Courage verlassen hat. Nun stehe ich zu mir. Ich bin frei. Im Denken und im Handeln.

Mir kommt es vor, als habe ich ein Seil durchschnitten. Eines, dass mich von meinem eigenen Leben fern gehalten hat. Ich bin innerlich frei. Ich muss nichts. Aber ich kann alles. Vor Kurzem habe ich die Geschichte eines 114-jährigen gelesen. Ein Glas Wein, sich nicht aufregen und jede Menge Freude haben. Das ist sein ganzes Geheimnis. Ich habe Freude. Freude an mir und mit mir. So viele Menschen gieren nach Spaß, finden aber keine innere Freude darin. Nicht außen suchen. Innen finden. Warum sollte ich nicht auch hundert Jahre alt werden?

Ich will.

Ich kann.

Und wenn ich nicht will, dann könnt ihr mich alle.

Glücklich leben im Ich-Land

Für lange Zeit hatte ich von Lea nichts mehr gehört. Im August des folgenden Jahres fand ich eine Einladung zu einem Gartenfest in meinem Briefkasten. Sie ist umgezogen, dachte ich. Die Adresse hatte sich geändert.

Lea wohnte nun in einem Haus in einem kleinen Ort in der Nähe der Großstadt. »Gibt es einen Anlass für diese Feier?«, fragte ich sie als ich ihr mein Geschenk überreichte. »Es gibt immer etwas zu feiern«, gab sie zurück.

»Und was heute?«

»Das Leben. Und nichts als das Leben.« Sie führte mich zu einer langen gedeckten Tafel, die auf dem Rasen mitten in ihrem Garten stand. »Ich kann ohne Grund und Anlass glücklich sein.« Das Grundstück war nicht groß, aber es war ihm anzusehen, dass Lea darin bereits ihre Handschrift hinterlassen hatte. Neu angelegte Blumenbeete strahlten in bunter Blütenpracht. Zwischen niedrigen Buchsbäumchen hatte sie einen Kräutergarten angelegt und auf einem Gemüsebeet kämpften Erbsen und Bohnen, Tomaten, Zwiebeln, Karotten und Kartoffeln um den Platz an der Sonne. »Noch nicht ganz optimal«, gab Lea zu. »Aber für den ersten Versuch finde ich das Ergebnis schon ziemlich gut.«

Sie führte mich in ihr Haus. »Es ist um die vorletzte Jahrhundertwende gebaut worden. Ein Siedlerhaus.« Im Erdgeschoss befanden sich Küche, Wohn- und Arbeitszimmer, die Treppe hinauf lagen das Schlafzimmer und zwei kleine Räume, die bisher keine Verwendung gefunden hatten. »Ein süßes kleines Häuschen«, stellte ich fest.

»Groß genug für mich«, stellte Lea fest. Ich baue gerade ein Nest daraus. Es gibt noch viel zu tun.«

Im Garten hatten sich mittlerweile andere Gäste eingefunden. Sie gruppierten sich um den langen Tisch, der festlich eingedeckt war, sommerlich dekoriert und über dem Lampions hingen, die angezündet werden sollten, wenn es dunkel wurde. Ein Mann, der sich an einem Bierfässchen zu schaffen gemacht hatte, näherte sich uns. »Das ist Paul«, stellte ihn mir Lea vor. Ich sah sie fragend an. »Wir haben uns auf einer Motorradtour kennen gelernt. Wir haben uns auf Anhieb gut verstanden. Je mehr wir uns unterhielten, desto mehr wurde mir klar, wie groß die Übereinstimmung zwischen uns war. Auch er träumte von einem Häuschen wie diesem. Er erzählte mir, dass er noch nicht da angekommen war, wo er hinwollte und schnell erkannten wir, dass wir uns auf dem gleichen Weg befanden. Wir haben viele gemeinsame Ziele, viele Dinge, die wir tun wollen. Wir tun alles dafür, sie zu erreichen. Zusammen. Jeder hilft dem anderen. Paul ist ein wunderbarer Mann. Er ist aufmerksam, zuvorkommend. Lieb und zärtlich, aber auch sehr durchsetzungsstark, wenn es darum geht, etwas für uns zu erreichen. Ich glaube, ich habe den Mann gefunden, von dem ich immer geträumt habe. Mit dem ich den Rest meines Lebens verbringen möchte. Ich spüre, dass unsere Liebe von Tag zu Tag wächst.«

Später am Abend, nach dem Essen, saß ich mit ihr auf einer Gartenbank unter der großen Birke zusammen. »In meinem Beruf hat sich auch einiges ereignet. Nachdem wir unsere Abteilung so gut ins Laufen gebracht hatten, stieg mein Chef eine Stufe auf. Er hat mich als seine Nachfolgerin vorgeschlagen, so dass ich die Abteilung hätte übernehmen können. Ich habe abgelehnt. In der Zwischenzeit war ich selbst aktiv geworden, hatte einige Bewerbungen geschrieben. Auf einen heißen Tipp von einem Bekannten stellte ich mich bei dem Unternehmen vor, für das er arbeitete. Es ging um eine Stelle, von der ich bis dahin nur geträumt hatte. Ich redete wie nie zuvor, verkaufte mich so gut, dass ich es selbst nicht glauben konnte, und bekam den Job. Heute verdiene ich weitaus mehr als früher und befinde mich in einer Position, die noch eine Klasse besser ist als die, die mein ehemaliger Chef jetzt hat.«

Ihre Augen bekamen einen glänzenden Ausdruck. »Bei meinem Abschied bedauerten alle, dass ich ging. Einer der älteren Kollegen hielt eine ganz wunderbare Rede. Er sprach davon, wie das Leben und Arbeiten in der Abteilung durch meine Aktivitäten für alle schöner geworden war. Wie alle neuen Mut und Spaß gefunden hatten. Er schenkte mir ein kleines Glöckchen. Beim Klang eines Glöckchens erhält ein Engel seine Flügel, sagte er. Ich sei auch so etwas wie ein Engel und solle noch vielen anderen zu ihren Flügeln verhelfen. Die anderen Kollegen schenkten mir einen Malkurs. Groß, bunt und wild. Damit ich noch mehr Farbe in das Leben anderer Menschen bringen kann. Rührend, nicht? Schön zu wissen, dass ich für andere Menschen etwas bedeutet habe, ihnen etwas geben konnte.«

Sie holte sich ein neues Glas Wein. »Einer der Bereichsleiter in meinem Unternehmen hat gekündigt. Vor wenigen Tagen wurde ich für seine Nachfolge vorgeschlagen. Ein schneller Aufstieg, nicht wahr?« Ich nickte. »Aber ich habe abgelehnt. Natürlich ist diese Position verlockend. Aber sie würde bedeuten, dass ich nur noch für meinen Beruf leben müsste. Ich bin zufrieden mit dem Erreichten. Ich verdiene gut, die Arbeit gefällt mir, die Kollegen sind nett. Ich habe keinen Stress und genügend Zeit, mich um all die anderen Dinge zu kümmern, die mir sonst noch Spaß machen. So soll es sein. So soll es bleiben. Ich sitze lieber hier in meinem Garten. In einer Ecke habe ich einen Reisighaufen aufgeschüttet. In seiner Nähe habe ich einen Igel gesehen. Vielleicht nimmt er sein Winterquartier dort. Das wäre schön. Wir haben ein Vogelhäuschen gebaut, das hängen wir in die Birke. Ich möchte die Vögel beobachten, wenn sie sich im Winter ihre Körner holen. Ich will Zeit zum Reisen haben, viel von der Welt sehen. Wir planen gerade einen Herbsturlaub am Meer. Und einen Winterurlaub in den Alpen. Und einen Frühlingsurlaub auf Sizilien.«

»Du hast ja viel vor«, lachte ich. »Ein richtiger kleiner Wirbelwind.«

»Ja, auf einmal geht das alles ganz einfach. Ganz natürlich. Keine Kämpfe mehr in der Partnerschaft. Gemeinsame Träume, die wir uns zusammen erfüllen. Einen Menschen gefunden zu haben, mit dem ich mir so vollkommen einig bin, ist wunderbar.«

Eine Bekannte von Lea gesellte sich zu uns. Sie hatte den Nachtisch mitgebracht. »Prima Sauzeug«, stellte Lea fest. »Aber tödlich für die Figur«, ergänzte die andere Frau. »Tatsächlich habe ich einige Kilo zuviel auf den Rippen«, stellte Lea kleinlaut fest und betastete ihre Hüften. »Aber ich fühle mich wohl damit. Ich finde, dass ich gut aussehe, genauso wie ich bin. Das Sporttreiben habe ich vollkommen aufgegeben. Das gehört nicht in meine Welt. Mousse au Chocolat hingegen schon.«

Wir unterhielten uns über eine Ausstellung, die einige Mitglieder des Malstammtisches zusammen in einem Begegnungszentrum organisierten. Lea würde auch mit sechs Bildern vertreten sein. »Meine erste Ausstellung.« Die Begeisterung war ihr anzumerken. »Ich habe sogar schon ein Bild verkauft. Für 20 Euro zwar nur. Aber immerhin. Ein Anfang. Vielleicht werde ich noch eine richtig große Künstlerin.«

»Zeig mir deinen Ich-Land-Plan noch einmal«, bat ich sie. Sie holte ihn und ich zerriss ihn. Erschrocken sah sie mich an. »Den brauchst du nicht mehr. Warum den Plan von einem Leben betrachten, wenn du es leben kannst. Du lebst jetzt in deinem Lea-Land. Du gestaltest es. Du brauchst diesen Plan nicht mehr. Bewahre dein Glück, arbeite daran und mache, dass es nie vergeht.«

»Das tue ich auch.« Lea rieb sich über den Bauch. Eine kleine Wölbung war zu sehen. »In fünf Monaten. Ich freue mich drauf.«

»Dann ist euer kleines Glück ja vollkommen.«

»Mein kleines Glück?« Lea schüttelte den Kopf. »Ich glaube, ich habe das größte Glück gefunden. Ich fühle mich durch und durch wohl. Ich bin zufrieden. Mit mir und allem in meinem Leben, so wie es ist. Ich bin gesund, fühle mich sicher, bin ohne Angst. Ein größeres Glück kann ich mir nicht vorstellen. Jeden Tag beim Aufstehen denke ich: Genauso, wie es heute ist, soll es für immer sein.«

Wir sprachen noch viel an diesem Abend. Auch darüber, wie einfach alles hätte sein können. Wir betrachteten den langen Weg, den Lea zurücklegen musste. »Aber es konnte nicht einfacher sein«, fasste Lea zusammen. »Zuerst musste ich mich mit mir und meinem Leben beschäftigen. Ohne diese Entwicklung meiner selbst, hätte ich dieses Leben nie gefunden, wäre ich nie dazu bereit gewesen. Ich musste mir erst vieler Dinge bewusst werden. Über mich und über das Leben. Ich musste mir klar darüber werden, was ich wollte. Und wachsen. Innen drinnen. Ich musste all das tun, was ich getan habe. Für mich. Um der Mensch sein zu können, der ich nun bin. Das hat mich auch zu den Menschen geführt, mit denen ich zusammen sein will. Ganz natürlich. Zu denen, die ich wirklich finden wollte. Ich musste mich erst für das Glück öffnen. Erst als die Tür offen stand, erkannte das Glück, dass es eintreten konnte.«

Und nun: Wie fühlst du dich heute?

Sei, wie du bist und stehe dazu

Lea hat ihr Ich-Land gefunden. Das Land, in dem sie leben möchte. Ist ihr Leben heute viel anders als früher? Ja, das ist es. Ist sie viel anders als früher? Nein, das ist sie nicht. Sie ließ nur all das, was immer schon in ihr steckte, endlich hinaus. Sie hat gelernt, die Dinge des Lebens nicht zu ernst zu nehmen. Auch die Menschen nicht. Lea hat gelernt, die wichtigen Dinge von den unwichtigen zu unterscheiden. Noch immer trägt sie drei Kilo zu viel mit sich herum. Na und? Sie lacht darüber. Sie hat gelernt zu lachen. Und fröhlich zu sein.

Lea ist klasse. Eine außergewöhnliche Frau. Etwas ganz Besonderes. Jetzt weiß sie es. Nun glaubt sie daran.

Lea hat die Welt nicht verändert. Aber sie hat ihre Welt vollkommen neu erschaffen. Sie lebt in ihrem Lea-Land. Glücklich, zufrieden und voll Wohlbefinden.

Ich freue mich für sie. Und für den Igel, dem sie das Winterquartier bereitet, die Vögel, die sie in ihrem Garten füttert und das kleine Eichhörnchen, das sich jeden Morgen eine Nuss bei ihr holen kommt.

Und du? Höchste Zeit, dich aufzumachen in dein persönliches Ich-Land.
Du kannst.
Du musst nur wollen.

Schrei es laut heraus:

ICH.

ICH will.

ICH kann.

Neues aus dem Ich-Land

- *Wissenswertes, Erlebnisberichte, Gedanken, Anregungen und Ideen rund um das Ich-Land*
- *Termine, Seminare und Veranstaltungen zum Ich-Land*
- *Kontakt zu Wolf Lazar*

www.dasichland.de